道格拉斯·湯普金斯與他最好的朋友伊馮·喬伊納德在一次旅程中大膽攀登一座蘇格蘭的高山，他在暴風雪的猛烈侵襲中，不帶繩索地緊緊攀附在冰壁上。
（Credit: Yvon Chouinard）

1961年，湯普金斯（左）與奧運滑雪金牌得主比利·吉德（右）在於智利波提約滑雪區的訓練空檔，兩人向一家BMW經銷商「借」了摩托車試騎，直到警方發佈通緝令，要逮捕那兩個「瘋狂的外國佬」。（Credit: Tompkins Family Archives）

1964年，湯普金斯於舊金山創立了「北面」。他的第一本郵購目錄（見右圖）便推廣了行囊愈輕、住在離野地愈近的地方，從事登山與戶外活動的樂趣就愈多的概念。（Credit: Tompkins Family Archives）

舊金山的「北面」吸引了一批群眾，包括歌手珍妮絲·賈普林與瓊·拜亞。1966年推出冬季新品時，舉辦了一場由「感恩的死者」樂團演出的店內演唱會。為了安全起見，湯普金斯還雇用了名為「地獄天使」的摩托車幫會來盯場。（Credit: Suki Hill）

1968年，四個自稱「玩樂遠征隊」的朋友準備要離開洛杉磯，開16,000哩的路，去爬巴塔哥尼亞的菲茨羅伊峰。湯普金斯（右）準備和狄克．多爾沃思、喬伊納德與里多．弗羅瑞斯（由右到左）一起離開。（Credit: Patagonia Archives）

湯普金（左）斯與喬伊納德（右）兩位摯友在1968年的公路旅行途中。他們要去攀登只有兩個隊伍成功登頂過的冰雪高峰菲茨羅伊峰。（Credit: Lito Tejada Flores）

經過數月的探索與駕駛之後，這群登山者終於看見了菲茨羅伊峰。喬伊納德將帶頭挑戰登上中間的高峰。下雪與狂風讓他們不可能紮營，他們打算在山上時住在雪洞裡。（Credit: Doug Tompkins）

湯普金斯與他的遠征隊員們困在原本只是要當成暫時避難所的雪洞中數週，幾乎快斷糧，同時外面時速高達八十哩的強風很有可能把他們的避難所吹垮。照片中狄克．竇華斯（右）在寫日誌，旁邊是里多．弗羅瑞斯（左）。（Credit: Chris Jones）

1970 年代早期，湯普金斯成了一位具開創性的企業領袖。從舊金山的一間公寓開始，他協助打造了最後價值十億的帝國。（Credit: Suki Hill）

蘇西與湯普金斯（與他們的大女兒）孜孜不倦地工作，把他們的小小新創服裝公司「平凡女孩」打造成一個在數百家零售商場銷售的全球性品牌。（Credit: Suki Hill）

湯普金斯與蘇西以及他們的兩個女兒：昆西與桑瑪，他們正準備要開著一架小飛機，從加州飛往南美洲。這對父母親把飛機後座撤掉，在那裡鋪上一層特製的護墊，做為孩子們的遊戲床。（Credit: Paul Ryan）

「形象總監」湯普金斯正在監督 Espirit 型錄拍攝工作。他摒棄付錢找專業模特兒的想法，改用員工與「真人」入鏡。「任何人都可以雇用布魯克・雪德絲。」他嘲諷地說。（Credit: Helie Robertson）

設計與建築雜誌讚譽 Espirit 的風格創新、大膽且令人興奮。大多數人都歸功於「道格董事長」，這是許多以封面故事來說明Espirit現象的報導之一。（Credit: Sharon Risedorph / Blueprint）

湯普金斯（在皮艇中）的朋友們把他從瀑布上方移下來。他一生都是個冒險家，每年都要在野地中待三、四個月。他開玩笑說那是他的MBA —— Management By Absence（缺席式管理）。（Credit: Rob Lesser）

隨著年齡增長，湯普金斯以划皮艇取代攀岩。他第一次在智利的一條河流下水，就差一點遭到槍擊，因為他不慎闖入了獨裁者奧古斯都・皮諾契的私人土地。（Credit: Rob Lesser）

湯普金斯在巴塔哥尼亞上空飛行，感到無比自由。他待在那個區域二十多年的期間，在山脈與河流上方飛行了約七千個小時，使他能熟記地球僅存最壯觀的荒野地區之一。（Credit: Barbara Cushman Rowell）

沿著美國華盛頓州國家森林邊緣被皆伐的森林。飛越這些遭受無情砍伐的森林，促使湯普金斯放棄他身為企業大亨的人生，轉而專注於終止這些破壞上。（Credit: Daniel Dancer）

湯普金斯在巴塔哥尼亞鄉下的家，穿著仍無可挑剔。居住在沒有水電設施的荒野中，他花了好幾個月的時間與友人們一起腦力激盪減緩伐木速度、破壞要進行水力發電的水壩興建計畫，以及終止摧毀環境的大型建設計畫。（Credit: Jo Schwartz）

巴塔哥尼亞的鄉間風速極強，一陣強風即可輕易吹翻一架小型飛機。湯普金斯降落在一片牧草地上之後，便知道必須要綁緊他的飛機。他是位備受讚譽的飛行員。一位朋友認為他具有「反應快速、戰鬥機飛行員的素質」。（Credit: Galen Rowell）

巴塔哥尼亞荒原對湯普金斯來說，有著難以抗拒的吸引力。許多地區只有靠小船或飛機才能到達，而一年可達九呎的急降雨量，也讓很少人能居住於此。（Credit: Antonio Vizcaino）

湯普金斯（左）與他們的嚮導、NBC主播湯姆．布羅寇（右二），以及吉布．艾立森（右）在營火邊，他們正在俄國東部探險，展開追蹤老虎的冒險之旅。（Credit: Rick Ridgeway）

喬伊納德（左）與湯普金斯一起登山。兩人當了將近半世紀的最好朋友，經常一起登山、攀岩與衝浪。回到文明世界時，他們也不厭其煩地推廣保護世界各地荒野與風景區的觀念與活動。（Credit: Rick Ridgeway）

為了完成拯救南美洲廣大狹長地區的夢想，湯普金斯開始把他可能將之轉變為大自然庇護所的區域標示在地圖上。所有人都嘲笑他，告訴他那是「不可能的任務」，但他卻將之視為一項挑戰。（Credit: Gary Braasch）

湯普金斯認為跨國公司的強大力量非常危險，因此花了上百萬美元在報紙上刊登廣告，警告民眾。他稱企業集團為「隱藏的政府」。這些廣告活動鼓勵了反全球化的行動。（Credit: Doug Tompkins）

隨著湯普金斯與克莉絲實行所謂「野化」的保育策略，野生美洲獅回到了牠們的原生棲地且茁壯成長。（Credit: Chantal Henderson）

志工們努力了好幾年，才移除了查卡布科山谷中長達五百多哩的圍籬，準備誘使原生動物回來，這也是打造巴塔哥尼亞國家公園的部分工作。（Credit: Patagonia Company Volunteers）

一刻都停不下來且具有驚人協調力的湯普金斯在巴塔哥尼亞偏遠地區泛舟與登山，一邊構思著創造一系列國家公園的策略。那將是他最後的品牌與偉大的遺產：「公園路線」。「公園路線」完成時，甚至從太空上都可以看見它。（Credit: Beth Wald）

為了努力阻止在十二條原始河流上興建水力發電用的水壩計畫，湯普金斯協助組織與提供資金進行一項支持巴塔哥尼亞的活動，以搶救那些河流。他付錢刊登看板，宣傳「沒有水壩的巴塔哥尼亞」的口號。（Credit: Doug Tompkins）

湯普金斯於 1998 年到達阿根廷西北部時，已瀕危的金剛鸚鵡幾乎不存在。讓動物訓練師與獸醫教導受傷與居住在室內的鸚鵡飛行，需要投入多年的研究。為了把野生動物帶回來，湯普金斯與克莉絲必須學習如何「野化」土地。（Credit: Beth Wald）

湯普金斯（中）與穿著傳統服裝的阿根廷牛仔一起工作。（Credit: Tompkins Conservation）

湯普金斯（右）在南極洲登上「史蒂夫・厄文」號，它正在追蹤一組日本捕鯨船隊，設法阻止他們屠殺約六百隻鯨魚的行為。湯普金斯為這項由海洋守護者保育學會執行的任務提供燃料（花費 25 萬美元）。（Credit: Eric Cheng）

在南極洲海岸不遠處的環保抗議行動期間，湯普金斯重溫棒球選手的生活，練習把臭彈丟到日本捕鯨船的甲板上。（Credit: Eric Cheng）

智利牛仔們抗議一項耗資 30 億美元、在巴塔哥尼亞的水壩興建計畫。湯普金斯與各個環保行動者聯盟，透過強調該地區的美景與當地文化，協助激起一陣整個地區的認同浪潮，讓即將建造的水壩在壞名聲中滅頂。（Credit: Linde Waidhoffer）

湯普金斯與克莉絲經常一天在電腦前工作 12 小時，但只要有時間，他們就會去山裡健行，尋求短暫的喘息。在附近出沒的美洲獅讓這樣的散步特別令人感到興奮。「我開始野化我的心靈了！」克莉絲說道。（Credit: Rick Ridgeway）

狂野人生

A WILD IDEA

The True Story of Douglas Tompkins

The Greatest Conservationist
(You've Never Heard Of)

強納生・富蘭克林
（Jonathan Franklin）
著

蕭寶森
譯

The North Face創辦人
搶救巴塔哥尼亞荒原的瘋狂點子

我愛妳，托蒂娜！
是妳讓過去四年
成為我人生中最棒的日子

各界推薦

・湯普金斯帶我搭上那架小飛機，我們一起往下看著那些他創造出來的美麗輪廓。真是太驚人了。那是位於一片破敗毀滅中的一道道小小綠洲。世界上充滿太多壞消息，我們亟需好消息，而這就是個好消息！

——珍・古德（Jane Goodall），知名動物保育人士

・他就是不肯受到任何現實與可行性的限制——就像是：你想要什麼？那就別因為缺乏想像力而限制了你的潛力。若你想得不夠遠大，事情就永遠不會發生。我不認為他在乎其他人怎麼想，他也不會試圖取悅任何人。他會說：「閃一邊去，我要去做出我創造出來的願景。」那很有說服力，也很任性。

——昆西・湯普金斯（Quincey Tompkins），道格・湯普金斯的長女

・他毫不畏懼，從不逃避困難的問題、結論，或難以承受的挑戰，無論是攀岩中

一處突出的懸崖，或一個失去動植物棲地的星球，與危及未來的全球暖化。湯普金斯從不停止、從不慢下腳步。他是典型的行動派——一股自然且為自然而生的力量。

——里多．弗羅瑞斯（Lito Tejada-Flores），製片人與攀岩家

．在峰頂時，我們受到巨大冰風暴的襲擊，湯普金斯以為他知道下山的路並開始帶著我們走。突然間他停下來，全身動也不動。他就在一座離地面有一千呎的斷崖邊緣。他完全走錯路。於是我拿出我的童子軍指南針，發現我們偏離方向達一八〇度，而喬伊納德把臉湊到我面前說：「這樣不是太棒了嗎！這趟旅程值回票價了！」我聽了心想，我到底是跟什麼樣的瘋子在一起啊？

——湯姆．布羅寇（Tom Brokaw），NBC電視台主播

．湯普金斯學得很快。他覺得自己是無敵的，因為一般程度的風險並不適用於他。若你曾坐在他的飛機上與他一同飛行，你就會了解我的意思。他帶我們飛在巴塔哥尼亞的上空，我唯一能做的事就是讓自己不要吐出來。他會側著一邊機翼飛行，不斷旋轉著去看某個地方。他顯然有戰鬥機飛行員快速拉升飛機的能力。

——戴夫．舒爾（Dave Shore），泛舟嚮導

．本書述說的是一個令人難以置信的人生故事，使人充滿信心且發人深省！愈來愈強大的行動，不時還加上強而有力的訊息……這是才華洋溢、耐力非凡且激勵人心的英雄事蹟，你不可不讀，它提供了改變人生的教導，關於感恩、人性與韌性。

——泰瑞莎．朗戈（Theresa Longo），演員

．本書是野化心靈的入門書。作者完成了一部史詩之作，說出了什麼才是人生中真正重要的事。大自然與美是非常重要的。湯普金斯為阻止壞事與開始進行好事而戰，作者告訴我們湯普金斯如何辦到這兩件事，而且寫得極為精采好看。本書透過令人熱血沸騰的故事，記錄了這個男人的英雄之旅，你看完一定會仔細省視自己的世界觀。

——蘭迪．海耶斯（Randy Hayes），「雨林行動網絡」創辦人

．本書令人愉快又好讀，寫的是登山家、企業家與土地拯救者湯普金斯精采刺激的人生。本書的敘述非常全面，但一點都不無聊，關於露營用品店「北面」的創辦人與服飾公司 Esprit 的共同創辦人，以及他後來面對強烈反對仍努力保護世界上最令人驚嘆的數百萬英畝土地的故事，是一則現代傳奇。但作者寫的不是一本聖徒傳記，他

在書中也揭露湯普金斯的缺點、執迷、自我、固執與極度愛冒險，刻畫出不完美的人在對的人生伴侶的陪伴下，能如何改變世界。湯普金斯最偉大的遺產，或許是證明了拯救地球其實就是在拯救我們自己。閱讀本書，你會覺得希望仍是個可行的選項。

——大衛．赫爾瓦格（David Helvarg），記者、作家與環保行動家

．「人類的來日已經無多，除非我們能學會和所有其他生物共享地球。」這是湯普金斯的重要思想內涵，而且付出一生的財富、時間、精力去實踐。他的思想、行動典範，值得所有地球人省思，並且立即一起行動！

——柯金源，環境田野紀錄工作者

．湯普金斯永遠都在好奇地圖上那些空白的區域，而當他飛成像鳥一樣的時候，就開始於智利創辦數座國家公園，拯救了上千條鯨魚免於屠殺，使得美洲豹得以在阿根廷伊貝拉溼地復育。這本書在描寫一個卓越的創業家、同時也是億萬富翁，如何在有限的生命覺醒後，投入他深深愛慕的森林、河流、山嶽與海洋。

他以精采的一生為全人類示範，身為地球公民都應該起身而行的事。

——山女孩 Kit，作家

・也許只有老鷹看得到地球的美麗以及哀傷，成立國家公園對大部分人來說是個瘋狂的想法，湯普金斯留給地球的不僅是自然環境的美，還有對於環保議題的無比行動力。企業和政府推動ESG和永續理念不應該只是口號，坐而言不如起而行，用商業的力量改變環境是多麼棒的想法！這個世界需要更多像湯普金斯和喬伊納德這樣的人，敢於不斷挑戰體制的冒險家。

——楊士翔 Vinka，藺裹子共同創辦人

【自序】

如荒野般狂野的男人

多年來，道格．湯普金斯（Doug Tompkins）一直是我景仰的人物。他化不可能為可能：在攀登到美國企業的巔峰後，就突然收手，開始運用他的財富來拯救大自然。我欽佩他為天然森林、草原、河流和溼地所做的各種努力，也曾拜訪過他在南美洲創設的多座了不起的國家公園。因此當我們的烏拉圭友人拉法打電話告訴我，湯普金斯已經在二〇一五年十二月的一場泛舟意外中喪生時，我頓時懊惱不已，覺得自己真是個白痴：之前為什麼不多花一點時間多和他相處呢？在他活著的最後十年間，我為什麼只訪問他六、七次呢？

我之所以要撰寫這本書，是因為我想捕捉他這一生的精髓。同時，我也自認有能力勝任這項挑戰。打從年少時起，我就熱愛戶外活動，曾經在新罕布夏州嘗試抱石活動[1]，也曾在麻薩諸塞州探索沼澤。我和湯普金斯一樣，熱愛高山滑雪，也喜歡挑戰速度的極限，並測試自己的操控能力。湯普金斯早年曾前往舊金山發展，一九八九年時則遷居智利南部。我的人生道路也有著類似的轉折。一九八九年時，我從舊金山飛到智利南部，在那裡騎著登山腳踏車四處探索。此外，我也像湯普金斯一樣，前半生在美國度過，後半輩子則在南美州生活。

當我詢問湯普金斯的太太克莉絲（Kris Tompkins）是否同意我撰寫一本有關他的書籍時，我知道她肯定不會拒絕，而她果然也告訴我：「你不需要我的同意。想寫就去寫吧！」克莉絲說得沒錯，我確實不需要她的同意，但我想寫的並不是一本尋常的傳記。我的目標是要探索像湯普金斯這樣一位非凡人物的內心世界。我曾經擔任《衛報》（*The Guardian*）的記者長達十九年，期間曾經多次採訪湯普金斯，因此我很清楚他的好友們都不願意談論他的隱私，而現在克莉絲也拒絕了。沒有人可以幫助我寫這本書。八個月後，我再度詢問克莉絲是否願意和我合作，但再次遭到拒絕。她說她太忙了。

後來，我又試了一次。我問她：如果她沒有時間和我合作，那我們可不可以各寫各的，齊頭並進？我們可以分享彼此所寫的內容、我們所記得的一些過往，以及她丈夫過世後所發生的種種。至此，我們終於達成了共識。兩年後，我們就開始以一種令

1 編按：bouldering，不利用繩索，在安全的高度（約六公尺以下）進行的攀岩運動。

我意想不到的方式合作，我也因此得以和克莉絲進行了好幾個小時的面對面訪談。

那段期間，我們互通電話和電子郵件。她不僅在智利的查卡布科山谷（Valle Chacabuco）和普馬林公園（Pumalín Park）接受我的採訪，和我聊了許久，也曾在阿根廷的索科羅（Rincon del Socorro）生態旅宿和我見面。當這本書接近完成時，她還撥冗在她的加州寓所中和我通了幾次視訊電話。她向我出示湯普金斯寫給她的情書、私人的電郵和照片，並講述他們一起生活時所發生的許多事。此外，她還描述了他對生態保育的熱情，並告訴我他這一生的種種軼事。

就這樣，我花了將近四年的時間探索湯普金斯的世界。當我拜訪他所創立的巴塔哥尼亞（Patagonia）公園時，曾經撥出一個下午的時間在其中的查卡布科山谷漫步。雖然我知道附近有美洲獅出沒，但心裡不僅不害怕，反而深感振奮與嚮往，再次意識到人類也是大自然食物鏈的一環。

我造訪湯普金斯在阿根廷所創立的國家公園時，曾聽到高高的樹上傳來一群吼猴的叫聲。之後，我那七歲的女兒阿琪拉便開始模仿牠們的聲音。吼猴們聽到後便從樹上跑了下來，想知道這隻奇怪的小猴子（阿琪拉的身形大小和牠們差不多）究竟是何方神聖。有好幾分鐘的時間，牠們一直面面相覷，並且互相呼叫。當阿琪拉繼續模仿牠們的聲音時，牠們便開始興奮地交談著，彷彿正在討論這個陌生的聲音究竟在說什麼。在場的人都感受到了他們之間的連結、溝通與交流。這趟採訪之旅，我之所以帶著我的孩子同行，就是希望他們能在湯普金斯所保存的荒野中感受到大自然的美好，讓他們也跟著被「野化」。從這次阿琪拉和吼猴邂逅的經驗來看，這樣的事情確實是有可能發生的。

這本書所探索的是一個男人對高山、森林與河流的愛戀。湯普金斯本身就像荒野一般野性十足。他爭強好勝、精力超級旺盛，而且就像他那位經常在宴會中與他辯論的朋友兼鄰居史帝夫．賈伯斯（Steve Jobs）一樣，有著種種缺點。他雖鼓吹環保，卻開著紅色的法拉利跑車；雖然貴為富豪，卻寧可睡在朋友家的沙發上；雖然講究細節，但卻鮮少注意到就在他面前的兩個女兒。他頑固、傲慢、好辯，拒絕妥協。

對湯普金斯而言，這個世界非黑即綠：你如果不是禍患，就是種苗。他從不擔心別人怎麼看待他。當媒體對他大肆抨擊時，他只是一笑置之。他告訴住在他附近的一位年輕企業家湯馬思．金伯（Thomas Kimber）：「那些事情一點都不重要。五十年後他們會為我塑造雕像。」

一如他在開車和划皮艇時一般，他一旦做了什麼事，便鮮少回頭。儘管他並非完人，我還是對他深感興趣。這個喜愛攀岩的男人在他四十九歲、身處資本主義巔峰之際，居然環視四周，深切省思，然後告訴自己：「這不是我要攀登的那座山。」

為了了解這個複雜的男人，我做了大約一百六十五次訪談，對象包括他的七年級同學史東・厄曼朝特（Stone Ermentrout）乃至他終身的好友伊馮・喬伊納德（Yvon Chouinard）。此外，我還訪問了他的第一任妻子蘇西（Susie）、他的兩個女兒以及數十名喜愛他的員工，外加六、七個討厭他的人。值得一提的是，在他過世之前，他的許多對手都成了他的盟友。那些以為他誇大地球的危機、不了解他為什麼宣稱物種滅絕乃是「所有危機之母」的人，後來都逐漸明白他說的並非末日電影的劇情，而是人類即將面對的未來。

此刻正是地球最需要保護的時節。世界各地的環境都遭受到嚴重的破壞。森林大火、地球暖化和物種滅絕等噩耗紛至沓來。湯普金斯之所以如此努力，為的就是要減緩這類損失和破壞。他每每引用他的老師阿恩・內斯（Arne Næss）的話，說他個人「對二十一世紀頗為悲觀，對二十二世紀則感到樂觀」。也就是說，他雖然憂心人類的行為，但仍相信地球可以復原。

在全球各地紛紛因新冠疫情而封城的這段期間，許多住在城市和郊區的人開始意識到這個世界上仍有野生動物存在。美洲獅開始出現在一些寂靜的市中心區，少了遊客的海灘上可以看到已經孵化的烏龜蛋，那些突然變得空無一人的海岸邊也開始有海豚出沒。這都是數十年來前所未見的現象。由此可見，只要我們能讓大自然休養生息一段時間，它確實是可以復原的。湯普金斯曾經引用自然主義作家愛德華．艾比（Edward Abbey）的說法：「我們必須採取行動，才能改變現狀。」艾比不認同「經濟成長是經濟健康的指標」這類的說法。他指出：「為了成長而成長乃是癌症細胞的思維。」

湯普金斯認為，要讓我們的環境保持健康，關鍵不在於成長，而在於穩定。他體認到：地球的資源有限，我們取用一分，就必須回饋一分。在有生之年，我們必須讓這個世界變得更好一些。

我在撰寫湯普金斯的生平時，一直試著採用比較淺顯的文句，以便我那十一歲的女兒柔伊也能看懂。雖然她年紀還小，但我希望能讓她了解湯普金斯（我在撰寫這本書的四年當中，她經常聽到這個名字）留給後世的資產。我告訴她：湯普金斯認為人生最崇高的一個目標就是讓地球變得「更好一些」。她微笑著點點頭，然後問了一個讓我很難回答的問題：「為什麼只是更好一些？」

——強納森．富蘭克林（Jonathan Franklin）
寫於智利的蓬德羅伯斯鎮（Punta de Lobos）

目錄

第二部

第三部

第一部

第一章 背包革命

湯普金斯這種人，就算你把他丟在沙漠裡，全身光溜溜的，除了一根棍子什麼都沒有，他也能夠在幾個星期之內就建造出一個帝國來。他是我所認識的人當中最具有生存技能的。他無論到哪裡、在什麼樣的情況下，都能比任何人更快進入情況。他用的方式雖然不一定合乎章法，甚至不一定合法，但總是有效。

——狄克·竇華斯（Dick Dorworth），一九六〇年代全球速度最快、且經常和湯普金斯結伴旅行的滑雪選手

道格·湯普金斯（Doug Tompkins）在舊金山的人行道上，對著街上的披頭族和醉醺醺的水手大聲叫賣高山滑雪用的滑雪板。二十二歲、從高中輟學的他動作敏捷、能言善道，很有個人魅力，是街頭推銷的能手。他會纏著他的顧客，要他們看一下他所販賣的產品，其中包括特別打造的岩釘，以及從蘇格蘭進口、號稱可以抵禦任何風寒

的漁人毛衣。他就像一個擊劍比賽的冠軍選手一樣，在他的店門外和來往的行人過招，努力地賣、賣、賣。「需要一個睡袋嗎？羊毛長褲？還是冰鎬？」他經常就像這樣在他那家古色古香、座落於舊金山北灘（North Beach）的店門前向過往的行人兜售。

這已經是一九六五年的事了。當時湯普金斯的店開張不到一年，資金很緊。他的預算只有五千美元，但光是用來翻修店裡的裝潢與購買為數不多的設備就已經告罄了。為了節省薪資，他只好說服他的幾個登山夥伴和他一起站在街頭叫賣。他告訴他們：那裡是舊金山最熱鬧的一條街，他們可以站在最前面的位置，還有免費的啤酒可喝。

湯普金斯喜歡打扮。他就像馬戲團演員那樣經常更換服裝，有時戴著黑色禮帽，有時則穿著毛茸茸的、長及腳踝的夾克，看起來既時尚又高調。他的店也是一樣。當顧客問他為何把他的零售店取名為「北面」（The North Face）時，喜歡划著木製雪屐以將近九十哩的時速衝下山坡的他總是大言不慚地答道：「南面的山坡是最多人爬的。那裡的雪比較柔軟，而且因為照得到陽光，所以也沒那麼冷。」接著他便會嘆一口氣說道：「我寧可爬又硬又冷、比較難爬的那一面。『北面』代表的是比較艱難的挑戰。我這一生總是選擇這樣的道路。」

他在二十一歲時開設的這家店在數十年後成了一家全球知名的服飾公司。此外，他還創立了另外兩個大品牌，而且它們後來都成了全球聞名的企業。他的一貫風格就是不按牌理出牌。根據他的至交「巴塔哥尼亞」（Patagonia）服裝公司的創辦人伊馮・喬伊納德（Yvon Chourinard）的說法，湯普金斯最喜歡做的事情就是打破成規。「如果你想了解他，那你就要去研究那些不良青少年。那些青少年是用他們的行動昭告大眾：『這玩意兒爛透了！我要照自己的意思來！』這就是湯普金斯的精神。他之所以會輟學，是因為他就像許多小孩一樣，無法忍受坐在課桌後面聽別人告訴他們該做什麼。他的精力太旺盛了，腦子裡總是有許許多多的點子。」

湯普金斯和喬伊納德站在那個貼著大大的鮑伯・狄倫（Bob Dylan）海報的玻璃櫥窗前，向那些正要去唐人街或從碼頭那兒過來的行人兜售他們的商品。喬伊納德把湯普金斯還在襁褓中的女兒昆西（Quincey）扛在肩膀上，以吸引顧客和他搭訕。昆西累了的時候，他就把這個小可愛放在櫥窗裡，讓她光著身子，躺在一堆毛茸茸的馴鹿皮毯子上睡午覺。這副景象後來成為當地人談論的熱門話題。

除了販賣新式的滑雪板和最尖端的登山設備與服裝之外，湯普金斯的店很快就成了人們口中那個「小寶寶在馴鹿皮毯子上睡覺」的地方。店裡經常有各色人等聚集，人聲喧譁、討論熱烈。這幕景象很快就成了人們口中的「北面場景」。

湯普金斯和喬伊納德在向行人兜售時，經常像兩個相聲演員一般彼此鬥嘴，互相嘲弄。他們會不時評論對方的行為有多麼可笑：「誰會賣一百二十呎長的澳洲短纖尼龍登山繩給那些已經喝得半醉、正打算去派對狂歡的水手呢？」他們的店右邊是「大阿爾酒吧」（Big Al's Saloon），左邊則是一家名為「神鷹俱樂部」（The Condor Club）的新式脫衣舞酒吧。舞孃經常會在門前攬客。每到傍晚，當樂聲響起時，一架白色的大鋼琴就會從酒吧天花板上緩緩降落，上面躺著一位名叫卡洛．多達（Carol Doda）、胸部豐滿、故做矜持的女郎。每到這時，「北面」的地板就會開始震動，彷彿發生了一場小型地震一般。那些脫衣舞孃在表演的空檔會和他們店裡的登山客廝混，彼此分享打破傳統和常規的刺激與樂趣。克里斯．瓊斯（Chris Jones）表示：「他站在那家店裡的時候，看起來和周遭的環境格格不入。當時，附近那幾家脫衣舞俱樂部的人會站在酒吧外面大聲招攬顧客。他們都是在娛樂場所討生活的社會底層人物。」同為登山客的瓊斯是在購買高山滑雪板時遇到湯普金斯的。他表示：「儘管如此，他還是永遠充滿活力。」

雖然被夾在脫衣舞俱樂部與幾家酒吧之間，「北面」商店所在的位置卻是北灘文化革命的樞紐地帶。它的對面就是詩人勞倫斯．弗林蓋提（Lawrence Ferlinghetti）所經營的「城市之光」（City Lights）書店，他所出版的一些跨流派的詩作與小說驚動了國內主流派的衛道人士。其中艾倫．金斯堡（Allen Ginsberg）的詩作〈長嚎〉（Howl），更是因為公然讚頌毒品和性愛的美妙而激怒了負責刊物審查的機關。當然，這些議論只是讓那些叛逆人士更想閱讀這首詩。

當越戰的大屠殺使得美國民眾陷入兩極的爭議時，湯普金斯目睹了當時發生的一切。「毒品只是當時整個文化界和社交圈的一部分。毒品、音樂和性濫交都是其中之一。」他後來在文中寫道。「當時整個價值體系都在改變，人們不斷做著各種嘗試。整個社會的面貌變得大不相同。一種新的道德觀正在成形，而我當時就位於這場社會革命的暴風眼。」

在一九五〇年代，北灘是義大利移民聚居的地方，到了六〇年代時，這裡並不像西邊幾哩外的「海特—艾許伯里」（Haight-Ashbury）那樣具有濃厚的反主流文化色彩。當時，「海特—艾許伯里」（或稱「海特」）是許多想要逃離美國主流文化的年輕人所聚居之處，但北灘則比較有五〇年代那種古板、正經的氛圍。儘管如此，當時的空氣中已經可以嗅到改變的氣息，開始有一些特立獨行的人士和革命詩人來到這裡。在灣區另一頭，加州大學柏克萊分校的學生在史布勞爾宿舍樓（Sproul Hall）發起了「柏克萊言論自由運動」，學生領袖馬里奧．薩維奧（Mario Savio）也在該校發表了一場慷慨激昂的演講，呼籲眾人「將你們的身體放到齒輪上」（Put your bodies upon the gears），使得全美各地的大學校園都為之沸騰。同時，黑豹黨（Black Panther Party）也在奧克蘭（Oakland）創立，以爭取黑人的解放為目標。那段期間，聯邦調查局（FBI）局長胡佛（J. Edgar Hoover）手下的探員一直忙著平息各地暴亂的火苗，甚至不惜以非法的手段加以壓制。

在街頭推銷產品的湯普金斯和喬伊納德見證了這一切。他們每天都會遇到一波波的披頭族、遊客和醉漢。他們喜歡這種熱鬧、刺激的感覺。湯普金斯的太太蘇西・羅素（Susie Russell）也在這場熱鬧中參上一腳：她從法國購買了一批比基尼泳衣，然後再賣給她那些上流社會的朋友。

當湯普金斯和喬伊納德需要休息時，他們就會到店內後頭，走下一座缺了幾塊板子的樓梯，經過一面裸露著電線的牆，進入地下室，在那裡吃吃點心、休息一下。這個房間灰塵遍佈、陰冷潮溼，只靠一盞沒有燈罩的燈泡照明，因為建在山坡上，所以地板不太平整，即使他們沒有吸大麻的時候，也會感覺整間地下室的形狀好像有點扭曲。

地下室裡放著喬伊納德在他位於加州范杜拉（Ventura）海邊的鐵工廠內鑄造的一箱箱攀岩設備。喬伊納德是機械高手，做工精細，很擅於打造攀岩用具。他去優勝美地（Yosemite）國家公園時，車子的後車廂裡裝滿了岩釘和各種攀岩工具。由於這些由

「喬伊納德用具公司」（Chouinard Equipment）所出品的工具都很可靠，因此那些登山客都很樂於購買。在喬伊納德隨著美國陸軍駐防韓國、無法親自照管事業的三年期間，湯普金斯便幫他處理批發訂單。後來，喬伊納德終於退伍了，但有一段時間卻處於不上不下的狀態，只能在附近的舊金山要塞區（Presidio Army Base）從事清潔工作，藉以打發時間。

湯普金斯雖然沒有什麼錢囤積貨品，更沒錢行銷，但他預期戶外旅遊和探險活動會日益受到歡迎，於是便買進了一批引領時尚的貨品和新式裝備。後來，一些老客戶開始口耳相傳：「北面」是一家很「特別」的店。「當時賣得最好的是那些馴鹿皮毯子。那是很新穎的商品，一下子就賣光了。」「北面」的第一任店長鄧肯．德威爾（Duncan Dwelle）指出。「接著就是有條紋圖案的漁人毛衣和比基尼，這些東西之間完全沒有任何關連，從這裡你就可以看出湯普金斯的銷售眼光。他的觀念是：我們要呈現出一種風格，但究竟是怎樣一種風格，他也說不上來。我想那個時候他自己也不是很清楚。但他所銷售的其實是一種對風格的概念。我的說法就明確得多：關於登山和背包旅行，所謂的風格就是：你的裝備愈輕便，得到的樂趣就愈多。」

湯普金斯和喬伊納德都是攀岩和探險高手。他們經常取笑別人買了一大堆沒有必要的裝備。他們的信條就是：所有不實用的東西都只會增添重量。他們可不是半吊子的玩家。兩人都喜歡攀岩，熱愛戶外運動，經常不修邊幅，因此被朋友暱稱為「邋遢鬼」。為了減輕背包的重量，他們會把牙刷的柄切掉一截。

儘管「北面」商店的地點特殊，被夾在酒吧和脫衣舞俱樂部之間，但客人還是不少。店裡的牆壁上掛著引人注目的滑雪選手照片，木製的招牌是用手工雕刻的，很有個人風格。地上鋪著綠色的羊毛地毯，滑雪板則放在有木紋的紅杉貨架上。喬伊納德親手打造的岩釘和金屬扣環被放在陳列架上展示，每項物品的前方還有標籤說明，彷彿它們是文化古物一般。睡袋則是從天花板上垂下來。凡此種種，都讓這家店產生了一種「氣場」。過路客進來後總是看得目瞪口呆。有許多客人會仔細端詳那些放在展示盒裡的商品，就像是在逛博物館一般。詩人金斯堡就經常前來光顧。家住附近、也常光顧「城市之光」書店的他深受「北面」的美感所吸引，他似乎對牆上掛的名攝影家安塞爾．亞當斯（Ansel Adams）所拍攝的優勝美地國家公園的照片非常著迷。滑雪教練里多．弗羅瑞斯（Lito Tejada-Flores）（他是湯普金斯的朋友，當時也在「北面」兼差打工）指出：「金斯堡會一直盯著酋長岩（El Capitan）的照片看。他永遠無法理解怎麼會有人敢去攀登那個玩意兒。」

「喬伊納德和我們這一群人都有點像是社會邊緣人。我們在高中時就不太想念書。」也曾前往優勝美地國家公園攀岩的喬．麥克吉恩（Joe McKeown）表示。「在學校的時候，我沒去踢足球，也沒參加摔角隊。六〇年代初期，有一年我利用暑假的時間去優勝美地攀岩。回來後，足球教練就來找我，問我：『麥克吉恩，你這個兔崽子究竟是怎麼回事？你不來參加校內足球隊的選拔嗎？』」

「在六〇年代，我們都忙著攀岩，沒去參加那些嬉皮活動。當時的確發生了一些很有意思的事，但那不是我們會做的事。我們有自己的活動。」弗羅瑞斯表示。「攀岩是會讓人著迷的。那不只是一種運動。網球是一種運動，可是一旦你開始攀岩，就會一直去攀岩，因為這是一種令人興奮、有意義也很刺激的活動。」

喬伊納德、湯普金斯和弗羅瑞斯每次去優勝美地山谷總是會待上好幾天，而且總是睡在第四號營地。他們精力過剩，很難管控，常常讓國家公園的管理人員頭痛不已。他們白天去爬山，晚上就躲著護林員搞活動，感覺自己像是一群亡命之徒。他們還自稱是「山谷俠」（The Valley Cong），藉此向那些抵抗美軍入侵的越南農民致敬。「攀岩會讓你身體健朗、心情愉快。」湯普金斯在接受訪問時曾經表示。「你得出去運動，活動一下筋骨，你的身體才會硬朗，心情也才會愉快。攀岩時，你會有一種氣血暢通的感覺。一旦體驗到這種感覺，你就會想再去。」

湯普金斯雖然不是「四號營地幫」的正式成員，但他曾經跟著喬伊納德去攀登優勝美地的莎拉特石壁（Salathé Wall），結果四天下來，那些成員都對他刮目相看。這是第四次有人成功登上這座三千呎高的石壁。

湯普金斯說他在優勝美地山谷攀登那些光滑的花崗岩石壁時，感覺自己很有能量。他原本就有絕佳的肌肉協調能力和平衡感，也喜歡具有自發性的活動，而攀岩時你需要步步為營、臨機應變，因此很吸引他。那種必須及時解決問題並率先找到攻頂路線的感覺令他感到振奮。「湯普金斯和喬伊納德以前常說他們要穿著口袋裡裝滿食物的長大衣，走完長達二一〇哩的約翰．繆爾（John Muir）步道。」德威爾表示。他擔任「北面」的店長時經常坐在店後頭填寫訂單和盤存表，以維持商店的運作。

喬伊納德和湯普金斯兩人經常結伴旅行，足跡遍及世界各地。他們曾經一起攀登過加拿大卑詩省的大山、瑞士的阿爾卑斯山，以及蘇格蘭的凱恩戈姆山脈（Cairngorms）。因為缺錢，他們很少住旅館，總是到處搭便車，晚上則在野地裡露營。喬伊納德在德州的溫斯洛（Winslow）時，有一回曾經偷偷搭乘貨運火車，結果被當地警察逮到。他們發現他既沒工作，也沒錢，而且還說不出他要做什麼，於是便將他羈押了十七天。「那時候我們經常睡在愛心回收站的舊衣回收箱裡。」喬伊納德笑著說道。「裡面有很多衣服，所以很暖和，但每當有人把一整箱舊衣服倒在你身上時，你就會被吵醒。」

「喬伊納德很安靜、內向，喜歡思考。」德威爾說。「湯普金斯卻正好相反。他是天生的領導者，萬裡挑一的人物，非常有魅力，而且精力旺盛，腦子裡充滿點子，也很有想像力。他不認為世間的規則適用於他身上。有一次，他和幾個朋友在外面騎腳踏車，結果他闖了一個紅燈。警察追到他的時候問他：『你為什麼不停下來？』沒想到他回答：『我還以為我能跑贏你們。』」

湯普金斯的全名是道格拉斯．瑞恩斯福德．湯普金斯（Douglas Rainsford Tompkins）。他一出生就受了洗。從他的成長背景，你一點也看不出他長大後會成為一個熱愛攀岩的人。他的祖先是乘坐「五月花號」來到美國的。他在紐約市格林威治村長大，從小家裡就堆滿藝術品與古董。他的父親約翰．傑克．湯普金斯（John Jack Tompkins）曾經在第二次世界大戰期間擔任滑翔機飛行員，擁有一家高檔的古董家具公司。傑克經常乘坐自家的小飛機往來美國各地，而幼小的湯普金斯就坐在副駕駛座鋪著的椅墊上。他在念中學的時候就已經看得懂航空地圖，經常和他的父親飛到美國各地去鑑定、評估並購買博物館等級的木頭家具。有時他的父親還會讓他駕駛幾分鐘。

湯普金斯就像他的父親一樣很有眼光，擅於發現不為人知的珍寶。有一次，他們在新英格蘭地區的一座教堂裡鑑定一張貴重的長餐桌。當教堂的牧師提到這張桌子的價格時，傑克搖搖頭說不，然後看著那位牧師說道：「你不知道這張桌子值多少錢，但我知道。你要的價錢差遠了，我必須付你更多的錢。這是我打算出的價錢，而且我出得起。」牧師目瞪口呆地收下了一筆遠比他的要價更高的錢。他們父子開車返回紐約途中，老湯普金斯告誡兒子：「唯有對雙方都有利的交易才是真正的好交易。」

傑克有一雙識貨的慧眼，因此收入頗豐，後來甚至得以遷居到曼哈頓以北的鄉間。他們定居在紐約州的米爾布魯克村（Millbrook），那裡的居民包括哈佛大學教授提摩西・李瑞（Timothy Leary），以及那群在他家吸食ＬＳＤ迷幻藥的聲名狼藉的人士。湯普金斯從小就桀驁不馴，頗有做生意的頭腦，是個讓人頭痛的孩子。有一次，他們一家在海邊度假時，他的媽媽費絲・麥凱倫（Faith McCellan）為了不讓他跑掉，還將他綁在一棵樹上。湯普金斯年紀輕輕就展現了創業的本領。他不僅喜歡養動物，甚至還曾經把他養的雞所下的蛋拿來賣，當時他還不到八歲。除了養雞之外，他也養羊。在他的悉心照顧下，他的羊經常在鄉村博覽會上贏得藍帶獎。他的體內流著商人的血液以及爭強好勝的精神。在運動場上他則是個體育明星。

湯普金斯家的農場有鵝、馬、羊，還有兔子。他們的住所是一棟新英格蘭鄉村風格的房子，遠離馬路，四周是草地和松林，屋裡陳設著許多古董。他們還會鼓勵來訪的客人選出自己喜歡的一件，甚至把它買下來。他們的朋友和圈內人都知道，每一件古董底部那一系列有點像羅馬數字的數字和字母其實是一個密碼，代表那件古董的價格。在晚餐派對上以及雞尾酒會結束後，傑克和費絲都會向賓客兜售自家的家具。

傑克是喀爾文教派的信徒，生性嚴格，很少讚美別人，但他頗以他那體面的生活自豪。當他穿著桃紅色的騎士裝時，看起來就像是一個外出獵狐的英國貴族。從他的私人飛機和屋前長長的車道，就可以看出他喜歡廣闊無垠的土地。他曾經告誡年輕的湯普金斯：「千萬不要買一棟可以看得到鄰居的房子。」當時他並不知道這項教導日後將會如何影響他兒子的一生。

傑克會把評估古董價格的祕訣傳授給湯普金斯。他經常用一本附有插圖的家具書再加上一些照片，向兒子講解個中奧妙，並告訴他：所有的古董都可以分成三類：好的、壞的、不同凡響的，並吩咐他要仔細研究。於是湯普金斯便努力研讀這本書，而且在很小的時候就記住了書中的大部分內容。這讓他對物品的構造與美感有很敏銳的鑑賞力。這種審美品味對他的一生影響非常深遠。

由於古董生意獲利豐厚，湯普金斯一家除了得以添購更高級的汽車和飛機之外，還有閒錢把九歲的小湯普金斯送到附近的康涅迪克州一家名為「印第安山」（Indian Mountain）的寄宿學校就讀。這所學校依照古希臘時期的理想進行文藝復興式的教育。小湯普金斯在學校裡要閱讀法文、撰寫拉丁文作文、分析報紙新聞並討論時事。他八年級畢業時，在這所非常重視體育的學校贏得了頂尖運動員的殊榮。

後來，他的父母又送他去康涅迪克州一所名為「龐弗里特高中」（Pomfret）的寄宿學校就讀，該校的學生有許多後來都上了「常春藤聯盟」的大學。然而，父母為他精心規劃的貴族式教育卻被一次攀岩的經驗攪亂了。他說：「當時有人帶我去攀岩。那是一個女的，她和卡茲奇山（Catskill Mountains）的一位滑雪教練有染，她帶我去只是為了掩人耳目。她嘴上說是要帶我去攀岩，其實只是要去和那個男人見面。後來，因為我已經到了，那個人就只好教我攀岩了。之後我就結交了那裡的攀岩家。他們的觀念很開明，在政治上偏左傾，就某些方面而言，他們可以說是最早的『綠黨』。當然，攀岩也讓我走到戶外，和大自然連結，讓我開始朝著另外一個方向發展。我的人生因此而徹底改變了。」

湯普金斯之所以會結識喬伊納德也是因為攀岩的緣故。他念高中時，有一次前往紐約上州的沙旺恩克山（Shawangunks）攀岩，便在那裡遇見了喬伊納德。他在那裡結交了一群生性叛逆的攀岩人士，這些人都迷上了在沙旺恩克山的生活。他們因為不太遵守當地的規矩，便自稱為「俗物登山俱樂部」（The Vulgarian Mountain Club）。

迷上攀岩後，湯普金斯每到週末便盡可能參加攀岩活動，而且他選擇的路線愈來愈有挑戰性。漸漸地，他學會了如何固定繩索、如何從懸崖上以繩索垂降，也學會如何把岩釘打入岩壁。高中時期他經常利用週末去攀岩或滑雪，為了能多出一天的時間玩耍，週一時他經常冒著被學校開除的危險曠課。

在雪坡上，他藝高人膽大，無論高山滑雪或障礙滑雪都難不倒他，因此成了比賽的常勝軍。他告訴班上的同學他打算參加一九六四年的冬季奧運，而上學會延緩他的進度。他說，如果他能去攀岩或滑雪，為什麼還要上課呢？有一次他偷偷開車載著幾個年紀比較大的朋友去南達科他州攀登「魔鬼塔」（Devil's Tower）。當時他還不滿十六歲，根本沒拿到駕照。

高中畢業前幾個星期，湯普金斯被學校開除了，據說是因為他把學校的古董家具拿去典當，把得來的錢放進自己的口袋。他的父母簡直被嚇壞了。他自己也很意外：他終於自由了。

「我的父母親希望我上大學。」他說。「但那時已經來不及了，我已經不想坐在教室裡上課了。我要去見識這個世界，所以就決定不再念書了。後來我從事了幾份薪水很高的工作，那段期間我可以說是一飛沖天。有一段時間，我跑去當伐木工人，努力工作，存了一些錢之後就走人。」

有三年的夏天，他一直忙著砍伐大樹。他會先把一個皮質的裝置綁在小腿上，再踩著登山釘爬上樹幹，一直爬到大約一百呎高的地方，把那裡的枝葉鋸掉，再把樹梢砍掉。他身上掛著繩索和鋸子，從一個地方跳到另外一個地方，快樂地做著空中體操。一旦樹枝砍光了，他就開始砍樹幹。他是個砍樹高手。這項工作所需要的技巧在許多方面和攀岩一樣。他既可在上空鳥瞰那些森林（當時被稱為「原始林」），也可賺進大把鈔票。後來，他的上司注意到他在樹上的敏捷身手，於是便雇用他去從事放置炸藥的工作，因為他們有時候需要用炸藥來炸開岩石以便興建道路，而天不怕、地不怕的湯普金斯也欣然應允。他的母親費絲曾說：「我和他爸爸一度以為只要讓他餓肚子，他就會乖乖就範，因此我們告訴他：『好吧！你想做什麼就儘管做吧，但我們不會給你一分錢。如果你願意去上大學，那你所有的費用我們都會支付。』但這個方法並不管用！他後來一直都沒有去念大學。」

有一年秋天，湯普金斯在蒙大拿州打工，專門負責捆紮乾草。他在那裡學會如何舉著四十磅重的乾草走動，也因此把他的手臂和胸肌練得更加發達。由於他的皮膚晒得黝黑，頭髮也有些花白，因此當他換下伐木工人的服裝，穿上宴會服時，看起來頗為瀟灑。當時，只要能讓他接近戶外的工作他都願意做。他還曾經在著名的傑羅姆飯店（Jerome Hotel）當過管理員，當時亞斯本（Aspen）仍然是科羅拉多州一個荒涼的小鎮。他去那裡的山上滑雪，還參加了從洛磯山脈到加州斯闊谷（Squaw Valley）等地的冬季滑雪比賽。曾在五〇年代末期和六〇年代初期和湯普金斯比賽過的奧林匹克滑雪選手比利・吉德（Billy Kidd）指出：「他是滑雪比賽的高手。一旦他決定要做什麼，就會全力以赴。」他說：「有幾年夏天，我們曾經去智利的波提約（Portillo）（當時那裡是冬天）接受幾個月的訓練。」吉德是美國第一個贏得高山滑雪項目奧運金牌的選手。他在贏得世界滑雪冠軍之前不久，才和湯普金斯一起在智利的安第斯山騎摩托車並飲酒狂歡。

在受訓的空檔，湯普金斯和吉德說服了當地的ＢＭＷ經銷商，向他們借了兩輛摩托車，然後就飛快地騎著車子在鎮上兜風，沒想到卻出了車禍。他們只好趕緊湮滅證據。「他們花了一整個晚上清理那輛摩托車，並且用鞋油掩蓋刮擦的痕跡。」一位很喜歡和湯普金斯一起旅行的記者湯姆．布羅寇（Tom Brokaw）表示。「後來，他們用車子把那兩輛摩托車載到那個經銷商那兒，然後就趕緊閃人。結果第二天他們就被全面通緝了。幸好湯普金斯認識智利一個很有影響力的家族才得以脫身。」

在智利受完滑雪訓練後，湯普金斯便在南美各地以「搭便機」的方式回家。也就是說，他沒有搭乘商用航空公司的班機，而是在南美各城市的小機場等候，和他們的飛航管制人員聊天。如果有一架小飛機沒有客滿，他就自願擔任領航員。憑著這一招，他從智利飛到祕魯、再飛到哥倫比亞時所搭乘的飛機全都免費。到了祕魯的伊基托斯市（Iquitos）附近的亞馬遜叢林時，當地的一個研究團隊看上了他的攀爬能力，便雇用了他，讓他到樹上去抓猴子。

「如果他真的下定決心要參加奧運滑雪比賽，就一定會達成目標，除非他的膝蓋受傷。」吉德是在新英格蘭參加比賽時認識湯普金斯的。他表示：「不幸的是，滑雪比賽選手經常會受傷，尤其是在那個年代，因為當時我們用的是木製的滑雪板，穿的是皮靴，而且只有在滑雪板的螺絲釘鬆脫時，皮靴固定裝置才會鬆開。」

湯普金斯的攀岩夥伴指出，湯普金斯因為受了傷，所以滑雪速度變慢，無法參加頂尖好手的賽事。當時，他雖然還是能夠滑雪，但已經沒有希望參加一九六四年的奧運會了，而且美國的高山滑雪國家代表隊也沒有延攬他。於是，很有運動天分且一心求勝的他便開始專攻攀岩，之後又創辦了「加州登山嚮導社」（California Mountain Guide Service，簡稱CMGS），三年後又開設了一些類似「美國戶外領導學校」（the National Outdoor Leaderships School，簡稱NOLS）的戶外教育課程。

「加州登山嚮導社」的教練都是登山界響叮噹的人物，其中包括查克．普拉特（Chuck Pratt）、湯姆．佛洛斯特（Tom Frost）、羅伊爾．羅賓斯（Royal Robbins）以及湯普金斯的至友喬伊納德。為了推廣「加州登山嚮導社」的業務，湯普金斯設計了一份目錄，上面印了他們要爬的幾座山脈的照片。雖然他們的宣傳小冊印得很雅緻，但他的客戶卻都是標準的「邋遢鬼」。當他在推廣他創辦的這所登山學校時，有許多朋友和客戶不停地詢問他各種有關裝備的問題，於是他便決定開一家小店。後來，他開始在柏克萊的一家汽車修理廠裡面販賣露營和登山裝備。喬伊納德表示：「他就是靜不下來。他很有生意頭腦，而且總是能夠想出一些點子。我不知道他是不是一個很厲害的生意人，但他很願意冒險並嘗試新的事物。他不太聽勸，也不喜歡別人告訴他要做什麼，對於權威更是痛恨，所以在很多事情上他幾乎都是獨斷獨行。」

一九六二年秋季的某一天，湯普金斯從加州內華達山脈太浩湖（Lake Tahoe）畔的翡翠灣州立公園（Emerald Bay State Park）附近的森林裡走了出來，模樣粗獷、帥氣，肌肉發達，但身上已經一文不名，需要搭便車前往舊金山，於是便站在路旁向過往的車輛招手。不久，一輛車子停了下來。湯普金斯便上了車。車子的駕駛蘇西看他衣衫簡陋、胸膛上縛著一捲有如子彈帶般的攀岩繩索，覺得他像是一個模樣帥氣的土匪。他就座後，蘇西問他：「你從哪裡來的？」湯普金斯毫不遲疑地答道：「東岸，那裡可比西岸這兒好。」口氣頗為狂妄。

當時蘇西年方十九，已經開始賺錢工作，養活自己了。她在雷諾市（Reno）的一家賭場擔任基諾遊戲操作員（Keno runner），月入數百美元。她在舊金山讓湯普金斯下車時，心裡很慶幸這個狂妄自大的伐木工人終於走了。一個星期後，她在上班時接到了那個「曾經搭她便車的傢伙」傳來的一則訊息，說他因為在「喜互惠超市」

（Safeway）順手牽羊，拿了一塊牛排，便被警察關起來了，問她是否可以幫他付保釋金。蘇西把她身上所有的現金（總共六十五美元）都借給了他，心想這些錢肯定是「肉包子打狗，有去無回」了。但後來他卻把錢還給了她，還送了她一把他在住處隔壁的殯儀館的垃圾箱裡撿來的花。不久，湯普金斯就開始請蘇西吃飯。兩人相談甚歡，後來還一起開著一輛福斯廂型車到墨西哥遊玩。「他開車來我媽媽家接我。」蘇西說。「我帶著一件短褲、T恤和一套比基尼，連鞋子也沒帶就走了。」

不到一年後，他們就在紐約州米爾布魯克村湯普金斯的家結婚了。婚禮結束後，他們便開著他們那輛破舊的廂型車，載著湯普金斯父親的幾件古董開往西岸，打算先把那些家具送到買主手上，然後再前往北加州定居。由於那輛廂型車少了幾扇窗戶，他們就在車上裹著睡袋禦寒。那是一九六三年的事。當時他們無憂無慮，就像遊牧民族一般。後來加州就吹起了嬉皮與吸食迷幻藥的風潮，各種政治抗爭也風起雲湧，並且逐漸蔓延到全美各地。

他們在加州斯闊谷安頓下來後，便開始各自打工。湯普金斯在滑雪場擔任巡邏隊員，蘇西則在餐館裡當服務生。他們住在一間租來的地下室，並設法靠販賣「道格牌地毯」賺點外快。這是湯普金斯自創品牌的諸多經驗之一，當時他賣的是織工精美的波斯地毯。「湯普金斯很有幹勁、精力旺盛，而且喜歡從事各種身體方面的活動。」

蘇西表示。「但我想這大半是因為他的父親對他既殘忍又不公平。他從來不曾讚美過他，也從來沒有對他表示認可。他真的很不容易。」湯普金斯對自己沒有文憑一事非常敏感。「他對別人宣稱他是耶魯大學的學生。」蘇西說。「他要成為他想成為的那個人，所以從那時開始就做著準備。」

湯普金斯販賣滑雪裝備和登山攀岩用品的生意愈做愈大，於是他便將他的小店從柏克萊的那家修車廠搬到舊金山一間比較便宜的地下室。一九六五年春天，他的房東——「瑞士滑雪商店」的老闆——決定要歇業一個夏天，於是便暫時將一樓的店面分租給湯普金斯。儘管那裡他只能使用三個月，他還是將整個店面徹底翻修。他在舊金山以北的索諾馬郡（Sonoma County）探索時，發現了幾座以老舊的紅木板子搭成的廢棄雞舍。他看著上面的木紋，欣賞它們的色澤，想起了他父親所珍愛的古董家具，於是便打算將那些紅木板子鑲嵌在他的店舖的牆壁上。那些雞農認為這些已經半塌的雞舍很容易引發火災，而且有礙觀瞻，所以非常感謝這位來自舊金山、精力旺盛的年輕人願意免費用卡車幫他們運走這堆廢物。「當時我覺得很奇怪，他為什麼會花這麼多時間在一家我們只租三個月的店面，但他向來都喜歡把事情弄得很像樣。」「北面」早期的一名員工史帝夫・寇米托（Steve Komito）表示。「他一貫的態度就是：

『這有什麼不行呢？反正我們勇往直前全力衝刺就對了。』」

湯普金斯因為沒有經費行銷，於是便想出了一個噱頭：讓「北面」的一個員工用繩索沿著舊金山一棟摩天大樓的牆面往下垂降，然後再向位於六樓的某個公司的老闆討一杯咖啡。後來，德威爾果真在舊金山的「太平洋國家銀行」（Pacific National Bank）的那棟建築的頂樓綁上一條六百呎長的繩索，然後便和湯普金斯的攀岩夥伴蓋藍・羅威爾（Galen Rowell）一起抓著那條繩索滑降到六樓，在那裡喝了一杯咖啡。由於他們事前已經通知報社的攝影記者前來拍照，於是各媒體都競相報導。結果，這個獨樹一格的廣告策略大獲成功，連舊金山的《紀事報》（*Chronicle*）都為此刊登了一篇特別報導。後來，為了進一步宣傳他新開的店，湯普金斯又在工商黃頁電話簿上刊登了一則廣告，並且訂了五千盒紙板火柴，上面印著：「北面，哥倫布大道，三〇八號。」

「他以為他訂的是五千份紙板火柴，結果送來了五千盒。」德威爾表示。「在他投下那麼多資金後，那個瑞士滑雪商店的負責人跟他說：『我們要搬到市中心區去了。如果你願意的話，可以一起過來。』湯普金斯回答說：『不行，我不能搬過去，因為這個季節剛剛開始，而且我已經做了廣告，顧客很快就會開始上門的。』於是對方就說：『如果你想留在這裡，那這份租約就讓給你好了。』於是「北面」就開始有了自己的店面。」

湯普金斯有個研究攝影和製片的朋友，名叫愛德加．鮑伊爾（Edgar Boyles），就住在「北面」附近。「北面」裝修完成後，他特地前往參觀。他發現店裡的裝潢雖然並不高檔，但全都是手工打造出來的。「很難了解他究竟想做什麼。」鮑伊爾表示。「店裡的每一樣東西都很美，已經達到藝術品的等級。」

「北面」開張第二年時，住在城裡和郊區的人興起了一股登山的熱潮，使得湯普金斯因此大發利市。這是因為當時美國的中產階級人士已經有了更多的休閒時間，而且隨著汽車的普及，有愈來愈多的家庭能夠前往那些比較不知名的國家公園露營。於是，健行和露營頓時成了全國人民的熱門休閒活動。前往國家公園旅遊的人數從一九五八年的五千三百萬人激增到一九六八年的一億三千萬人。在這段期間，除了登山與露營設備外，湯普金斯也取得了一些新式滑雪用品的經銷權，包括「朗格」（Lange）牌的塑膠滑雪靴和超緊身彈力褲。於是，「北面」的店裡便經常聚集著體格健壯的登山客、喜愛滑雪的婦女、流浪詩人以及那些偶爾前來逛逛的客人，看起來熱鬧非凡，倒像是在舉行雞尾酒派對似的。湯普金斯喜歡這樣。對馬戲團頗為著迷的他把自己的小店當成了劇場，而他身為主持人也一直樂此不疲。

湯普金斯知道他的商品頗有吸引力，可惜因為店面太小，生意的規模受到了限制。當時喬伊納德正在做郵購生意，他告訴湯普金斯他的攀岩用品透過郵購的方式賣得很好。於是，湯普金斯也跟進了。他和德威爾兩人馬不停蹄地合作，聯手設計出了「北面」的郵購目錄。這份目錄不像一般的目錄那樣以價錢為訴求，而是走感性的路線。上面既沒有照片，也沒有模特兒，只有一幅幅鉛筆畫，印在超大的紙面上，封面則是湯普金斯親手書寫並署名的一封信函，看起來既典雅又洋溢著自信。目錄上那句：「行囊愈輕，樂趣愈多」更是別具一格，讓人耳目一新。

目錄設計好後，湯普金斯印了一萬份，就寄了出去。兩天後，郵局的一輛卡車開了過來，把十五包郵件丟給他們。郵差滿臉不悅地說道：「你們得把這些郵件分類好才行。」然後他就走了。湯普金斯沒理他。「我們不必這樣做。」他告訴德威爾。「只要把它們分成幾堆，把每一堆最上面的幾封分類一下，讓它們看起來像是已經分類過就好了。」

於是，他們兩人把最上面的幾封依照郵遞區號加以分類後，就把所有郵件都放回郵箱了。但兩天後，又有一輛郵車開了過來，那十五包郵件再次被丟了下來。郵局的人員明白告訴他們：「如果你們不遵守規則，這些郵件下次就會被焚毀。」「那天是星期五，所以週末時我們就到（舊金山的）華盛頓廣場公園，把那一萬封裝著目錄的郵件通通都攤在公園的地上，並依照地址一一分類。」德威爾表示。「我們兩個走來走去，看著那些郵遞區號，最後終於把它們分類好了。那天天氣很好，那一萬封郵件攤在地上，足足佔了公園面積的一半。我們在分類時，經常有路人停下腳步問我們：『你們在幹嘛？可以給我一份嗎？這是不是某種促銷活動？』我們說不是，但它真的發揮了促銷的效果。那些郵件後來終於寄了出去，但我想它們那天被攤在公園的地上時曝光率或許更高。」

由於目錄做得出色，再加上喬伊納德指導有方，「北面」的生意開始蒸蒸日上，訂單如雪片般飛來。喬伊納德的攀岩用具也銷量激增。那段時期，德威爾經常開車到南加州喬伊納德的工廠，載著滿滿一車、重達數百磅的貨品回來。一時之間，登山和攀岩高手突然變成了很酷的人物，吸引了大批的粉絲，就像那些音樂家一樣。有一天，湯普金斯的朋友瑞克·瑞吉威（Rick Ridgeway）在店裡時，突然有一輛黃色的保時捷開到店門口的人行道旁，然後便聽見一個女人以粗啞、深沉的嗓音喊道：「湯普~金斯！我們~走吧！」瑞吉威表示。「湯普金斯一上車，她就旋風般飛馳而去。」她開了幾條街之後，就把湯普金斯嚇壞了。他向來以自己的車速自豪，但這次連他也受不了了。等那位女士把車子慢下來之後，他就趕緊溜下車，走回店裡。後來，他向他的朋友發誓以後再也不搭珍妮絲·賈普林（Janis Joplin）[2]的車子了。

當時，湯普金斯滿臉鬍鬚，還有著一頭褐色的鬈髮。他和搖滾樂界頗有些淵源，曾經前往舊金山知名的音樂廳費爾摩會堂（the Fillmore）聆聽「傑佛森飛船」（Jefferson Airplane）樂團的演唱會，也曾和楊恩・溫納（Jann Wenner）來往。溫納甚至曾經慫恿湯普金斯投資他打算創辦的一份名為《滾石》（*Rolling Stone*）的搖滾樂雜誌。週末時，湯普金斯會在登山家弗朗西斯・法庫爾夫婦（Francis and Mary Farquhar）位於柏克萊的寓所中，和環保主義者大衛・布魯爾（David Brower）在火爐邊閒聊。布魯爾當時是「山巒俱樂部」（Sierra Club）[3]的會長，曾積極推動政府成立「紅木國家公園」（Redwood National Park）和「雷斯岬國家海岸公園」（Point Reyes National Seashore）。他能言善道，聲音渾厚洪亮，極富魅力，經常宣稱登山家需要讓別人了解登山活動的精神所在。他說：「豐富多元的經驗只不過是像我們所吃的肉類和馬鈴薯，並不是人生的調味料。唯有敢於冒險，人生才會更有滋味。那些會去登山或泛舟的人都明白這一點。」

湯普金斯坐在法庫爾家的客廳中聆聽著布魯爾的言論，感覺自己彷彿遇見了「德魯伊特教的大祭司，和他一同置身於那個神聖的圈子當中」。他很認同布魯爾那些雋

---

2 編按：美國六〇年代知名搖滾歌手，以沙啞狂放的嗓音與音樂風格著稱。

3 譯註：或譯「塞拉俱樂部」。

永精闢的言論。「他很擅於總結問題，而且很快就能看出要採取什麼策略才能讓政府改變政策，或阻止他們實施某項計畫，例如興建不合宜的水壩或錯誤的林業措施等。他會持續對他們施壓，從不放棄，也絕不認輸。」

喬伊納德和湯普金斯兩人雖然都已有家室，但還是經常會放下公司的業務，跑去健行、登山或露營，而且一去往往就是幾個星期乃至幾個月，彷彿在荒野中蒸發了一樣。但每次冒險歸來，他們總是會抱怨設備太差。要找到高品質的設備怎麼就這麼難呢？為什麼沒有人能製造出一款快乾的睡袋或一個不會被風吹跑的帳篷呢？

喬伊納德發現當時大家普遍使用的冰鎬都設計不良，拿來鑿冰時，有一半的機率會鑿不進去。他心想：「為什麼沒有人能製造出一款可以配合使用者手臂揮動時的弧線的弧形冰鎬頭呢？」他們多麼希望能夠找到能讓他們滿意的工具與設備。

一九六六年十月，湯普金斯打算在「北面」推出冬季的新品，需要搞一個能夠一炮而紅的噱頭，於是他便請了一個從事音樂推廣工作的朋友傑瑞．曼德（Jerry Mander），要他把活動的場子搞得熱鬧一些。曼德建議他：幹嘛不辦一場派對呢？如果有現場的音樂演奏，並供應大量的大麻和冰啤酒，效果應該不錯。聽說有一個剛剛崛起的四人樂團，成員包括一個名叫杰瑞的大鬍子吉他手。「他們自稱為『感恩的死者』（The Grateful Dead）[4]。要不要試試看請他們來表演？」曼德問道。湯普金斯面露微笑地答道：「『感恩的死者』，聽起來挺不錯的。」

於是，他們在店裡那高達八呎的亞當斯風景照前搭起了一座舞台。活動那天，「感恩的死者」樂團便在上面演唱了他們的一整套歌曲。蘇西逐一向賓客致意，並和樂團的領隊兼藍調歌手羅恩．「豬舍」．麥克南（Ron "Pigpen" McKernan）合照。鄉村民謠女歌手瓊．拜亞（Joan Baez）也現身了，她的妹妹米米．法里亞（Mimi Fariña）也參與了現場演唱。人潮從店裡一直滿到街上去。為了防止有人惹是生非，湯普金斯雇了一個名為「地獄天使」（the Hell's Angels）的摩托車幫會來盯場。這些人一個個滿臉鬍鬚，身上還佩戴著可以用來當武器的鍊條。大家都知道，為了維持秩序，他們會不惜使用非法的手段。活動結束後，湯普金斯請「地獄天使」和「感恩的死者」的成員到一家名為「瓦尼西」（Vanessi）的高級餐廳吃飯。那家店的服務生都是義大利人，個個打著蝴蝶領結，和那幫渾身油膩、穿著無袖皮背心的幫派人物形成了強烈的文化對比，看得湯普金斯和蘇西笑個不停。

音樂會過後，「北面」就確立了它在文化圈的地位。接著湯普金斯又擴大他的郵購業務，並在柏克萊和帕羅奧圖（Palo Alto）開了兩家分店。之前他們推出的那份郵購

---

4 譯註：或譯「死之華」。

目錄也大受好評，使得「北面」逐漸成為一個文化景點。店裡經常擠滿了披頭族、不修邊幅的登山客，以及湯普金斯和蘇西的朋友，看起來倒像是一座藝廊。

一九六〇年代初期，美國作家傑克．凱魯亞克（Jack Kerouac）所預言的「背包革命」（Rucksack Revolution）真的發生了。戶外服飾和用品的市場蓬勃發展，湯普金斯在其中自然也佔了一席之地。網購的營業額每個月都有成長，有許多人都想成為「北面」的經銷商。儘管生意很好，但他每次好不容易逃離市區，前往雷斯岬國家海岸公園度假，或帶著他的女兒去穆爾伍茲國家紀念森林（Muir Woods National Monument）散步，或去優勝美地國家公園攀岩歸來後，總是被一堆朋友乃至陌生人包圍著，問他各種有關登山、攀岩裝備的問題，因為他們知道湯普金斯對各種最新的產品和流行趨勢瞭如指掌。這讓他難以忍受。他說：「我都快瘋了。我心想，我在幹嘛呢？我只不過是在從事自己所喜歡的運動，但到頭來卻不得不和每一個人討論有關裝備的問題。」

於是，湯普金斯決定賣掉「北面」的股份。除了因為他需要還清一些債務之外，更重要的理由是：他需要一個新的使命，需要進行一場新的探險並逃離現有的一切。他渴望從事一些不按牌理出牌的冒險，開闢出一條新的道路來。因此，一九六七年時，他便以區區五萬美元的價錢賣掉了「北面」，他曾發起一個絕妙的概念，並用一股興奮感推動這個品牌，如今他準備投身一個嶄新的領域。他將得來的現金投入兩項冒險事業。一是他的太太蘇西和她的友人珍恩．蒂斯（Jane Tise）剛剛創立的「平凡女孩」（Plain Jane）服飾公司。有了湯普金斯所提供的現金和行銷點子，她們只要發揮自己的創意，就可以擴大公司的規模，甚至可以雇用一個打版師來幫忙。這項投資顯然奏效了。後來，蒂斯趁著前往巴黎擔任模特兒的機會，把當地最流行的服飾帶回美國，再和蘇西一起把這些款式改成合乎美國婦女身材的尺寸，然後拿到跳蚤市場去賣。至於另一筆錢，湯普金斯用來完成他的夢想：請人將他的冒險活動拍成一部影片。他盤算著：如果他能用登山、健行和探險的時間賺錢，那還有什麼比這個更好呢？

當時，布魯斯．布朗（Bruce Brown）所執導的一部有關衝浪的電影《無盡的夏天》（*Endless Summer*）剛推出不久，成本只有五萬美元，卻獲得了三千萬的票房，而且在全美各地都打破了旅遊紀錄片的票房紀錄。無論大學生或農村少年都排隊爭相競睹這部有關衝浪的片子。湯普金斯心想，觀眾可能也會喜歡其他類型的刺激冒險片？他是不是可以像布朗那樣以搞笑、幽默的方式，把他所熱愛的極限攀岩運動拍成電影？他出售「北面」時，要價就是《無盡的夏天》的拍攝預算：五萬美元。現在只需要一個異想天開的點子，他也可以改行當電影導演。

一九六八年春天，湯普金斯被一張照片震懾住了，從此他生命的羅盤就從北半球指向了南半球。他第一次看到那張黑白照片，就被上面那有如雕像般莊嚴優雅的輪廓迷住了。他感覺它的線條堪稱完美，散發著無比的魅力。他興奮之餘，立刻騎上他那輛黑色的「凱旋」（Triumph）牌摩托車，從舊金山沿著那條風景優美、彎彎拐拐的加州一號公號往南行駛。一路上，風吹拂著他的髮絲，他的左邊是紅木森林，右邊是懸崖，下方則是驚滔拍岸的太平洋，而他有如滑雪一般地往前奔馳，為的是要去南加州范杜拉市和喬伊納德分享一個好消息：他有了一個新的目標。

他抵達時，喬伊納德正在他的海濱小屋的工作坊內打造著岩釘。之後兩人在海灘上衝浪、狂歡。湯普金斯熱烈地談起他的新愛好，並向喬伊納德出示那張照片，兩人都看得目不轉睛。那是一張菲茨羅伊峰（Mount Fitz Roy）的照片。只見它矗立在綿延無盡的阿根廷大草原之上，高達一一、二八九呎，形狀有如箭頭一般，四周的山峰也都非常陡峭，看起來宛如倒插著的鉤針。它的石壁是花崗岩質地，角度幾近垂直，上面的積雪非常深厚且經年有強風吹襲，對攀岩者來說極具挑戰性。之前只有兩個探險隊曾經成功登頂，而且它們的成員沒有一個是美國人。《高山雜誌》（*Alpine Magazine*）形容它是「攀冰的好地點，天氣很不穩定，風強勁得可怕」。

這是一家登山雜誌的封底照片。湯普金斯和喬伊納德明白，要攀登這樣一座山脈何其困難。那筆直的花崗岩石壁很像是他們之前所熟悉的優勝美地公園的峭壁，但它位於美洲最南端，更靠近南極洲，可說是陸地的盡頭。然而，它雖然難以攀登，卻美得讓人難忘。那六座有如尖塔般聳立的山巒是所有登山家的夢想。

對於他們來說，菲茨羅伊峰的高度雖然不到聖母峰的三分之一，卻比後者更具挑戰性。它最高的山壁達兩千呎，而且陡峭垂直，一如帝國大廈，和里約熱內盧（Rio de Janeiro）那座具有代表性的糖麵包山（Sugarloaf Mountain）不相上下，但上面有數條冰河，經年為狂風吹襲，而且遍地冰雪。長久以來，這座山峰一直籠罩在一種神祕的氛圍中，是各種神話故事的發源地。在一九〇八年前，地圖繪製員一直以為峰頂漂浮的雲朵是火山噴出的煙霧，於是便將它取名為「菲茨羅伊火山」。

菲茨羅伊峰位於南美洲安第斯山脈的最南端，是神祕又吸引人的巴塔哥尼亞高原的一部分。喬伊納德是少數有能力攀登該峰的登山家之一，但湯普金斯想帶著一個團隊攻頂，並且將整個過程拍攝下來。於是，那天早上，他們兩人便放下了手邊所有的計畫，開始策劃一場史詩般的旅程：要如何攀登這座幾乎無法攀登的山？哪個季節最合適？他們還要找誰來共同迎接這項挑戰？

喬伊納德想起那年他曾經看過法國登山家萊昂內爾．泰瑞（Lionel Terray）所撰寫的一份紀錄，描述他第一次攀登菲茨羅伊峰的過程。根據泰瑞的說法，登山是一項高尚的消遣，不屬於理性和情感的範圍。他說登山客是「無用之物的征服者」

（Conquistadors of the Useless），並指出菲茨羅伊峰是一座極難攀登的山峰。由於高處風勢強勁，無法搭帳篷，因此他連續幾天都睡在用手挖出的雪洞裡。在那次登山的過程中，有一個人因為風聲太大而失聰，直到三個月後才恢復聽力，另外一名法國登山家雅克．普安斯諾（Jacques Poincenot），則因為掉進基地營附近的洶湧河水中而溺斃於一塊巨石底下。為了紀念他，他的隊友用他的名字來為一座雄偉的山峰命名。泰瑞宣稱，在他爬過的所有山峰當中，菲茨羅伊峰是他再也不想攀登的兩座山峰其中之一。

喬、普兩人在炎熱的范杜拉海灘上衝浪之餘，便進行著腦力激盪，最後終於擬定了一項為期六個月的探險計畫。「我們從陸路過去。先從加州開車到中南美洲的西岸衝浪，再到智利滑雪，一個月後再去巴塔哥尼亞攀岩。」湯普金斯滔滔不絕地對喬伊納德說道。「在這六個月當中，我們要盡情玩樂。」湯普金斯還將這次行動命名為：「一九六八年從加州到巴塔哥尼亞的玩樂遠征隊」。

由於菲茨羅伊峰每年六月到十月都有暴風雪，湯普金斯和喬伊納德打算在十一月時抵達（當時夏天的風勢尚未變強）。但從暴風雪肆虐的春末到強風吹襲的初夏，他們只有一段短暫的時間可以攀登，而且期間會發生什麼狀況，委實難以預料，於是他們計劃在七月出發，這樣他們就可以在春天時抵達（南半球的季節正好和北半球相反）。「我們擬定了一項項計畫，要實現我們夢想。還不到傍晚，所有的行程都搞定了。」湯普金斯表示。「我們就像兩個在晚上偷偷溜進冰淇淋店、為自己做出一個巨大的聖代或香蕉船的男孩。」

第二章 無用之物的征服者

我實在很難說明為何我會跳上車子開一萬六千哩去爬某一座山。我從來沒有仔細想過我的動機是什麼，也從來不曾好好坐下來分析自己為什麼要這麼做。我想如果我這麼做了，自己可能會被嚇到。

——湯普金斯

和喬伊納德碰面後，過了幾個星期，湯普金斯便帶著賣掉「北面」後所剩的錢離開了舊金山。那是一九六八年七月的事。他把兩架寶萊克斯（Bolex）的十六毫米攝影機、登山家布魯爾送給他的十二捲膠卷、一堆備用輪胎、登山繩、滑雪板和潛水服，放進他那輛一九六五年的福特 Econoline 廂型車後就出發了。離家外出對他來說乃是稀鬆平常的事，卻讓他的妻子蘇西心裡很不舒服，因為當時她不僅已經懷有九個月的身孕，還要照顧兩歲大的女兒昆西，並打理她剛開設的「平凡女孩」服飾公司。然而，他們的次女桑瑪（Summer）才剛出生，湯普金斯就離家了。他們的一個朋友說道：「他給了蘇西一些錢，告訴她：『妳已經和妳的朋友蒂斯討論了很久，想推出自己製作的服飾。這裡有一點錢，妳就拿去試試看吧！這樣我不在的時候妳至少會有一些好玩的事情可做。』這基本上就是一樁交易，只是為了要讓他覺得自己並沒有棄她們母子於不顧。」

參與此行的還包括湯普金斯住在斯闊谷時認識的朋友（也是登山夥伴）弗羅瑞斯。弗羅瑞斯是玻利維亞人，會說西班牙文，負責擔任此行的攝影師。他和湯普金斯都熱愛爬山，兩人關係深厚。「登山時，你的性命就交付在你的同伴手裡。萬一出了什麼差錯，比方說你不小心掉下去了，他手裡的那根繩索可以救你一命。」弗羅瑞斯表示。「因為彼此極度信任，交情自然深厚。」

後來，他們兩人便開車到范杜拉市和喬伊納德以及里查・狄克・多爾沃思（Richard "Dick" Dorworth）會合。多爾沃思身材魁梧、肌肉發達，酷愛閱讀，常寫日記，是全球最厲害的高山滑雪選手之一，曾經和奧運冠軍讓—克洛德・基利（Jean-Claude Killy）同場比賽，六年前甚至在競速滑雪項目上創下時速一〇六哩的世界紀錄。另一個成員克里斯・鐘斯（Chris Jones）當時正在南美洲攀登安第斯山脈中幾座最難爬的山峰。他將在中途與他們會合，但地點尚未決定。

四人抵達洛杉磯後，就把鬍鬚和鬢角都剪掉了。這是因為墨西哥的部隊如果看到四個儀容整潔的外國佬開著一輛裝滿露營設備的廂型車，比較不會把他們抓去關起來。除此之外，他們也立誓：不抽大麻、不嗑藥、不服食ＬＳＤ迷幻藥。

喬伊納德親自設計並打造了幾個車內架，用來放置他們的登山繩、野營爐、滑雪板和冬天的衣物，並且把他們的衝浪板綁在車頂上。然後他們就展開了長達數月的旅程，朝著他們只在照片上看過的神祕之地「巴塔哥尼亞」進軍了。他們要去攀登那些險峻的山峰，到無人去過的海域衝浪，並在冒煙的雪火山上滑雪。

一九六八年的夏天，美國陷入了一場引發社會分歧的文化戰爭。在湯普金斯等人出發前的三個月（一九六八年四月），詹姆斯．厄爾．雷（James Earl Ray）在曼非斯市（Memphis）暗殺了黑人民權運動領袖馬丁．路德．金恩（Martin Luther King Jr.），引發了接二連三的暴亂，導致數十人死亡，也使美國人民的心靈蒙上了陰影。六月時，極富個人魅力的前總檢察長羅伯特．甘迺迪（Robert F. Kennedy）在洛杉磯慶祝他在加州民主黨總統初選的勝利時，又遭一位名叫索罕．索罕（Sirhan Sirhan）的男子槍殺。他原本已經準備要繼承他的哥哥約翰．甘迺迪（John F. Kennedy）的衣缽，美國人民對他也寄予厚望，沒想到卻像他的兄長一樣被刺殺身亡。相較於當時美國國內那種瘋狂、混亂的氛圍，菲茨羅伊峰顯得平靜安詳，但他們要開車沿著汎美公路（Pan-

American Highway）往南行駛一萬六千哩才能抵達，而且路上有好幾個部分都是供牛隻行走的道路，此外這個區域的地圖往往都只有西班牙文，上面稀稀落落地標示著幾條道路，偶爾才能看到顯示加油站或馬雅、印加遺跡的符號。

他們四人當中兩個坐前座，兩個坐後座。車裡的錄放音機連續二十四小時都播放著「感恩的死者」、「傑佛森飛船」、拜亞和狄倫的歌曲。為了讓夜裡輪班開車的人不致打瞌睡，車上還安裝了一台有揚聲器的 Nagra 卡座。

進入墨西哥境內後，他們便開車到一座位於太平洋海岸的漁村聖布拉斯（San Blas）。弗羅瑞斯在那裡的沙丘上拍攝湯普金斯和喬伊納德並肩衝浪的情景，但他只是模仿《無盡的夏天》所用的手法，拍得平淡無奇，了無新意。湯普金斯指責他，並且把他當成臨時演員一般差遣。喬伊納德和多爾沃思勸湯普金斯不要這樣，因為以後還有數千哩長、多達幾百座的海灘可拍，但湯普金斯有過動的傾向，很難放鬆。當時，多爾沃思在日記中寫道：「他彷彿需要動個不停，才能證明自己還活著。」

到了墨西哥市後，湯普金斯找了一家照相館把最初的幾捲膠卷洗出來，並打算把這些十六毫米的母帶寄回加州，這樣萬一發生了什麼事故，那些母帶還是能夠保存下來。然而，他拿到沖好的膠卷時，才發現所有的鏡頭看起來都搖搖晃晃，彷彿攝影機在震動一般，沒有一個畫面是清晰的。於是，這一整捲影片都沒用了，其中包括他們離開洛杉磯時的開場鏡頭、越過邊境進入墨西哥的提華納市（Tijuana），以及在聖布拉斯衝浪的畫面。弗羅瑞斯打開攝影機檢查，發現裡面的一塊壓板無法把膠卷固定在導軌上。他們重新設定後便朝著下一站中美洲出發了。

他們開車經過了一座座村莊，每一座村莊都有自己的露天市場。湯普金斯愛上了當地的街頭小吃，他雖然只會說幾句簡單的西班牙語，卻常去市場裡逛，欣賞那琳琅滿目的手工編織布料、陶器和金屬藝品等等，以了解當地的手工藝文化。

那繁忙的市容、豔麗的街景以及具有異國風情的辛辣食物，在在都令湯普金斯著迷。此外，那裡的水果極多，彷彿不要錢似的，一個鳳梨只賣一美分。由於夜以繼日地趕路，他們的行程比預定的進度超前。在他們四人當中，多爾沃思很喜歡在晚上開車，而且似乎永遠不累，因此喬伊納德私下裡不禁猜想，他是否為了保持清醒而偷偷地服用微量的ＬＳＤ。

由於車子前面的大燈不太亮，弗羅瑞斯的視力也逐漸惡化，因此晚上讓他開車是一件很危險的事。事實上，即便是在白天，他的駕駛技術也很爛，因此他們只有在不得已的情況下才會讓他開車。至於湯普金斯，他的車速過快，經常一踩油門，就讓其他幾人的頭撞到車頂，招致罵聲連連。這時，他就會咕噥著說：「我們得趕路呀！」聽起來冷漠、傲慢，彷彿根本不在意其他人的感受。

在瓜地馬拉時，湯普金斯去算了一次命。算命師的小房間裡有三個木製的鳥籠，每一個鳥籠裡都有一小堆捲好的籤文，放在一小張有如捲軸的紙上。湯普金斯付了錢之後，算命師便對他的鳥兒吹了一聲口哨，要牠隨意抽取一張籤詩送過來。湯普金斯在弗羅瑞斯的鏡頭下打開那張籤詩時，不禁嚇了一跳，因為上面寫著：「你的家人正在找你。」

有一天凌晨，他們在瓜地馬拉安提瓜市（Antigua）外面的山上遭到了伏擊。當時天色未明，正躺在車子旁邊的地上睡覺的湯普金斯突然被子彈上膛的聲音吵醒。「我睡覺前已經把睡袋拉到我的頭上，只有眼睛露出來。」他後來寫道。「我睜開一隻眼睛，想瞧瞧究竟是怎麼一回事，卻看到一個十幾歲的士兵正用自動步槍對著我們，並且用西班牙語朝著我們大喊。他說話時，槍尖不住地抖動。」

弗羅瑞斯是他們四人當中唯一能用西班牙語溝通的人。他舉起雙手，和那個年輕的士兵短暫交談，這才知道他們正在尋找前一晚被他們射傷後逃逸的一名叛軍。士兵命令他們各自離開睡袋，以檢查他們身上是否有子彈所造成的傷口。弗羅瑞斯告訴他，他們是利用假期前來探險的旅客，並指著他們那藍色的加州車牌，以證明他所言不虛。他們向那士兵保證：如果看到什麼可疑的情況，一定會向他報告。士兵走後，他們便立刻拔營，並收拾行裝，趕緊上路。「他的眼神殺氣騰騰。」多爾沃思在他的日誌中描寫當時的情景。「我敢說他曾經動過射殺我們的念頭。」

四人一路幾乎馬不停蹄地開著車，終於抵達了巴拿馬，但卻發現前面已經無路可通。這是因為汎美公路全程從阿拉斯加到火地群島（Tierra del Fuego）都可以通行，唯獨這個被稱為「達連隘口」（Darien Gap）的路段例外。此區由於熱帶疾病盛行、沼澤遍佈、日日暴雨，再加上政治紛擾、缺乏陸路交通等因素，已經荒無人煙。他們要如何通過這個長達八十哩的路段呢？後來，他們決定訂一艘船把他們連人帶車載到哥倫比亞的布埃納文圖拉市（Buenaventura），但那艘船遲遲沒有出現，於是他們又只好花錢請一艘西班牙的貨輪，將他們載到位於哥倫比亞的加勒比海海岸的卡塔赫納市（Cartagena）。但這樣一來，他們就得多開一千哩路的車，而且當時哥倫比亞的內戰已經開打了。

抵達卡塔赫納市後，他們擔心遭游擊隊或政府軍伏擊，便直奔厄瓜多，但不久之後，喬伊納德的皮箱就被偷了，而他們的文件都裝在裡面。更慘的是，他們已經拍攝完的八捲膠卷也在那只皮箱裡。抵達祕魯後，湯普金斯不禁憂心忡忡，因為他們的行程雖然沒有耽擱，但已經拍好的影片中可用的片段卻很少。這樣一來，這部電影可能就無法完成了。此外，在祕魯時，他們的汽車玻璃被小偷砸破，車裡的登山設備以及所剩無幾的現金也被偷走。為了支付油錢，他們只好把衝浪板賣掉。在祕魯接了那位剛剛登上安第斯山脈的幾座高峰的英國攀岩高手鐘斯之後，他們便離開了。

進入智利後，湯普金斯和多爾沃思不禁鬆了一口氣，因為他們之前曾經在智利接受滑雪訓練，知道這個面積狹長、形狀有如義大利麵的國家是一個管理良善的民主共和國，所有事務都比較上軌道，也很少發生暴力事件。

智利北部的阿他加馬沙漠（Atacama Desert）是地球上最乾燥的生態體系之一，曾經有一百多年沒有下過雨的紀錄，白天氣溫高達華氏一百多度（約攝氏三七．八度），夜裡則極其寒冷。但由於空氣中幾乎沒有水分，這裡有著全世界最晴朗的天空以及繁星點點的燦爛夜空。

四百年前，在利馬（Lima）的印加帝國統治者曾經派人穿越整座沙漠，前往帝國的南疆（位於現今的智利中部）傳遞訊息。但湯普金斯等人懷疑他們那輛愈來愈容易故障的福特 Econoline 廂型車，是否能夠像當年的印加人一般順利通過這座長達七百哩的無人沙漠。車子的六個汽缸中，只有三個能夠點火，車後保險桿上的「鮑伯．狄倫」貼紙已經嚴重褪色，以致看不太出上面所寫的「不要回頭看」的字樣。儘管喬伊納德不時為車子的引擎上油，並修理它、對它百般照顧，但它顯然已經快要不行了。

抵達智利北部的城市伊基克（Iquique）後，他們為了一睹鯨魚洄游到近海的景象，便在岸邊一座高聳的懸崖上露營。當晚，湯普金斯睡著後，突然感覺車子開始往前移動。「車子不知怎地就脫檔了，並朝著那幾個睡在地上的傢伙移動。他們眼看就要被推下懸崖，粉身碎骨。」他後來在文中寫道。「於是，我就趕緊跳到車上，把手伸到駕駛座下面的車底板，按住煞車，總算及時把它煞住了。」

兩天後，他們把車子開到了聖地牙哥。一到那裡，喬伊納德便把車子的整個引擎拆解下來，並開始拜訪當地的車床廠。在嘗試了幾次之後，他終於找到一個願意幫他在汽缸本體上鑽洞的廠家。之後的那一個星期，他就充分揮發他在機械方面的長才，把那具八十五匹馬力的引擎清理乾淨並重新組裝。當他和湯普金斯在工作時，鐘斯、弗羅瑞斯和多爾沃思就去逛當地的跳蚤市場，購買繩索和登山用品，品嚐當地的冰淇淋，並觀看街頭的示威遊行。

離開聖地牙哥往南行駛的路上，他們經過了一個滿是泥濘的路段，上面的淤泥足足有六呎深，顏色就像「巧克力」一樣（這是當地人的說法），車子走在上面不勝滑溜，於是他們的車速就降到了每小時二十哩，而且要把車子推出汙泥時，簡直比換輪胎還費力。夜晚時，他們便在附近的密林中野營，並大聲朗讀著凱魯亞克所寫的《在路上》（*On the Road*）以及特里．索澤恩（Terry Southern）的短篇小說集《紅土大麻和其他口味》（*Red-Dirt Marijuana and Other Tastes*）。

「智利的鄉間真是令人讚嘆。」多爾沃思在他的日誌中寫道。「那裡的風光使人想起美國的俄勒岡州、華盛頓州和加拿大的卑詩省，但又有一種我不曾見過的風情，顯得原始而孤寂。那裡的所有圖案和各種深深淺淺的綠色都顯得和諧一致，彷彿打從洪荒以來一直不曾改變。」

但不到一天的車程，沿途的風景就從原本的鬱鬱蔥蔥、綠意盎然，逐漸變成一片灰撲撲、滿目瘡痍的景象，因為那裡的移民為了養牛和興建農場，把原本濃密的森林都砍掉了。從路旁林立的樹樁以及被鋸到僅及肩膀高的那些樹木，可以看出很久以前這裡曾經發生一場森林大火。如今，地上躺著成千上萬棵倒木，彷彿整座森林都被暴風所摧毀。對飛過此區上空的飛行員來說，這幕景象就像一個巨人把成千上萬根火柴棒灑在地上一般。這些木材有一部分會被當地農民拿回去當柴燒，但許多地區還是有一大片尚未倒地的樹木殘骸。據多爾沃思推測，那些應該都是「另一個時代的一場大火」所留下的幽靈。

到了聖地牙哥南邊數百哩之處，他們便前往亞伊馬火山（Volcano Llaima），打算先爬到那高達一〇、二五〇呎的火山口，然後再從那長達數千呎的側坡滑下來。該處的積雪很厚，看起來似乎很適合滑雪，但因為火山口不斷冒出有毒的煙霧，他們是否能夠成功登頂仍是個疑問。儘管如此，他們還是帶著滑雪板、揹著特大號的滑雪背包、穿著繫帶的皮製雪靴，費力地朝著火山口前進。

到巴塔哥尼亞的加州玩樂遠征隊計畫路線圖
（1968年7月24日至12月26日）

他們發現爬得愈高，山上岩石的溫度也愈高。在爬了八個小時之後，他們終於抵達了火山口。由於狂風把那致命的煙霧吹向北方，於是他們便從南邊走到了火山口。「我們站在火山口邊緣，把滑雪杖往前一伸，就滑了下去。」弗羅瑞斯負責攝影，湯普金斯和多爾沃思兩人肩並肩地往下滑，一路俐落地拐著彎，喬伊納德則跟在後面。當他們的滑雪板撞在一起，滑雪杖倒插在地上時，他們就互相咒罵。鐘斯因為滑雪技巧不是那麼高明，所以始終避開攝影機。就這樣，他們花了一個星期的時間登山、滑雪、攝影。後來，因為缺錢，他們就把滑雪板賣掉，得了九十五美元，用來購買必要的物品和汽油。

到了智利南部的港口城市蒙特港（Puerto Montt）後，湯普金斯幹了一件偽造文書的事。他找到當地的一家印刷廠，告訴那些原本既守法又保守的智利人說，他把他原先要出示給阿根廷海關的文件弄丟了，問他們是否可以幫忙做一個海關印章。他說他們可以一起騙過那些浮誇、愛現、又一直和智利作對的阿根廷人。於是，那印刷廠的老闆便同意幫他們仿造一枚海關印章。在製作過程中，湯普金斯不時前去協助他們修正改進，最後終於做出了一枚近乎完美的印章，而且總共只花了三美元。

後來，他們從蒙特港搭乘一艘只能容納兩輛汽車的小渡輪穿越一座冰封的湖。這座湖位於一座峽灣中，兩旁都是白雪皚皚的高山，看起來有如挪威風景明信片中的景致。只不過那艘柴油小渡輪不太經得起風浪，引擎時常熄火，以致他們開始擔心自己是否會被困在那偏遠的湖岸上。湖邊的森林看起來杳無人煙，既沒有道路、城鎮，也沒有任何聚落。那些森林的主人多半是聖地牙哥的有錢人家，他們從祖上繼承了那些土地，但並不住在那裡，也沒有意識到它們的存在。這些地方因為太過潮溼，並不適合農耕或放牧，而且湖水太冷，也不適合游泳，不過倒是釣魚的絕佳場所。湖裡有數十年前由釣客引進的東溪鱒（Eastern brook trout）[5]。這些盛產於加拿大諾瓦斯科舍省（Nova Scotia）和美國新罕布夏州的鱒魚（隸屬於鮭魚科）很能適應這一帶富含養分的水域，因此在各河流和湖泊中大量繁殖，而且生性兇猛，食量很大，讓本地的魚種難以存活，因此很快地，它們就佔了此區魚類生物量的百分之八十。

越過邊境時，他們向阿根廷海關出示了蓋有偽造的橡皮圖章的文件，希望能矇混過關，結果真的瞞過了海關的官員，令他們雀躍不已，因為這樣一來他們就可以把車子開進阿根廷，而無須提交六千美元的保證金，將它存放於保稅倉庫。

阿根廷的天氣晴朗，路上鮮少人跡，於是他們便在彭巴草原上盡情飛馳。那些遭到過度放牧的草原極其平坦，與美國西南部的風光頗為相像。草原上偶爾可以看到帶著槍枝、鋪蓋捲與狗群的牛仔騎著馬兒巡邏。由於雨水多半下在智利境內的山脈上，因此這裡的土地乾燥、炎熱而空曠。除了偶爾出現的那些在平原上快步奔跑的三趾鴕鳥外，看不到什麼野生動物。這裡的聚落也甚為荒涼，裡面除了販售幾十種牛羊用藥與基本的民生必需品之外，什麼也沒有。喬伊納德看到一種用來把煤炭鏟進鐵爐（當地很普遍的一種爐子）的鏟子，手柄很短，刀刃鋒利，想起之前他看過的法國登山家在冰雪裡鑿出雪洞的故事，便買了兩把，以備不時之需。

後來，他們到了一個知名的景點：巴里洛切市（Bariloche）。有人稱這座城市為「阿根廷的傑克遜霍爾（Jackson Hole）[6]」，它座落於水質澄澈湛藍的納韋爾瓦皮湖（Nahuel Huapí）南岸，是一座市容整潔、秩序井然的城鎮，具有濃厚的德國、奧地利風味。這裡的糕餅店裡販售著德式的蛋糕（kuchen）和果餡捲（strudel），房子則是用石磚砌成，有著粗大的木梁與極其傾斜的屋頂（為的是讓積雪得以滑落），樣式非常別緻。「這裡的牛排實在太便宜了，所以我們別的東西都不想買了。糖果也非常好吃。」多爾沃思在日誌中寫道。他們下榻於卡特德拉爾山（Cerro Catedral）下一棟名叫佛雷營區（Refugio Frei）的小屋後，就開始爬山了。湯普金斯回憶當時的情景時表示：「那時候，我們就像拳擊手那樣，以牛排為主食，因為我們預期之後可能會有一

5 譯註：或稱「遠東紅點鮭」。

6 編按：位於美國懷俄明州（Wyoming）大提頓（Teton）山脈與洛基山脈之間的一片山谷區。

段時間沒有東西吃。」

他們五人因為長途開車、常吃冰淇淋，且花了很多力氣修理汽車引擎，狀況都不是很好，不足以應付攀登菲茨羅伊峰的挑戰，其中尤以多爾沃思為最。由於他之前只在優勝美地有過幾個月的攀岩經驗，因此他有點懷疑他們是否會邀他一起登頂。此外，由於他體力過人，滑雪技能一流，他有時不免心想他之所以獲邀，是否只是因為他們希望他來幫忙搬東西，並且為湯普金斯打算拍的那部電影充當門面。但後來他跟著喬伊納德在巴里洛切市附近的山上練習時，進步得很快。他是一個傑出的運動員，也喜歡接受挑戰。「攀岩能讓一個男人學習不要犯錯。」他在日誌中寫道。

攀岩有許多元素是其他運動所沒有的。登山有其風險存在，因此我們必須判斷自己當時的狀況，以及可能存在的風險，並仔細加以衡量。也就是說，我們要衡量那些狀況，並判斷那樣的風險值不值得去冒。此外，我們要評估自己的技巧與能力是否足以安全地通過那些危險的地段，並學習如何避免與降低風險，以免危及自己的性命。但同時我們也要明白，在大自然中天氣可能說變就變，如果你做出錯誤的判斷，可能要付出很大的代價……你要見識過死亡，才會了解生命，所以你要把自己逼到極限。你會從中了解什麼是痛苦和匱乏，以及如何忍耐。在過程中，你經常需要極其專注並深切思考……在我的觀念中，平衡的人生就是這樣……那是物質慾望以外的東西。

——湯普金斯

弗羅瑞斯認為攀岩是一項非常迷人的運動。「攀岩時，你必須高度警覺，完全活在當下，而且為自己承擔起全部的責任。」他說。「我們很幸運。我和湯普金斯在登山時從來沒有遇到過什麼可怕的事情，也沒有什麼九死一生的經驗，因為我們雖然大膽，卻很小心。」

湯普金斯等人在巴里洛切休息了一陣子，每天洗澡、刮鬍子、儲備存糧。當時，他們要打電話回家還挺麻煩的，要透過阿根廷和美國的接線生轉接好幾次。湯普金斯和蘇西通話時，每分鐘都要花不少錢，於是他便盡量長話短說，但蘇西卻欣喜若狂地告訴他，她那家小服飾公司已經開始賺大錢了。她的夥伴蒂斯所設計的一件洋裝被刊登在舊金山《紀事報》的一幅全版廣告中，於是訂單開始如雪片般飛來，讓她們應接不暇。她向湯普金斯求助：「我需要你幫忙！」

於是湯普金斯便買了一張從巴里洛切到舊金山的機票，用個小袋子裝了一套換洗的衣服，然後便告訴他的夥伴們他要走了。

他們聽得目瞪口呆。他們即將開始拍攝電影的主要場景，導演卻要離開，要飛到世界的另一頭去探望他的太太？但湯普金斯已經鐵了心。他說這事很重要，而且他一個星期後就回來了。

當時，他面臨了一個危機：他沒有收入，也沒什麼積蓄，還有兩個稚齡的小孩要撫養。蘇西連續幾個月要獨自照顧兩個年幼的女兒（養兒育女向來不是湯普金斯的強項。他經常連續好幾個月都不在女兒身邊，而且每次全家人一起去旅遊時，他總是帶她們去做一些很瘋狂的事情），還要做生意，工作時間是一般人的三倍，著實很辛苦。如今，她有了困難，需要幫忙。更糟的是，他曾經告訴蘇西他要拍一部經典電影，但他很清楚，這件事根本八字都還沒有一撇。

他抵達舊金山後，蘇西向他說明了事情的來龍去脈。舊金山那家名為「瑪格寧」（Joseph Magnin）的高檔百貨公司在報紙上刊登了一幅廣告，上面主打的是「平凡女孩」所出品的一件洋裝，結果看到廣告的人都想買一件，於是需求遽增。「瑪格寧」訂了好幾百件，總價一萬五千美元（大約相當於二〇二一年時的十萬美元）。於是「平凡女孩」就一下子從一間開著旅行車到處叫賣衣服的店鋪，變成了一家小公司，有了幾間小辦公室與一些員工。

湯普金斯回到家後，便開始運用他在經營「北面」的三年期間所建立的人脈。蒂斯和蘇西在一間小小的兩房公寓裡馬不停蹄地工作著，湯普金斯也加入了她們的行列。三人一起腦力激盪，思索有哪些人能在這麼短的時間之內縫製出這麼多的衣裳。然後，他們分工合作：湯普金斯負責去唐人街找裁縫，蘇西設法去找能供應足夠布料的批發商，蒂斯則負責設計衣服。「那段期間，我們真的可以說是一個家庭工廠。」當時擔任蒂斯助理的艾普若・史塔克（April Stark）表示。「蒂斯負責繪圖。她們還有一個打版師。他是一個反應靈敏、動作很快的傢伙，專門負責打版。」

他們在蒂斯公寓裡的餐桌上裁剪衣服，湯普金斯則在舊金山一家按摩店樓上的一間小辦公室裡幫忙提升產量。除了穿梭在唐人街的小巷子裡尋找裁縫店之外，他也到舊金山的金融區去用他們手上的訂單來申請即時的貸款。

過了一個星期，喬伊納德等人心想湯普金斯差不多應該回來了，便開始收拾行李，準備上路，沒想到卻收到了他發來的一封電報：「再等一個星期。我還在忙。一切都好。湯普金斯。」他們簡直氣壞了。「鐘斯很火大。喬伊納德情緒低落，對他非常反感。我也很失望。」多爾沃思在巴里洛切的慕尼黑酒吧一邊喝啤酒、一邊寫日誌。「湯普金斯有時很不體諒別人。我們是他的朋友，但他都沒有考慮我們的感受。」

湯普金斯回到巴里洛切時，沒有解釋他耽擱的原因，而且表現出一副急著想要上路的樣子。於是，他們一行五人便離開巴里洛切往南行駛。經過埃爾博爾松鎮（El Bolson）和盧斯阿萊爾塞斯國家公園（Los Alerces National Park）之後，他們便來到了一片荒涼大地。這裡僅有的幾處聚落，都是偏遠的牧牛人家聚居的地方與大型的綿羊農場，而且往往要走好幾哩才能看到一個貿易站。他們沿著那條車轍與坑洞遍佈的道路緩緩開向菲茨羅伊峰。在經過十一次的爆胎和一八〇哩顛顛簸簸的路程後，他們終於看到了菲茨羅伊峰。「我們雀躍了一下，然後心便開始往下沉。」湯普金斯後來寫道。

我們雖然已經在這三個半月當中開車開了幾千哩的路途，但顯然還是沒有做好準備！看到菲茨羅伊峰後，我們不禁心想：這次行動是不是一個錯誤？沒想到它竟然是這副模樣：如此巨大、如此美麗，也如此駭人。矗立在我們眼前的這座山峰遠比歐洲的白朗峰和加拿大的布加布斯山（Bugaboos）更加雄偉。儘管我們和它之間隔著六十哩路，但我們對它的印象依然只有「巨大」兩字。山的南端有一條長逾六十哩、注入維德馬湖（Lago Viedma）的大冰河！看到它之後的頭幾分鐘，我處於此行當中心裡最不踏實的時刻，心中突然生出了一股強烈的恐懼，原有的自信全都消失了。那情景好比你到優勝美地去爬酋長岩一般：

你把車子開進去後，突然看到那座高大的石壁，就開始問自己：「我真的要爬上去嗎？等一等，我應該這麼做嗎？我做得到嗎？」

——湯普金斯

第三章　雪洞

你永遠不會知道一次冒險的經驗會如何影響你的一生。足足有三十一天的時間，我被困在一個雪洞裡。這是因為我在鑿冰生火時，手中的冰鎬不慎刺穿了一邊的膝蓋，於是後來只能一直躺在雪洞裡，看著上方距我只有幾吋的陰暗洞頂。每當我們把爐子點燃時，雪洞的四壁就開始滴水，把我們的鴨絨睡袋弄得溼答答的，根本不堪使用。我的三十歲生日就是在那個雪洞裡度過的。那是我一生當中最淒慘的時刻。

——喬伊納德

繞過維德馬湖通往遠處的菲茨羅伊山脈的那條泥土路，到了布維塔斯河（Rio de las Vueltas）之後就消失了。儘管湯普金斯等人可以從河上一座搖搖晃晃的吊橋越過那條河，但車子就過不去了。之後他們就必須徒步了。「只有用馱馬載送貨品，我們才能抵達菲茨羅伊峰。到了那裡後，我們就得靠自己的兩條腿了。」湯普金斯寫道。「所以，我們開始審慎地思考我們真正需要帶的東西。」

幸好這時他們遇見了阿根廷陸軍的席爾維拉中尉（Lt. Silveira），願意提供軍方的馱馬載他們穿過一座國家公園，直抵菲茨羅伊峰腳下的森林。這樣他們就不必自己揹著裝備和糧食來來回回跑個幾十趟了。這讓湯普金斯很開心。在弗羅瑞斯所拍攝的畫面中，他戴著一頂智利的寬邊帽，肩上掛著一個圓筒包，蹦蹦跳跳地走過那座搖搖晃晃的吊橋。事實上，他們都知道在吊橋底下的河流中曾經發生過一場悲劇。之前法國探險隊的一位登山家，就是在過河時被強勁的水流捲入河中而溺斃。為了紀念他，菲茨羅伊峰旁邊那座陡峭的花崗岩山峰便以他的名字命名。這座「普安斯諾峰」（Poincenot Needle）提醒世人：巴塔哥尼亞雖然美麗，但也潛藏著致命的危機。但這一天他們的心情都很輕快。湯普金斯走到吊橋中間時還雙手抓住一根纜索，做了幾次引體向上的動作，笑得合不攏嘴。

在河岸上走了一整天之後，他們便到達了一九五四年時泰瑞和那支法國探險隊建立基地營的地點，並且也以那裡做為他們的基地營。他們在那裡發現了前人所留下來的物品，包括幾個裝滿泥土、已經生銹的鐵罐子，和一座殘破的爐子（後來被喬伊納德拿來烤麵包）。這座基地營位於一座原生的山毛櫸林深處，森林上方便是一個由冰雪和岩石所構成的世界。

之後，他們便離開基地營，開始探索上山的路線。經過菲茨羅伊峰的冰河和雪原底下那座已經冰封的「三之湖」（Lago de los Tres）後，他們便來到了一座又長又陡但爬起來很輕鬆的雪坡。但爬上去之後，他們卻被幾座峭壁擋住了去路，無法走到彼德拉斯．布蘭卡斯（Piedras Blancas）冰川上。這條冰川素有「白色公路」之稱，攀岩者必須循著它才能抵達更高的地方，展開真正具有技術性的攀登過程。幸好他們發現這幾座峭壁當中有一個凹口，從這裡可以看到菲茨羅伊峰的高處，於是他們便決定在這裡紮營。一般來說，登山者在攀登大山的過程中往往可以沿路搭帳篷，但在菲茨羅伊峰可不行，因為巴塔哥尼亞高原的風勢凌厲，再堅固的帳篷也會被吹破。因此，之前的幾支登山隊發現了一個解決的辦法：在雪堆中鑿出洞穴，然後住在裡面。於是湯普金斯等人便花了幾天的時間費力地挖掘，並且分好幾趟把他們所需要的東西，從基地營那兒運到這個凹口處。最後，他們終於鑿出了一個讓他們得以遮風避雨、抵擋惡劣天候的雪洞。

下一步便是越過菲茨羅伊峰腳下那條寬闊的彼德拉斯．布蘭卡斯冰川。所幸這並不難，只要耐心、謹慎地行走就可以了，但他們還是在身上綁著繩子，以免不慎踩斷一座看不見的雪橋而掉進底下的裂隙裡。這段期間，湯普金斯就曾經四度失足掉進裂縫裡，有兩次還摔個四腳朝天，幸好有繩子將他拉住。菲茨羅伊峰可謂遍地陷阱。

彼德拉斯．布蘭卡斯冰川的盡頭上方，有一座從主峰突出的巨大石壁。這座石壁狀似山脊、被稱為「椅子」。它的頂端便是之前的攀岩者挖鑿第二個雪洞的地方。他們以這個雪洞做為高處的營地，並從這裡開始攀登最高峰。喬伊納德一馬當先地爬到了石壁上方，不久其他人也都爬了上去。他們站在那兒仰望著上面那高達三千呎的垂直花崗岩山壁。那是菲茨羅伊峰最難攀登的一段。

他們擔心天氣會有變化，於是便趕緊開始挖掘第一個雪洞。在巴塔哥尼亞高原登山，一切都取決於天氣，而菲茨羅伊峰上面只有兩種天氣：一種是酷寒，另一種則是稍微沒那麼酷寒。他們花了好幾個鐘頭的時間，終於挖出一個雪洞，並且設法加以補強。由於空曠的費茨羅伊峰上經常會有從海岸處吹來的猛烈風暴（多爾沃思曾經開玩笑說，他從來沒有看過像此處這樣雪花從山谷往上飄飛的情景），因此如果沒有一個可供遮風避雨的地方，沒有人能夠撐過一個晚上。由於天氣變幻莫測，要爬菲茨羅伊峰的最高峰必須經過深思熟慮才行，也會有風險。因此，在攻頂之前，他們必須在兩個雪洞裡裝滿好幾天份的糧食、烹調用的瓦斯，以及足夠他們食用的罐頭食品才行。這樣，萬一他們遇上了大風暴，被困在山上時，才能活命。據他們估計，在兩個雪洞裡分別放置足供一個星期使用的補給品，應該就差不多了。

要這麼做，他們必須從基地營帶著補給品越過厚厚的積雪，先到達第一個雪洞，之後再運到第二個雪洞，然後再返回基地營。如此這般來回數趟，對他們的耐力是一大考驗。這段期間，弗羅瑞斯持續著他的拍攝工作，不放過任何一個可用的片段。但這樣的日子過了許多天之後，眾人的耐性逐漸被消磨殆盡，脾氣也愈發暴躁。湯普金斯原本是他們這一群人當中最積極的一位，但現在他的挫折感也最重。

到了某個時間點，他們因為之前擠在一輛車子裡、一同吃飯談笑而建立的團隊精神與同志情誼，終於煙消雲散。有一次，在拍攝冰河場景時，湯普金斯因為弗羅瑞斯未及時回應他的命令，便朝著他大吼大叫，以致弗羅瑞斯丟下了攝影機，不願再繼續拍攝。湯普金斯見狀便推了他一把，搶過攝影機，逕自大步走下山坡。臨走前，他還拿起鐘斯的旅行日誌，在上面草草寫了一封訣別書，說拍電影的計畫到此為止。

湯普金斯之所以如此憤怒，是因為他認為其他成員沒有盡心盡力。他在那封長達四頁的訣別書中如此寫道：「今天是我最沮喪的一天。我可以告訴你們，我內心對你們和我自己都深感厭惡。事到如今，損失最慘重的其實是我。」他很遺憾團隊成員之間的合作不夠順暢無間。「每個成員都應該各司其職，而非滿腹牢騷、不停抱怨。尤其在面對必須完成的工作時，更是如此。大家都要把手邊的工作做完。」他沒有攜帶任何食物或繩索就拂袖而去，獨自走下那座到處都有裂隙的危險山坡，而且把攝影機也帶走了。但在日落之前，他就回來了，臉上有著懊惱的神色。後來，他召開了一次團隊會議，詢問大家的意見。多爾沃思首先表態：「你對待弗羅瑞斯的方式太令人反感了。這樣的情況不能再發生了。」

湯普金斯遲疑片刻之後就說：「了解。」

事後，他們戲稱這次在雪洞外舉行的會議是一個「療程」。多爾沃思表示：「從此以後，我就再也沒有看到類似的狀況了。湯普金斯再也不曾粗暴地對待弗羅瑞斯，他好像只花了不到兩秒鐘的時間就把那個訊息內化了，那是我所看過最驚人的一次轉變。」他們和好後，又花了幾天的時間來來回回地把補給品運到兩個雪洞裡。大功告成後，他們就等著天氣放晴，以便能出發攻頂。

他們在第二個雪洞裡等了又等，但天公並不作美。受到太平洋和巴塔哥尼亞南部的冰原濃重的溼氣所影響，菲茨羅伊峰每天都被暴風吹襲，因此他們只能一直待在雪洞裡寫日誌，並談論他們最喜歡的餐廳和菜色，甚至還設計出了由他們最喜歡的菜色所組成的黃金菜單。喬伊納德利用這段時間閱讀了約瑟夫・坎伯（Joseph Cambell）的《千面英雄》（*The Hero with a Thousand Faces*），湯普金斯、弗羅瑞斯和鐘斯則以當地一種名叫「吃磴遊戲」（Truco）的紙牌遊戲來打發時間。

這段期間，擅長設計、修理的喬伊納德還忙著用他帶來的那支 Speedy Stitcher Awl

手縫機修補他們的裝備：在破掉的靴子上貼補釘，把夾克磨損的地方補好，調整綁腿的長度，並將靴子底部的防滑尖釘磨得更鋒利一些。除此之外，他也負責烹飪工作（但煮的量都不多，僅供眾人果腹），偶爾也會製作一些熱飲。因此，取水成了一項很重要的任務。他們五個人會輪流去外面鑿冰取雪，然後再將冰雪融化成水。有一次，喬伊納德出去鑿冰塊時，不小心鑿偏了，「冰鎬的尖嘴刺進了我的膝蓋骨。」他說。「裡面的幾條肌腱可能斷掉了。真的很痛很痛……但沒有人能幫得上忙……除非他們是外科醫生。」

由於氣溫一直低於零度，他的傷口並沒有流什麼血，但溫度過低也不利傷口癒合。之前，湯普金斯和喬伊納德兩人都學過自我催眠術，也喜歡在派對上或營火旁表演。於是，湯普金斯便把這一招用在喬伊納德身上，不停地和他談論著他們過去那種自由、狂野、不羈的生活，想藉此讓他忘卻痛苦。但雪一直下個不停，他們始終被困在雪洞裡，最後，連雪洞的入口也被掩埋了。喬伊納德表示：「那段期間，雪洞裡的光線很暗，氣溫很低，剛好是華氏三十二度（攝氏零度），溼氣也很重。」

然而，對他們來說，最難熬的卻是等待的時光。為了消磨時間，他們不停地講著各種故事，並聊著他們所能想到的話題，但是聊到最後，話題往往會回到這趟旅程結束後他們各自的生涯規畫。下一步他們打算做什麼呢？「喬伊納德說：『我得賺點錢，養家餬口。我這一陣子在這方面都沒有什麼進展。』於是，湯普金斯便給了他一些建議。」鐘斯回想當時的情景時表示。

湯普金斯告訴喬伊納德：像冰錘和岩釘這類很耐用的東西，如果品質良好，一個說不定可以用上十年。但如果你賣的是襯衫和褲子，就會有回頭客。鐘斯指出：「喬伊納德被他說服了，所以後來他才會開始從事紡織品生意。」

長時間被困在雪洞裡，他們的模樣愈來愈像史前時代的穴居人：一個個滿臉鬈曲蓬亂的落腮鬍，沒洗澡，也沒有肥皂或體香劑可用，能講的故事都講過了，也做了不少宣誓。湯普金斯和喬伊納德兩人都是胼手胝足、白手起家的企業家，也都痛恨權威，因此他們達成了一項共識，並一同宣誓：無論他們將來從事什麼生意，都要「自己完全掌控」生意，「絕不上市，也絕不稀釋」。他們都認為：做生意不是為了要追逐財富，而是要讓自己的心靈更健康，讓自己能睡得好，有時間探索大自然，甚至可以隨興之所至，花一個下午乃至一個月的時間去衝浪。「如果一份工作不能讓你一年至少休假四個月，那你千萬不要去做。」喬伊納德如此寫道。湯普金斯也同意他的看法。他們都認為，做生意最重要的原則就是要掌控自己的事業，不要被它所掌控。

喬伊納德認為「巴塔哥尼亞」很適合當一個公司的名字，因為當時沒有人知道這個地方。「就像廷巴克圖（Timbuktu）[7]一樣。」他說。「有多少人知道廷巴克圖在哪裡呢？如果一個墨西哥家長問他的小孩：『喂，你剛才去哪裡了？』而小孩子懶得回答，就會說：『我去巴塔哥尼亞了。』」

然而，無論他們說了多少故事、擬定了多少計畫，外面的風雪始終沒有停息的跡象。「根本沒有一天適合爬山。」弗羅瑞斯表示。「風一直呼呼地吹，讓我們無法攀登，於是我們就想：那至少我們可以下山吧。」

他們在雪洞裡待了漫長的十一天。「我們靠著修補雪洞和做白日夢打發時間。我們想家，想食物，什麼都想。」鐘斯表示。「天候很惡劣的時候，我們甚至一整天都不能外出。所有的故事都不知道講過幾遍了，實在沒有什麼新鮮事了。我們的生活就像暫時停止了一樣。」

他們的存糧日益減少。湯普金斯清點之後發現：他們只剩下幾罐燕麥片、一大罐稀稀的豆子湯和一堆培根條了。於是，大家都同意少吃一點。「我們吃得很少。每個人所分配到的分量簡直少得不可思議。我想當時我一天攝取的熱量可能只有一千卡，真是少得可憐。」鐘斯指出。「我們吃的東西甚至不足以讓我們的身體保持溫暖。」

每次暴風雪稍微停歇時，就會有兩、三個人跑到雪洞外面，看看是否天氣要放晴了。但天不從人願，風速還是經常達到每小時五十哩，讓他們根本無法開始攀登。但他們也不能無限期待在雪洞裡。經過幾個星期的暴風雪之後，他們的補給品、糧食和烹飪用的瓦斯都已經快要用完了。「我們一直想去山下再拿一些，但又擔心天氣。」鍾斯解釋。「雖然我們的糧食已經不夠了，讓我們非下山不可，但我們也不想送命。」

最後，他們決定放棄。「遇到暴風雨時，十次有九次我們其實可以繼續攀登，但我們往往都會退卻。事實上，大多數時候，暴風雨雖然會讓人難受，卻不會要人命。」湯普金斯寫道。「但菲茨羅伊峰的風雪是另外一回事。我們非離開不可。」

於是，他們便用繩索從那覆滿冰雪的陡峭石壁垂降下去，在茫茫大雪中跋涉過彼德拉斯．布蘭卡斯冰川，到達第一個雪洞那兒，然後再一路走回他們在森林中的基地營。這個過程非常漫長，而且他們一路上都小心翼翼。「有很多人喜歡繩索垂降，以為那是攀岩過程的一個主要部分。」喬伊納德表示。「但我們很不喜歡，因為在垂降時，你完全要倚賴你的錨樁和繩子。」

回到基地營後，他們開始享用那裡的存糧。喬伊納德烤了麵包，眾人也紛紛將自己的衣服烘乾。終於能夠自由活動了，他們的體力和精神逐漸恢復。然而早晨天空中

7 編按：西非馬利共和國的一個城市，位於撒哈拉沙漠南緣，尼日河北岸，歷史上曾是伊斯蘭文化中心之一。

出現了紅雲，提醒他們又有一場暴風雪即將來襲。儘管比起擁擠的雪洞，基地營的生活已經堪稱豪華，但他們還是一心一意想要攻頂。菲茨羅伊峰並未籠罩在雲霧中。大部分時候，最高的幾座峭壁和峰頂仍然清晰可見，但從山峰上呼呼飄下的雪沫子可以看出山上的風太過強勁，人在那兒站都站不穩，遑論攀登。然而，他們不想放棄，於是便繼續等待。在經過一連二十五天的暴風雪之後，天氣終於放晴了。湯普金斯等人連忙趕往第一個雪洞，在那裡過了一夜，然後便繼續朝著高處的雪洞前進。

到了石壁上方後，他們開始尋找那個雪洞，但卻不見它的影蹤。就在這時，山上颳起了一場暴風雪。「當時，我連自己的手都看不到。」弗羅瑞斯表示。「只看到咆哮的風把山上的雪沫和冰晶都吹到天空中。所以我們知道我們上不去了。」

於是，他們只好沿著山脊進行地毯式的搜索。雪花雖然從空中飄落，但卻被風吹得無法落地。在風雪的吹襲下，整座山的面貌都改變了。他們所熟悉的地物已經遭到掩埋，所有可供辨識的特徵都不見了。他們持續勘查了一個小時，卻還是找不到那個雪洞。「我們忘記在入口處做記號了。」湯普金斯表示。「而那個雪洞被埋在一層厚厚的風吹雪底下。」

後來，鐘斯興奮地大喊，說他找到了。接著，他便和湯普金斯輪流用他們在巴里洛切買的那兩把不鏽鋼小鏟子，清除雪洞上方的那層冰，之後便逐漸看到了洞口。但在冰雪融化後，雪洞的入口處成了一條滑溜溜、硬邦邦的冰雪隧道。湯普金斯和鐘斯兩人像海軍陸戰隊員一般用手肘撐地，匍匐前進，然後湯普金斯再將新雪推開，把一隻手伸進洞裡，把洞挖大，直到他的頭可以鑽進去為止。然後，他就滑了進去。其他幾位已經快要凍壞的成員也逐一進入洞中。然而，此時雪洞不但已經變形，甚至還會漏水，於是他們便稱之為「卡多洞」。「卡多」指的是湯普金斯的一位密友彼得・卡多・阿維納利（Peter "Cado" Avenali）。他總是懶懶散散、邋裡邋遢，因此他們就以「卡多」來形容所有混亂、不對勁的事物。

進入洞中之後，他們發現所有的補給品都凍得有如石頭一般堅硬，而且地板是溼的，溫度也只有華氏三十二度。有鑑於南半球的夏天白晝很長，因此他們考慮在入夜前回到基地營，如果回不去，就在雪洞裡過夜。「我們打算一直往上爬，直到天氣不容許為止。」喬伊納德表示。「當時既沒有天氣預報，也沒有全球衛星定位系統（GPS），所以我們根本無從知道發生了什麼事，只能受制於天氣。」

在強風的吹襲下，雪洞的屋頂愈來愈薄，地上也出現了一道裂縫，每次補好之後又會再度出現。爐子也結凍了，要生火得花很大的力氣。他們忙著處理這些事情，彼此鮮少交談，後來終於累得睡著了。儘管天氣很糟，他們卻感覺峰頂就近在咫尺。只要烏雲散盡，天氣晴朗，他們就可以開始攻頂了。

兩天後，也就是一九六八年十二月十八日的晚上，湯普金斯和喬伊納德從雪洞中向外張望，發現天空晴朗，星星明亮，頓時興奮莫名。眾人很快便達成協議，決定開始登頂。他們帶了額外的繩索，以供下山之用，另外還戴了頭燈，但沒帶衣服。所以，他們如果被迫在山上過夜，就只能靠自己身上的那套衣服保暖了。他們把鬧鐘設定在凌晨三點，打算在凌晨四點開始攀爬。但湯普金斯趁著其他人在準備繩索和裝備時，把鬧鐘調到了凌晨一點，打算在頭幾個小時摸黑攀爬。

離開雪洞後，他們發現天氣異常寒冷。在漆黑的夜色中，他們終於抵達了西南面那座陡峭的花崗岩山壁，開始他們期待已久的攀岩行動。但這是一座他們從未攀登過的岩壁，因此在探勘時必須非常精確，並採取新的攀岩策略。雖然他們一行有五個人，出事時可以彼此救援，會比較安全，但問題是：他們只有三條攀登繩，要如何才能一起行動？又如何控制繩索以確保彼此安全、並跟上每一個繩距呢？他們稍作討論後就確立了一個模式：由喬伊納德和湯普金斯兩人輪流帶頭。爬完一個繩距後，領頭者會將一條繩索固定住，讓其他人可以跟上。鐘斯負責支援領頭者。他的任務是清理領頭者用來保護繩距的金屬器具。弗羅瑞斯則負責用那架已經開始結凍的攝影機拍片。想到大夥等待這一天已經很久很久了，他連換膠卷時也不敢稍有停頓，更不好意思請其他人等他一下。

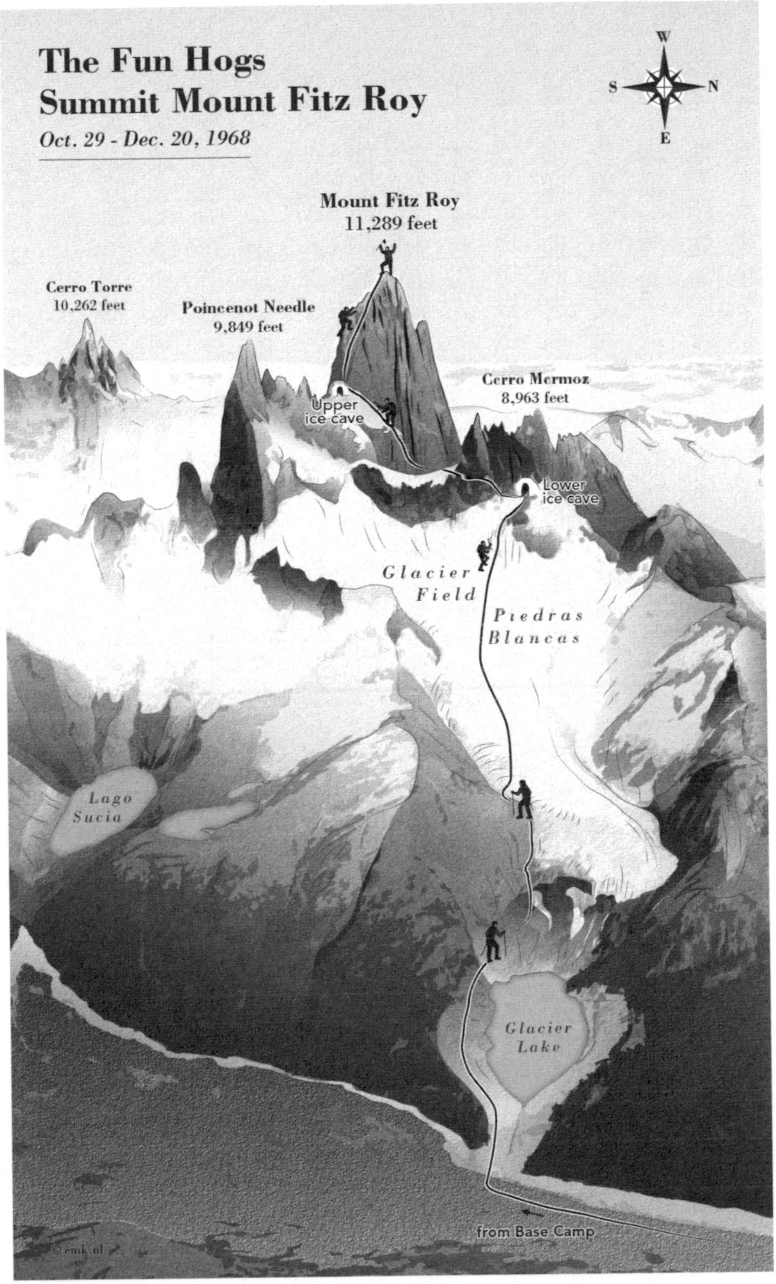

玩樂遠征隊攀登菲茨羅伊峰頂峰之路徑（1968年10月29日至12月20日）

他們決定：等領頭者把繩索固定好後，其他人再使用一種名叫「鳩瑪爾」（jumar）的上升器來攀登那段繩距。這個時候，攀岩經驗最少的多爾沃思便扮演了一個重要的角色。身為最後一個攀登的人，他要把他剛才用來攀登的繩子盤起來，傳遞給領頭者，讓他能夠再次使用。他們五人沿著峭壁往上爬時，個個都心無旁鶩，全神貫注。他因為是最後一個，有時會看不見其他人，也聽不到他們的聲音，於是便覺得自己像是一座被人遺忘的孤島，並因而忐忑不安。每當這個時候，他就必須保持鎮定，並集中心神，告訴自己：「我要是掉下去，就沒命了。」並且盡量避免去想接下來可能面臨的危險。「所以我就一直告訴自己：不要想！不要想！不要想！」

當山脊和頂峰被籠罩在雲朵下方時，那裡的氣溫就會變得很低。他們一直爬到晌午，才抵達有陽光的地方。喬伊納德和湯普金斯一路上不斷在那面冰冷、粗糙的花崗岩山壁上尋找可以做為把手點的裂縫，並決定最佳路線。湯普金斯事後表示，那裡的岩壁很像是他們之前時常去攀登的優勝美地山谷的花崗岩，只是冰冷得多。為了讓手部保持溫暖，但又可以露出指尖來抓緊岩石，他們都戴著無指手套。湯普金斯說這些手工編織的簡易手套是他「最棒的一項裝備」。

他們爬到高處時，雲朵被風吹得不停地沿著山壁往上飄，使得那裡霧氣迷濛，氣溫也始終非常嚴寒，但他們的心情卻愈來愈樂觀。在爬過最後一段很難爬的繩距，並通過一個V型的槽口時，他們以為自己終於可以前進最高峰了。「我們原本以為我們已經十拿九穩了，但突然間，前面出現了幾座被冰雪所覆蓋的尖峰，擋住了通往頂峰的去路。」鐘斯說道。這意味著他們至少還得爬上兩、三個小時才能抵達峰頂，而且該處的岩石上還有霧淞（一層危險的薄冰）。

「到了上面後，我們看到了一座形狀像是半月形短彎刀的山脊。」弗羅瑞斯表示。「我們必須越過一系列被冰雪所覆蓋的尖塔，而且不知道自己距離峰頂究竟還有多遠。要知道答案，只有一個方法。」於是，他們便繼續往上爬，繞了一個又一個彎。「湯普金斯好像中了邪一樣，馬不停蹄地勇往直前，完全沒把地上那些滑溜溜的溝槽和鬆軟泥濘的殘雪放在眼裡。」多爾沃思表示。

爬了四個小時、四座尖塔之後，他們終於越過了那道鋸齒狀的山脊。湯普金斯用繩索垂降一個繩距，爬到一條二十呎長的裂縫上，再把繩子解開。「我想看看還有沒有什麼技術上的困難，於是當其他人還在攀登最後一個繩距時，我就一個人先往前走。」湯普金斯說道。「我爬到最頂端，走到邊緣往下張望，看到我的同伴們在下方的雲霧中忽隱忽現。」

而後，喬伊納德、弗羅瑞斯、多爾沃思和鐘斯便依次現身了。為了感謝弗羅瑞斯一路攝影的辛勞，也為了讓他能拍到攻頂的畫面，他們便讓他先上去。每個人都緩慢而穩當地爬了上去，站在峰頂的一小塊岩石上。此刻，這座從地面上看來顯得如此尖利陡峭、高不可攀的山峰，已經在他們腳下了。喬伊納德總結了當時他們那一群人的心聲：「嗯，我們終於可以享受一陣子的自由了。」

湯普金斯笑逐顏開，享受著置身峰頂的感覺。雲朵在他們的腳下飄移湧動，使他們看不到下山的路線，卻偶爾可以看見山下的維德馬湖，以及那遼闊的巴塔哥尼亞冰原與火山。「我們置身於世界的頂峰，自覺是眼前萬物的主宰。」湯普金斯事後表示。「那一剎那，之前待在雪洞裡手腳冰冷、擁擠不適、吃不好也吃不飽的感覺，以及最後幾個星期等待天氣放晴時的不確定感，通通消失了。我們心中都生出了所有攀岩者在達成目標後的那種心滿意足的感覺。」但後來，由於風愈來愈大，雲霧從四面八方湧來，他們擔心自己會被困在湯普金斯所說的「巴塔哥尼亞風暴」（Patagonian bomber）中，便開始盤算該如何下山了。

下坡時，他們小心翼翼地用兩條繩索垂降，到達一個繩距後再把繩子拉下來，但因為風太強，繩索有時會被吹到別的地方並且被卡住。這時，他們便不得不暫時停下來。「你在整個過程中，一點都不能鬆懈。」喬伊納德表示。「事實上，你必須保持高度警戒。有許多人在攀登聖母峰時會帶著嚮導。但如果他們的嚮導在高處遇到了麻煩，他們就不知道要怎麼爬上去了。在攀岩時，我們要時時告訴自己：『好吧，就算在這裡遇上了暴風雨，還是可以找個小隘谷避一避。』你得不停地動腦筋。我們很清楚：下山可能比上山更危險。」

當時，由於南半球的夏天晝長夜短，天色尚未全黑。但不久，他們就遇上了一個麻煩：一根繩索被風吹到一片岩架上，並且卡在那裡。「那真是很糟糕的一刻。我們的手都凍僵了，雪一直下個不停，而我們的繩子又卡住了。」湯普金斯事後表示。直到凌晨兩點左右，他們才停止垂降，打算露宿在一處小岩架上。露宿和露營大不相同。對於攀岩者來說，那只是暫時停下來等待天明而已。他們用幾條繩索把自己固定在山壁上。多爾沃思因為腳趾已經麻了，便穿著靴子睡覺。風劈哩啪啦地拍打著他們的裝備，使它們不停地撞擊著旁邊的岩石。此刻，他們因為停止了活動，便開始冷得發抖。「天氣寒冷刺骨，我根本睡不著。」喬伊納德表示。「我只是在那兒坐著。」

黎明時，他們朝著上方的那個雪洞前進。但他們用來垂降的繩索一直被風吹得往上翻飛，他們只好慢慢地往下爬。這段期間，風一直「劈哩啪拉地吹著，彷彿馬戲團裡鞭打獅子的聲音。」湯普金斯指出。「直到上午十一點，我們才回到那個狹小的雪洞。這時，所有的人都已經又冷又累，精疲力盡了，所以我們吃了一個果餡餅以示慶祝後，便倒頭大睡，一直睡到下午四、五點左右。」誠如他們的電影腳本所言，他們已經從一條新的路線登上了菲茨羅伊峰。至此，電影總算拍完了。

但此時此刻，在他們的家鄉，卻沒有人知道他們是生是死。照說他們應該在幾個月前就已經回到家，卻至今未歸。蘇西打電話給喬伊納德的太太瑪琳達（Malinda Chouinard），和她商議是否該請人去救援，但她們不知道該找誰，於是便決定等到聖誕假期過後再和「美國高山俱樂部」（American Alpine Club）連絡，請他們協尋。

湯普金斯和喬伊納德都沒有想到這次冒險會讓他們建立終身的情誼，並使他們得以克服日後在商場上所面臨的種種挑戰。雖然兩人之前就已經致力於創建友善大自然的企業，但他們做夢也沒想到這趟旅程會使喬伊納德日後創立「巴塔哥尼亞服裝公司」，成為企業界推動自然保育的一股力量，並使湯普金斯成為當代最了不起的一位環保人士。多年之後，當喬伊納德回想起他被困在雪洞裡的那段日子時曾經表示：那是他生命中的一個低谷，但那段期間的痛苦與忍耐也深具價值。「我因此受到了磨練，使我得以度過日後我所面臨的一切逆境。」他說。「因此，那段日子也可以說是我生命中的高峰。」

第四章 「平凡女孩」成為主流

湯普金斯是重要的推手。他如果覺得一件事情很有意思或具有某種潛力，就會立刻開始推動。

——蘇西．湯普金斯

一九六九年的元旦，湯普金斯終於回到家了。在回家的路上，他過了好幾次新年。從智利的聖地牙哥、祕魯的利馬到美國的舊金山，他每到一個時區，就慶祝一次，回到舊金山的家時又慶祝了一次。蘇西去機場接他，回到家後，就向他介紹了他們那個才六個月大的女兒桑瑪。湯普金斯認不出桑瑪，桑瑪也不記得這個在她出生後的第二天就遠赴地球彼端的父親。

回到舊金山後，湯普金斯開始苦思下一步要做什麼。弗羅瑞斯則花了好幾個月的時間，整理他在這次旅程中所拍攝的影片並加以編目。他把這些影片做成了兩部紀錄片，但它們都沒有像《無盡的夏天》那般造成轟動。不過，其中那部名為《菲茨羅伊峰：首度攀登西南山壁》（*Fitz Roy: First Ascent of the Southwest Buttress*）的短片，倒是在為數不多的登山影片中脫穎而出，贏得了一九六九年義大利「特倫托國際電影節」（Trento International Film Festival）的大獎，也受到一小群影迷的喜愛。

這段期間，湯普金斯考慮在舊金山開一家店。他想過要開餐廳，因為他們待在雪洞的那段期間一直都在討論吃的，因此他開始對美食頗為熱衷，也有了許多相關的點子。當時，戶外用品賣得很好，喬伊納德販賣攀岩工具的公司也生意興隆，但湯普金斯並不考慮做這門生意，因為他已經不想再靠他所熱愛的事物賺錢。雖然喬伊納德在攀岩之餘仍繼續製造精良的攀岩工具賣給同好，但這不是湯普金斯的風格。至於拍攝探險影片，在他看來也賺不了什麼錢，於是他想找一份能夠讓他一年只需要在城市裡待上八個月的工作來做。超過八個月，他是絕對無法忍受的。從他開始和蘇西約會到後來和她結婚，他都曾經再三向她言明：他一年會有四個月（有時甚至長達六個月）的時間不見人影，而且他不會為此徵求她的許可或提出任何藉口。在這四個月當中，他不是誰的丈夫或父親，也不是哪家公司的總裁，而是他自己。他要和他的哥們一起體驗荒野中的生活，測試自己的能耐，從事大多數人只有在雜誌上看過的可怕冒險活動。

這個想法喬伊納德也很認同。他說：「如果你一年不能擁有三、四個月的時間從事自己喜愛的活動，那你就幹錯行了。」他相信熱愛運動的人都充滿熱情，也會是個值得信賴的隊友，因此他會刻意招募衝浪客到他的「巴塔哥尼亞服裝公司」工作。「教一個衝浪客做生意比教一個生意人衝浪更容易。」他笑道。「如果你是個衝浪客，浪一來，你就會抓起你的板子開始衝，不會安排在下星期二下午四點才去。」

在家庭生活中，湯普金斯經常會一連缺席好幾個月。儘管他也會帶妻女去從事探險活動，但比起工作或和他的哥們去旅行，他對家庭生活並沒有這麼熱衷。「他的腦子裡總是有一些新點子，經常說我們去做這個、做那個什麼的。有時他興致一來，我們去雷斯岬國家海岸公園的時候，他也會帶著他那兩個小女兒一起去。」他的老友鮑伊爾說道。「白天時，我們會去攀岩，晚上就和孩子們一起露營。他總是主張出遊時應該輕裝簡行，不要帶太多東西，以免造成負擔，但偶爾有些必要的東西就會沒有帶到。」

關於湯普金斯對家庭生活的態度，我們從「平凡女孩」創業初期的一張黑白照片就可以看出端倪。在照片中，湯普金斯用一根手指牽著女兒的手，臉上的表情介乎冷漠和不悅之間。

由於「平凡女孩」服飾公司的生意愈來愈好，湯普金斯便和蘇西一起飛到曼哈頓，深入了解成衣業的種種。這段期間他們聽到好幾個人提起一個名叫艾倫・史瓦茲（Allen Schwartz）的銷售高手，據他們說他是紐約最厲害的服裝推銷員。湯普金斯一聽便對此人很感興趣，立刻設法安排和他見面。史瓦茲回憶當時的情景時表示：「我在東端大道（East End Avenue）一棟屬於萊卡照相機公司的美麗高檔建築和他們碰面。湯普金斯對我說：『你應該來我們這裡工作才對。』我說：『你又沒做生意。』他說：『如果你真的那麼厲害，我會給你一成的佣金和兩成的股份。』我說：『如果公司沒賺錢，那兩成的股份還是零。』他告訴我：『那你就把生意做起來。』我說：『我下星期會幫你們賣出三十萬元的衣服，這樣一來佣金就是三萬。你先預付一萬五，之後再付另一半。』」

湯普金斯當場同意。結果史瓦茲第一個月就幫他們賣了四十萬美元的衣服。「我們把那些衣服賣到了紐約所有的連鎖店，包括 Casual Corner、The Limited、Saks 和 Bloomingdale 等等，一共有幾千家店。」湯普金斯說道。

銷量增加後，蘇西和湯普金斯又陸續推出了 Sweet Baby Jane（與當時的暢銷歌手詹姆斯・泰勒〔James Taylor〕的一首熱門歌曲同名）系列、Jasmine Teas 系列（進口 T 恤），以及 Cecily Knits（針織毛衣）和裙子。他們很擅長仿製。只要看到流行的款式，他們就會稍微修改一下設計、增加更多的顏色，然後開始生產。就這樣，他們賣出了幾百萬美元的服飾。

一九七二年，也就是「平凡女孩」開張後的第三年，他們的銷售額就已經達到八百萬美元，而湯普金斯夫婦也在一夕之間就成了炙手可熱的人物與舊金山區的時尚偶像。眾人爭相搶購他們那色彩鮮豔、質料舒適的服飾。由於現金不斷湧入，他們除了清償所有債務，租了一間像樣的辦公室，得以準時發放薪水之外，還有很多錢可以拿來投資。湯普金斯用其中一部分買了一輛紅色的法拉利。弗羅瑞斯指出：「有一次他在熊谷（Bear Valley）開到時速一一〇哩，被警察開了一張罰單。出庭時，他還告訴法官：法拉利的性能非常良好，就算開到那個速度也不會有任何問題。法官回答他：『我一直想坐法拉利去兜風呢！你要不要載我一程，讓我看看它的性能究竟有多好？』於是湯普金斯便開著他的法拉利帶著那位法官去兜風，結果回來後，法官還是判他一大筆罰金。這就是湯普金斯的風格。他總是認為他可以挑戰既定的規則，讓其他人都依照他的方法做事。」

這段期間，喬伊納德也在南加州一夕致富。他去蘇格蘭攀岩時，發現當地有一種色彩鮮豔、經久耐穿的橄欖球衫。他和他的妻子兼事業夥伴瑪琳達都認為這種橄欖球衫可以用來當成攀岩裝，於是便大膽投資下去。由於當時戶外服飾主要都是淡褐、深褐、淺灰和普通灰等色調，因此他們那些色彩鮮豔的衣服在市場中可說是獨樹一格。

後來，喬伊納德收到一個顧客的來信，問「巴塔哥尼亞」是否可以繼續生產「顏色沒那麼醜」又耐穿的服裝。這時他便明白他們已經掌握了時尚潮流。

除了服飾之外，喬伊納德也在攀岩界發起了一場革命。他提出了「潔淨攀岩」（clean climbing）的口號，呼籲大家不要再使用必須以鐵鎚來敲打的金屬岩釘，改用可以用手插入的鋁製楔子，以免破壞山壁。他把這些新式產品稱為「岩石塞」（stopper）和「六角塞」（hexentrics）。這種做法很符合他們的公司形象與環保理念。就像湯普金斯一般，他也樂於突破傳統的創業方式。他從國外進口了奧地利的羊毛連指手套和蘇格蘭的露宿袋等各種系列的產品，還請一個朋友繪製了菲茨羅伊峰那鋸齒狀的輪廓線，做為「巴塔哥尼亞公司」的商標，甚至特別要求在峰頂加上顏色和風暴雲以凸顯效果。巴塔哥尼亞高原的那趟攀岩之旅不僅加深了他和湯普金斯的友誼，也強化了兩人在事業上的合作關係。有一次，他要尋找海外的製造商時，便用上了湯普金斯在香港的人脈，結果不久之後，他的公司一個月便生產了三千件襯衫。從此，他便正式踏足成衣業。

逐漸地，香港成為湯普金斯的服裝公司的生產主力。這裡的工廠所製造的T恤和各式仿製品每月達數千件之多。香港的勞工除了通曉中、英文之外，他們的敬業精神也令美國人感到訝異。湯普金斯和蘇西聽他們在舊金山的一個女員工提到她在香港的一個哥哥，於是便和這位名叫尹麥可（Michael Ying）的年輕人連絡。據湯普金斯表示，當時他「剛剛辭掉一份工作，處於待業狀態，而且正好是我們在美國的公司的一個女員工的哥哥……也沒有什麼事情可做。」尹麥可接到湯普金斯的指令後，便「一天工作二十小時」，使得香港公司的產量大幅提升。這讓湯普金斯感到非常震驚。他自認是個工作狂，一旦投入工作就不可自拔，但尹麥可更是青出於藍。湯普金斯說：「我們公司之所以能夠在貨品的生產和運送方面都取得成功，他是真正的功臣。」

由於湯普金斯需要一個能夠涵納他的眾多品牌的公司名稱，他的朋友弗羅瑞斯便想出了「Esprit de Corp」（團隊精神）這個名稱。由於 Corps 這個字聽起來像corporation（公司），而且「Esprit de Corp」也是美國海軍陸戰隊的口號之一，於是湯普金斯便採用了。

一九七三年時，Esprit 的銷售額成長到每月一百萬美元，但湯普金斯其實並不想快速擴張。他告訴銷售團隊：「把我們現有的賣掉就好了。我們生產的數量就這麼多了。」他並未試圖去滿足不斷增長的市場需求，反而選擇管控產量，以免犧牲品質。他會仔細地評估那些想向他們進貨的百貨公司，看哪幾家比較適合。「美國有四萬五千家店，我們只供貨給其中兩千家。」他說。「我們希望我們供貨的那兩千家店比另外四萬三千家好。這就是競爭之所在。」在湯普金斯看來，成衣業競爭激烈，有數千家公司都想在市場上分一杯羹，但流行時尚每三個月就會出現變化，所以你必須要做出精準的預測。如果能預測未來的趨勢，生產出合適的款式，並備好存貨，那麼當那些款式開始流行時，獲利就會源源不絕。「那些公司動作都很快，而且態度很積極，能夠迅速做出反應。成衣業基本上就是這樣。」湯普金斯表示。「我們必須設法和那些公司並駕齊驅，而且得像游擊隊那樣分散作業，這樣才有競爭力。」

Esprit 的服飾琳琅滿目，從迷你裙到飄逸的喇叭褲都有，充分體現了當時西岸風行的解放運動。他們所生產的服裝都是愛好運動的少女與那些比較考究的年輕婦女會為自己購買的服裝，而非主流服飾。他們的產品融合了舊金山的反文化精神與歐洲的時尚品味，代表了婦女的解放精神，也彰顯了個人的選擇。如果有商店要求貯存他們的貨品，往往會遭到拒絕。湯普金斯聲稱：「要賣我的衣服，你必須將它們做適當的呈現。」他對標籤、鈕扣和衣架等細節都有嚴格的要求。

有一次他決定要和喬伊納德出遊，於是便提前幾天打電話給德威爾，請他幫忙。「過來和我聊聊吧！」他說。德威爾到了以後，湯普金斯對他說道：「呃，我有一家服裝公司，需要一個人來管理。你得來幫幫我才行。我下個星期就要走了。」德威爾回憶當初的情景時說道：「於是我就把原來的工作給辭了，並且在某個星期六的上午和湯普金斯碰面。他手上拿著一堆信封和幾個黃色的筆記本，裡面寫著他賣出了哪些貨、訂了哪些布料等等。他把東西交給我之後就走了。他原本說要去爬艾格峰（the Eiger），結果後來卻跑到了蘇格蘭。當時他已經把全部的應收帳款債權都賣給一家銀行了。我們的市場接受度真是高得驚人。」

儘管湯普金斯鮮少當面讚美他的員工，但在一次私下訪談中，他卻極力誇獎德威爾：「他一直被我調來調去，但他每到一個地方，都能很快進入狀況，並在很短時間內就能成為個中高手，而且他的思維也很清楚。」根據負責銷售的史瓦茲的說法，湯普金斯負責規劃公司的方向，但實際擔任管理工作的是德威爾。「他是那種天才型的人物。」史瓦茲說道。「他比較像是那種住在木屋裡的鄉下人，並不時髦。他在Esprit的角色就相當於蘋果電腦公司的沃茲尼克（Steve Wozniak）。」

湯普金斯敢於挑戰世俗的觀念，也打破了企業界的許多成規。他的員工有四分之三都是女性，而且他要求公司裡的自助餐廳要供應有機蔬菜、全麥麵包與養生果汁。他討厭開會，嚴格規定所有的會議最多只能有三個人參加。「我試著讓每個人在會議結束時都感覺那是他們自己做的決定。」

湯普金斯極度在意美感。他允許員工留長髮，也允許他們用有隱藏式插座的喇叭收聽音樂。公司的辦公室裡擺了三百盆室內植物，還有一個全職員工負責照料它們。為了保護辦公室的木頭地板，員工都赤著腳或穿著襪子靜悄悄地走動。

然而，如果有人沒有隨手關燈或亂丟菸蒂，湯普金斯就無法容忍了。蘇西表示：「之前我們有個員工用一個橄欖油罐子盛裝她的鉛筆和剪刀。那是一個老式的義大利橄欖油罐子，還挺好看的。但湯普金斯一走進來就說：『把那玩意兒從她桌上拿開。』我說：『她只是想展現她個人的審美品味。』他說：『那東西不屬於這裡。』」

湯普金斯要求手下的十七個工作人員每週五要提交一份報告，並囑咐他們「報告要簡短，寫作時間不得超過十五分鐘，讀起來不能超過五分鐘。超過了我就沒法處理。」他每個星期會花大約一個半小時閱讀這些報告。「這讓我能夠掌握公司的狀況。不過這些報告除了是給我看之外，其實也是給他們自己看的。」

他雖是公司的總裁，卻認為他的角色比較像是「形象總監」。經常有人看到他在Esprit的屋頂上那個比老闆的辦公室還大的跳床上表演連續兩次後空翻。曾教湯普金斯如何在跳床上翻滾的高空跳水冠軍彼得・巴克禮（Peter Buckley）表示：「那張跳床放在他們公司的屋頂上，非常壯觀。跳的時候你會感覺自己彷彿置身雲端。偶爾你可能會差點掉到跳床外面，但總會有人拉你一把。在做那些比較困難的動作時，我們會綁上安全帶。他很有運動細胞，學得很快，而且天不怕地不怕。」

Esprit 的十大企業理念

一、了解自我並堅持自我。
二、創造需求，而非滿足需求。
三、創造出品牌之後自然就會有生意。
四、品質重於產量。
五、顧客、供應商、員工和公司共存共榮。
六、公司所得到的是每位員工的能量的副產品。
七、對所有同事一視同仁。保持雙向溝通以化解所有的不滿情緒。
八、讓每個人都有機會實現自我潛能。
九、以自身的卓越與成就為豪。
十、讓我們的社會變得更加豐富。

跳床附近便是吉姆．史維尼（Jim Sweeney）的木作工坊。他負責在這裡製作橡木辦公桌、雕花相框，以及供唐人街的裁縫鋪子使用的工作檯。史維尼擁有高等數學的博士學位，但他選擇做木工，為的是彰顯他個人的理念：「你所做的事情，代表了你這個人。」他具有無懈可擊的品味。湯普金斯想要什麼樣的木頭家具，他都做得出來。兩人經常一起討論有關家具設計和攀岩的問題，也一起服用LSD。

史維尼說他的老闆湯普金斯讓他想起一種被取名為「傑克・登普西」（Jack Dempsey，一位冠軍拳擊手的名字）的觀賞魚。「如果你在一缸水裡面放進兩條這種魚，牠們就會向兩側移動，並且讓自己看起來顯得大一些。」史維尼表示。「牠們會努力爭取支配空間的權力，結果就是兩條魚在魚缸裡都各自擁有屬於自己的空間，並且彼此較勁。牠們雖然不會互咬，卻會各據一方，不讓對方入侵。最後，比較強壯、霸氣的那條魚就會佔領魚缸內的絕大部分空間，而另外一條魚就只能獨自待在一個小小的角落裡。湯普金斯就有點像這種魚。他剛開始進入一個新的領域時會先評估情勢，告訴自己：『好，我知道這裡有哪些玩家了。』但之後他就會說：『嗯，我也可以來參一腳。』然後他就會取得愈來愈多的主控權，佔據愈來愈多的空間。」

向來渴望冒險的湯普金斯也曾經到灣區對面的奧克蘭（Oakland）去學開飛機。他練習時用的是一種名叫Citabria（把airbatic〔特技飛行〕一字倒過來寫）的多功能輕型機。「上課時，他用的不是一般人會用的那種具有前三點式起落架的『賽斯納』（Cessna）訓練機，而是一種有固定式後三點起落架的飛機。」當時和他一起上課的夥伴鮑伊爾表示。「不久，他就買了一架飛機，然後就整個人都投進去了，彷彿把飛行當成了一種運動或一項美學挑戰。」

才剛拿到飛行員執照，湯普金斯就開著一架「賽斯納」小飛機，帶他的家人沿著幾年前他開車走過的路線，從加州飛到南美洲最南端。

他和蘇西把飛機的後座撤掉，在那裡鋪上一層特製的護墊，做為當時四歲的昆西與兩歲的桑瑪的遊戲床。昆西回憶當時的情景時表示：「那架飛機後座有泡棉床墊，像是一輛會飛的福斯金龜車。爸爸會先把飛機拉高，然後很快地下降，這時我們就會騰空。」

他們從奧克蘭飛到墨西哥、哥斯大黎加、巴拿馬、哥倫比亞、厄瓜多、祕魯和智利等地，終點則是靠近南美洲最南端的火地島。期間，湯普金斯每天晚上都會找個地方降落，然後帶家人去露營或健行。他謹守「請求原諒永遠比得到許可更容易」（easier to ask for forgiveness than permission）的格言，經常降落在偏遠的海灘上。有一次，他同樣降落在墨西哥的一座海灘上，卻沒有算準高潮的時刻，以致飛機險些被潮水淹沒，幸好他及時請蘇西幫忙把飛機推到一個乾燥的地方，讓他得以趕緊飛離，但蘇西和兩個女兒卻被困在海灘上長達十二個小時。這段期間，湯普金斯只能開著飛機到附近的村莊去購買一些食物，把它們包好，然後低空飛過海灘，把午餐和晚餐空投給她們。「當時我們經常降落在海灘上，並因此而遇到一些麻煩。不過有時候我們也會降落在平原上。」蘇西說道。「我們曾經遇過一些很可怕的事，但我想如果你是某一種人，而且又是在那樣的年紀，就算你遇到了那樣的事情，你的反應也只是：『哇！』一聲，並不覺得有什麼可怕。」

到了晚上，他們一家人有時睡地上，有時睡在飛機後座。湯普金斯會一邊開飛機、一邊講故事或念書給孩子們聽，有時還會讓她們嘗試駕駛。這時的他比較輕鬆有趣，不像平常那麼嚴格。對他的女兒來說，她們的爸爸只要飛上了天，就彷彿被施了魔法一般，變成了另外一個人，不像在地上時那般專橫霸道。「他對別人一向不怎麼感興趣，不太會關心他們的工作、生活和家庭等等。」他的女兒昆西表示。

回到舊金山後，他們在以蜿蜒曲折出了名的倫巴底街（Lombard Street）的一頭買了一棟很大的宅子，土地面積寬闊，幾乎等同一個街區，院子也很大，裡面有一個熱水浴池、一棟供客人住宿的小屋，以及一座大得足以讓他們的朋友帶皮艇來練習愛斯基摩翻滾（Eskimo rolls）[8]的游泳池。主屋四周都是高大的紅杉。「那裡是舊金山版的『繆爾森林』（Muir Woods）。』」他們的老友瑞吉威說道。「你一走出房子，就會看到掩映在紅杉林間的那棟已經成為舊金山知名地標的『汎美金字塔』（Transamerican Pyramid）大樓。」

院子裡的那座熱水浴池並不在屋裡人的視線所及的範圍內，因此當地一個名叫蘭迪·海耶斯（Rrandy Hayes）的青少年晚上經常會帶著他的女友偷溜進去幹些好事。幾年後，當湯普金斯聽海耶斯說起這事時，忍不住大笑起來，因為那很像他自己會幹的事。

這棟房子就像位於舊金山市區中央的一座綠洲。二樓有一個房間可以看到舊金山灣的全景與有如明信片般美麗的金門大橋風光。儘管那裡是整個舊金山最貴的一個地段，但從外面的街上望過去，只能看到濃密的樹木枝葉，沒有什麼足以吸引外人的東西，因此他們一家很少把大門上鎖。湯普金斯甚至希望他永遠不需要用到鑰匙。萬一他被鎖在屋子外面，他就會翻牆，有時甚至會因此而不小心觸動警鈴。儘管他的汽車音響被偷了好幾次，但他從來不把車子上鎖。他曾經說：「幹！我要買一台沒有音響的汽車，這樣我就不用把它上鎖了。」

在家裡，湯普金斯是個狂熱的完美主義者。他在廚房的一個架子上整整齊齊地放了一排番茄醬罐頭，每一罐的標籤都朝著前面。他喜歡在房子各處擺滿精巧的花藝作品，而且經常為他那些珍貴的藝術收藏（包括繪畫和雕刻）加裝設計得很精準的燈光，使它們看起來就像博物館的展覽品一樣。他的女兒也被迫接受他對「藝術」的嚴

8 編按：當皮艇翻覆時，運用身體平衡力把皮艇翻轉回來的一種技巧。

格標準。「她們不能在牆上掛東西，也不能貼上任何東西。她們的房間都依照他指定的方式裝潢，裡面只有灰、白兩色。」蘇西表示。「他的控制慾很強。」

有一次，湯普金斯和蘇西一起去參觀曼哈頓的古根漢博物館（Guggenheim Museum），對那裡展出的亞米胥人（Amish）的拼布被子印象深刻。蘇西對它們那精細的針線活讚嘆不已，並仔細研究那些天然染料的顏色。湯普金斯也迷上了它們那完美的幾何圖案，於是便開始收集這類被子，其中有許多都掛在他的家裡和辦公室的牆上當裝飾。逐漸地，那些來自賓州蘭開斯特郡（Lancaster County）的拼布被子便成了他們的代表性收藏。他把那些拼布被掛在牆上時，對框子的寬度和光線的角度等細節都非常講究。一切都必須依照他的標準，不容許任何瑕疵，但他不知道：從瑕疵中往往可以看出人性。

每逢週末，他們一家人便搭飛機四處旅遊，有時也會飛到加州瓦卡維爾市（Vacaville）那家很受歡迎的「堅果樹」（The Nut Tree）餐廳吃午飯。那裡有供飛機降落的簡易機場，還有小火車把客人從跑道載到吃飯的地方。週末時，他們也經常前往墨西哥的卡波聖盧卡斯（Cabo San Lucas）度假。此外，他們也造訪過北加州的許多地方。昆西表示：「舊金山經常霧濛濛的，所以我們經常在霧中起飛。飛到沒有霧氣的高度時，就可以看到整個舊金山市的市容。我還記得我們飛過灣區的時候，總是可以看到金門大橋的紅色橋墩。我們還曾經在七月四日飛到空中去俯瞰國慶煙火，有時甚至還會從橋底下飛過去。」

湯普金斯對他的二女兒桑瑪很嚴厲。在她出生後的六個月，他並不在她身旁，也似乎從未努力克服他們之間在情感上的距離。「昆西是他最喜歡的孩子，因為她會乖乖地上樓，在自己的房間裡安靜地玩耍。」蘇西表示。「但桑瑪總是待在樓下的廚房裡攪拌沙拉醬汁或和她父親頂嘴。」

湯普金斯就像那些因為經常缺席而有罪惡感的父親一般，經常給女兒買禮物。有一個聖誕節的早晨，他又買了一大堆禮物。「等我們一一拆開後，他才說：『好，妳們可以從中挑選一個，其他的要送給一家孤兒院。』」昆西表示。「我也努力教導我的孩子們要有社會責任感，要慷慨、仁慈、無私地照顧那些貧苦的人，可是當時我才四歲，我爹的那種教法真是有點太超過了。」

湯普金斯有過多次婚外情，而且女朋友一個接一個。這對他們的家庭生活產生了重大的影響，也使得他們的夫妻關係經常處於很緊繃的狀態。「打從我們剛結婚，他就沉迷女色，身邊總是女友不斷。」蘇西在一次訪談中坦承。「儘管我是一個適應力很強的女人，但那種事情對我來說仍然很不好受。我沒法告訴你我遭遇了什麼事。那是外人很難想像的。」

對家中所發生的不快，湯普金斯視若無睹，也漠不關心。他總是以自我為中心，彷彿根本不屑當個好人。是不是因為奪得奧運滑雪金牌的夢想無法實現，他才會如此過動？他一天晚上之所以只睡幾個小時，是因為他感到挫敗，抑或只是體力過剩？他無法（或不願）釐清自己為何焦慮，只好不斷地從事各種他從未嘗試過的冒險活動，並且一個勁兒地往前走，從不回頭。他是和自己賽跑，不是和別人競爭。

雖然婚姻出了狀況，但湯普金斯和蘇西卻無暇處理。這是因為 Esprit 的銷售額年年增長，使得他們一直都很忙碌。當 Esprit 需要聘用更多的人手時，湯普金斯便開始四處招募人才，不過他徵才的方式很奇怪。他不看履歷，只看應徵者的生活方式。這是因為他做生意從來不墨守成規，而且一直想要顛覆既有的古板的百貨公司文化，因此他要的不是什麼企管碩士，而是能夠天馬行空、敢於創新、敢於冒險的人。在被問到他招聘員工的原則時，他答道：「我跟那些前來應徵的人說：『我想知道你有什麼樣的品味、你平常做些什麼活動、過著怎樣的生活。我想和你的爸媽見見面，也想去看看你家是什麼模樣。』這個道理很簡單，因為當你看到他們的書架與他們所收藏的唱片時，就會知道他們的居家生活品味。從他們穿的衣服，你就可以看出他們的個人風格，但你只有去到他們家裡，才能看出其他很多東西。我們看重的是一個人的心，不是他的腦袋。」甚至沒有零售經驗這件事也被他視為一個優點。他的登山夥伴佛瑞德．帕杜拉（Fred Padula）指出：「他曾經告訴我，要到他的公司應徵主管的人，必須證明自己曾經被開過好幾張超速罰單。他要找的就是那種開車會超速的人。他覺得這樣的人才能在他手底下做事。」

就在 Esprit 的生意蒸蒸日上時，有一次湯普金斯和喬伊納德一起去蘇格蘭的某個自然保護區爬山，不料卻險些送命。這是因為他們在攀岩時沒用繩索，而且又碰到強風和冰暴，於是就被困住了，湯普金斯還一度險些被風吹下山坡。後來，他們又遇上了山崩，把他們在半山腰上的露宿營地都摧毀了。喬伊納德回憶當時的情景時表示：「我們睡在半山腰上的一片岩架上，但幾個小時之後，等我們下到基地營時，卻聽到『轟隆！』一聲巨響，抬頭一看，只見我們之前宿營的那一片岩架整個都斷裂並且消失了……我和湯普金斯都沒有把危險當一回事，彷彿我們在潛意識裡刻意要招惹災禍，好讓我們能夠證明自己可以逃脫。」

湯普金斯很享受這類在天涯海角冒險的活動。每次旅行時，他們雖然並未刻意排斥女性，但成員總是清一色的男性。在旅程中不免要吃苦，但大家都不准抱怨，而且一個人如果要活命，就得靠自己，不能靠別人。

在那個年代，皮艇運動也很盛行。湯普金斯和他的朋友羅伯．雷瑟（Rob Lesser）、約翰．瓦森（John Wasson）、羅賓斯和瑞格．雷克（Reg Lake）等人就經常彼此挑戰，試圖超越自己的極限，後來他們甚至成為第一個成功划著皮艇、沿著加州的三大河流航行而下的隊伍，贏得了所謂「三冠王」的美譽。在這個過程中，他們必須揹著自己的皮艇越過一座高達一萬兩千呎的山脊，然後順著陡峭的激流往下划，有時甚至得坐在皮艇裡攀著繩索划下峭壁。在尤巴河（Yuba River）上，湯普金斯的皮艇一度翻覆，使他被捲入一個漩渦，在水中浮浮沉沉。幸好雷瑟趕緊回頭，幫他按住皮艇的前端，使他得以抓住艇身。「當時他的皮艇正不斷旋轉，如果它繼續轉下去，他一定會沒命的。」雷瑟回憶當時的情景時表示。「他知道那次他可能有送命之虞，但獲救後他的反應卻是：『不要告訴蘇西。』」

對湯普金斯而言，荒野之旅並非嗜好，而是必需品。他需要藉此來逃脫日常工作的束縛，以及經營一個每年營業額達一千五百萬美元的企業的壓力。但無論他人在西藏、瑞士的阿爾卑斯山或婆羅洲，他都會隨時打撥接電話給他的核心幕僚，遙控公司的業務。

「每趟旅行結束後，湯普金斯總是會帶著五萬個新點子回來。這時我們就會有新的方向，也會有新的工作要執行。」他的執行助理湯姆．孟裘（Tom Moncho）表示。「每個星期三上午八點，我們都會在會議室開會，有時會開到六點，然後才睜著一雙惺忪的睡眼離開。他的點子有些必須經過調整才能實行。他說話總是不假修飾，因此你出去後如果直接告訴大家他說了什麼，他們聽了可能會很不爽。」

曾經有 Esprit 的主管要求出差時要坐頭等艙，但立刻被湯普金斯否絕了。他說那完全是浪費錢，又說公司的人無論是誰都要坐經濟艙。當 Esprit 的設計師八木保想在公司總部的大門附近擁有一個專屬的停車位時，湯普金斯也立刻拒絕了。他說公司裡沒有人能享有這樣的待遇。但八木保接著就問：那為什麼他的車子總是停在公司的前門旁邊呢？湯普金斯馬上回答：「那是因為我每天都最早上班。」

當八木保要求公司聘請一位翻譯，讓他能夠聽懂其他人用英語說的話時，湯普金斯也不同意，說請人來翻譯是浪費時間。後來他就推行了一項包括日語在內的語言訓練計畫，並規定每年進步最多的員工可以得到一趟免費的東京雙人行。

「在公司裡，大家都直呼彼此的名字。」湯普金斯在接受訪談時說道。「我們的辦公桌上放的電話名錄都是根據名字的字母來排序，因為大家都不知道其他人姓什麼。有一次有個人送了一份寫著全名的名錄過來，但根本不能用，必須退回去重做。」

在 Esprit 總部，湯普金斯只給了自己一間小辦公室——他不是那種一天到晚坐在辦公桌後面的人。這間辦公室靠近製圖部門的主要通道，他說：「我想離負責創意的部門近一些。」他的登山夥伴兼紀錄片製作人瑞吉威表示：「他總是參加設計部門的會議，還會仔細看他們攤在桌上的那些樣本。Esprit 是一家開放式的公司，沒有一個隔間超過四呎高，牆上還掛著一塊牌子，上面寫著：『全心投入，並了解問題所在。』（Commit, and then figure it out.）。我告訴他我喜歡那句話，他就說：『喔，那不是我說的，是拿破崙說的。』他最喜歡的另外一句話是：『生活是娛樂，生存是遊戲。』」

當紐約、達拉斯、芝加哥和洛杉磯的各大百貨公司都把 Esprit 的服裝放在最醒目的位置後，湯普金斯便開始全力打造並推廣他們的品牌，蒂斯和史瓦茲則負責服裝的設計與銷售。「早期他經常往東京跑。當時那裡還是一個神祕而特別的地方，所有的西方人都住在一個很奇特的區域。他喜歡那樣。」戴揚・蘇德吉奇（Deyan Sudjic）表示。他曾經和湯普金斯一起工作，後來則擔任「倫敦設計博物館」（London Design Museum）的館長。「日本零售業的概念就是創造一個店中店。」

Esprit 的成功，有很大一部分要歸因於他們那獨特的布料與鮮豔豐富的色彩。蘇西每個月都會向亞洲地區訂購各式布料，其中尤以日本所生產的品質最好，因此她向東京的廠商訂的數量最多。當每個月的生產期限逼近時，蘇西就會戴著她在新德里市場買的彩色針織手套在辦公室裡走來走去。那雙手套是她靈感的泉源，而她的手指則是調色板。「應該把這兩個顏色放在一起嗎？還是這三個？她會花很長的時間來做這類決定。」她當時的助理史塔克表示。「她必須決定她要用哪三種顏色來染那些要用來製成彩格呢長披肩的布料……挑選顏色、決定顏色是最重要的一項工作。我們的產品之所以鮮豔多彩，全是靠著蘇西的本事。」

為了探究色彩的可能性，蘇西走遍了世界各地。有一次，她看到一家熱狗店的遮蓬，便突然有了靈感。於是，她就把那個圖案複製下來，用在洋裝上，結果那一系列的洋裝有足足三年的時間都非常暢銷。此外，蘇西也會從博物館的展品和夜店裡尋求靈感。同時，她一年當中有五個月的時問，都流連在世界各地的古董市場、車庫拍賣會和東京的精品店中，因此她才能調配出極富原創性的色彩組合。她說：「我們總是到最後一刻才做決定。色彩決定後，我就會把它們印出來，然後衝到舊金山機場，請空姐幫我們把樣品送到香港。那裡有人會接應。」

在設計了十二個不同系列的服裝後，蘇西決定把這些品牌（包括 Plain Jane、Sweet Baby Jane、Rose Hips、Cecily Knits 等）加以簡化，統一使用「Esprit de Corp」這個名稱。「我從日本回來後向湯普金斯說明了這個構想，但他期期以為不可，並說這樣一來公司就完蛋了。他不喜歡這種做法。」但不到幾個星期後，湯普金斯就發現蘇西的構想不僅高明，也有其急迫性。

隨著 Esprit 的生意日益興隆，他們的生產成本也與日俱增。在舊金山生產製造的策略雖然讓他們可以在作業上更加靈活，甚至直到最後一刻還可以調整訂單，貨品也可以即刻送達，但這樣做利潤有限，於是湯普金斯便打算往外拓展。他心想：或許他可以到國外去尋找製造商。如果他能在亞洲找到工資只有美國的十分之一的製造商，為什麼還要付一．六美元的時薪給舊金山的那些工人呢？

於是，湯普金斯便將觸角伸到了香港。後來，工作勤奮、態度積極的尹麥可便成了 Esprit 在亞洲的主要夥伴，也是 Esprit International 的重要股東與 Esprit 全球業務的重要推手。蘇西也開始在香港設計毛衣。「她經常連續好幾個星期都在遠東地區拚命工作，無法陪伴孩子。」湯普金斯表示。他負責的是市場行銷與形象塑造。

此外，湯普金斯也勘查了全球各地的生產中心。他想把製造廠從舊金山遷移到印度，但由於那裡的品質不符合他的要求而作罷。然而，當舊金山區的工人——其中大多數是「大中華美國縫紉公司」（the Great Chinese American Sewing Company）的員工——聽說了這個消息後，便集結在明尼蘇達街九〇〇號的 Esprit 辦公大樓外抗議。湯普金斯和蘇西告訴員工：他們之所以遷離唐人街，不是為了省錢，而是要尋求更好的縫製品質。

在 Esprit 與唐人街勞工的這場糾紛中，向來無懼爭議、直言不諱的湯普金斯說錯了話。他在和工會幹部會面時，向他們坦承他之所以離開是為了降低成本。「湯普金斯告訴他們，我們之所以要遷移到海外，是因為我們付不起工會所訂的工資。」他的助手亨利・葛魯查茲（Henry Gruchacz）表示。「這是不行的。你如果這麼做，就完了，會被國家勞動關係委員會（National Labor Relations Board）處以鉅額的罰款。但湯普金斯就是這麼說的。他說工會所訂的工資太高了，他付不起。」

負責銷售業務的史瓦茲意識到他們有了麻煩。「你不能因為要把公司遷移到海外而讓成千上百人失業。你得去找他們，告訴他們：『我會一步一步地進行。』你得慢慢來，以便讓那些工人有所準備，讓他們有時間可以規劃自己未來的職涯，但他卻沒這麼做。」

於是，工會的勞工蜂擁到 Esprit 的辦公大樓前抗議。湯普金斯要求警察將他們逮捕，但工會的幹部卻試圖說動 Esprit 的員工，要他們組成一個工會。於是，湯普金斯便不讓那些工人進入公司。精通服飾製造和設計的德國女裁縫師葛達・凱恩茲（Gerda Kainz）知道湯普金斯會採取一些激烈的措施。「他在『大中華美國縫紉公司』召開了一場會議，告訴他們如果他們讓工會介入，他就會解散那家公司，但他們聽了之後頗為不滿。結果一開完會，我的車胎就被人刺破了。」

後來，工會幹部在舊金山貼滿了「懸賞」的海報，上面畫著一個眉毛濃密、留著小鬍子、正在講電話的人（湯普金斯），並列出了他的四大罪狀，其中包括：「不讓一三五個未加入工會、大多為非英語系移民的成衣工人進入廠內上班」，以及「下令他的卡車司機闖越罷工警戒線，導致好幾名工人受傷」等，並呼籲舊金山居民留意這樣一個男人，又說：「他最後一次露面時正騎著一輛『凱旋』牌摩托車前往 Esprit 公司，而且還穿著一雙前面敞開的棕色靴子，看起來就像幫派兄弟。」

一九七六年一月三十一日（中國農曆新年的元旦），破壞份子在舊金山 Esprit 總部的大樓屋頂潑灑汽油。在此之前，Esprit 已經有兩度無故失火，其中一次甚至造成了超過十萬美元的損失，但這次火燒得更久。當 Esprit 總部的屋頂被燒得塌下來時，公司的經營團隊正坐在灣區對面的柏克萊一家名為「Chez Panisse」的餐廳，等著享用期待已久的美食。這家由愛麗絲．華特斯（Alice Waters）所經營的餐廳，自從一九七一年開張以來就一直大排長龍，因此 Esprit 的團隊等了好幾個月才訂到位子。但就在他們點完菜時，一個侍者走了過來，告訴他們，有人打電話來告知一個緊急的訊息：Esprit 的總部失火了。然而，由於他們等這一餐已經等了好久，而且菜都點了，於是他們就沒有立刻離席。等到菜上來了，他們三兩下吃完後才火速趕回舊金山。湯普金斯的助理孟裘說，他永遠無法忘記那天晚上他在海灣大橋往舊金山的方向看時所目睹的景象：巨大的火舌照亮了夜空，他們的公司已經陷入了一片火海。

那天晚上，湯普金斯的得力助手葛魯查茲並未參加餐會。火災發生時，他正在自己的家裡，距辦公室只有幾條街。他聽到消防車警報器的聲音，聞到煙味後，不久就接到了電話。「他們告訴我：『工廠失火了！你趕緊過來！工會的人把我們的工廠給燒了。』」葛魯查茲表示。後來，他便在漫天火光中沿著明尼蘇達街跑了過去。由於火勢猛烈，消防隊出動了大約七十名消防隊員前往救援。事後，消防隊的現場勘查報告顯示他們並沒有掌握人為縱火的證據，但一名消防員在接受舊金山《紀事報》訪問時表示：「一般建築物通常不會燒成那樣。」

負責製造家具的木工史維尼也接到了物業經理雷克斯・伍德（Rex Wood）的電話。伍德告訴他：Esprit 失火了，他必須去確保他的木作工坊不致遭到波及。他們抵達時，整棟建築幾乎都已經被燒毀了，從街上就可以看到建築物的內部。「雷克斯有一把槍。他把槍給我，自己則拿著手電筒。」史維尼回憶當時的情景。「我們摸黑走進去，只見到處都在滴水，四周都是被燒焦的物品。我們朝著我的店走過去，要確定它是否安然無恙，但我一邊走一邊想：『啊！我不知道怎麼開槍耶！萬一我不小心射中了雷克斯，那該怎麼辦？』」

當時，湯普金斯正在德國。那天晚上，他躺在 Esprit 歐洲分公司的瑞士總裁尤爾根・費德里希（Jürgen Friedrich）的沙發上時，突然接到了助理的電話，說公司已經失火了。「我之前從來沒看他掉過眼淚。」費德里希表示。「但那天晚上，他哭得像個孩子一樣，因為他畢生的心血已經付之一炬。他收藏的那些貴重、稀有的拼布被也全都沒了。但過了一個小時之後，他就拿起電話，打給全球各地的分公司，開始發號施令。光是那一天的電話費就高達四百德國馬克。」

湯普金斯登上飛往舊金山的班機時，最擔心的就是公司電腦裡的那些檔案。它們有沒有被毀損呢？湯普金斯知道 Esprit 所在的那棟建築之前是一家酒廠，裡面有一個地窖，公司的備份電腦磁碟就放在裡面。那個地窖是百年前的酒商建造的，後來湯普金斯又加裝了一扇不鏽鋼門，讓那些儲存在厚重的防火地窖裡的ＩＢＭ磁碟多了一分保障。那些磁碟很容易受損，而且對溫度很敏感，但它們卻是 Esprit 的靈魂。

葛魯查茲進入地窖後，發現那些磁碟上滿是煙霧和油膩的煤灰。「我知道如果那些磁碟被毀了，事情就嚴重了。」他解釋道。「因為所有的銷售和會計資料都在裡面……後來我把它們拿到ＩＢＭ去檢查，他們說上面的數據都還在。所以，我們公司有救了。」

湯普金斯事後表示，如果磁碟毀了，「我們的麻煩就大了，或許就只好關門了，因為我們沒有足夠的保險。」

湯普金斯飛回舊金山時，葛魯查茲和一群高級主管都去機場接他，並把他載到火災現場。「他沒有什麼歇斯底里的反應，只是看著那一片狼藉的廢墟。」一名員工表示。

後來，蘇西也趕來和他會合。她說：「我們坐在人行道的邊緣，看著那一大片仍然在冒煙的灰燼。他立刻告訴我：『我們會把它蓋得更好。』我有點吃驚，因為他的語氣沒有絲毫遲疑。」

第五章 團隊精神

我對時尚從來不感興趣。吸引我的不是產品的設計，而是和產品有關的生活方式。真正重要的往往不是產品，而是產品所散發出的氛圍。那才是我感興趣的。你基於自身的觀點和社會的現狀產生了某種構想，再透過產品將這種構想表達出來。如果你能讓你的產品具有某種個性，它就有了自己的生命。

——湯普金斯

火災後，湯普金斯開始進一步實現他的願景，並加強對 Esprit 的管理。他在全國性的媒體刊登廣告，聲明 Esprit 雖然「摔了一跤但並未就此消失」。Esprit 的員工夜以繼日地在湯普金斯夫婦的客廳裡重列出貨清單、安撫客戶並面對其他各種挑戰。於是，火災過後一個星期，Esprit 就開始出貨了。「那次事件對我們來說就像一場大地震，但災難與不幸可以使人們團結在一起，為共同的目標而努力。」湯普金斯表示。

「大家都站在一起，設法面對這次困難……公司的上上下下都展現了團隊精神。」

火災後，湯普金斯藉機收購了幾個原始股東的股份，從此便掌握了整個公司的控制權，但這個過程並不容易。「他們要我放棄三十七萬五千美元的佣金才讓我保有我的股份，並且一直用這個條件來脅迫我。」史瓦茲表示。他當時擁有百分之二十的股份，而且是銷售部門的主管。「後來，我就被排除了。我被擠出了整個公司。事情就是這樣。」

除了史瓦茲之外，湯普金斯也強迫當初為「平凡女孩」設計出一系列爆紅短衫和洋裝的蒂斯讓渡股權。史瓦茲回憶當時的情景時表示，蒂斯和他們達成協議後，「說了一句很棒的話。她說：『他們搞完每一個人之後，我們就可以笑著看他們互搞了。』」

但Esprit的一位主管比爾・艾凡斯（Bill Evans）則表示：「史瓦茲的花費太高了。他總是把衣服退回來，增加我們的成本。他的薪水太高了。」

史瓦茲不同意他的看法：「我在美國的每一家百貨公司和連鎖店都有人脈。當湯普金斯那個傢伙忙著划皮艇和攀岩的時候，是我把他們的服飾店變成一家有八個部門的大公司。」

湯普金斯發現蒂斯離開後，蘇西的創作力變得旺盛起來。「她少了一個沉重的心理負擔。」他說。「這是因為蒂斯希望所有的設計都照著她的意思來，而蘇西不太敢拂逆她。但蒂斯走後，蘇西接任設計部門的主管，她整個人就像脫胎換骨一般，光彩煥發。不久後我們就發現，她才是那個真正令人驚豔的千里馬。」

在重建 Esprit 的過程中，湯普金斯體認到他最主要的挑戰不是賣衣服，而是建立公司的形象、滿足大眾的需求（這些需求可能連他們自己都沒有意識到）並打造夢想。他熱愛這樣的挑戰。他知道：只要能夠了解大眾的需求，掌握文化的脈動，並在市場上建立起知名度，產品自然能賣得出去。此外，他也很清楚 Esprit 所要針對的市場族群。「雅痞不是我們行銷的對象。」他說。「他們沒有足夠的幽默感，因為他們所面臨的競爭太激烈了，以致失去了自嘲的能力。」

在一九七〇年代末期，湯普金斯已經預見八〇年代將是一個人人孤芳自賞、追求美好生活的年代。Esprit 所代表的是北加州的生活方式，其中包括同性戀、金髮少年幫，以及一種幾乎崇尚群交的強烈的性意識。在那個迷幻藥已經流行、愛滋病尚未大量爆發的狂野時期，Esprit 成了一種文化標記，象徵著一種極度美妙、值得擁有但又難以實現的生活方式。他們的廣告中處處可以看到金髮女郎。她們透過身上的穿著向外界宣示：她們是自由的、健康的，而且正等著男人追求，彷彿是清新版的《海灘游俠》（*Baywatch*）[9]。

經過湯普金斯和家具達人史維尼的聯手設計，Esprit 的新辦公室展現了各種巧思。

那些雅緻的辦公桌、手工的椅子與燈光都宛如藝廊一般。辦公室的入口美得令人屏息，員工自助餐廳的設計就像紐約現代藝術博物館（MOMA）的點心吧那般時尚。除此之外，湯普金斯還把那些在火災中倖存的亞米胥拼布被掛在辦公室的牆上，甚至規定了每一個框子的寬度。Esprit 的員工丹・伊姆霍夫（Dan Imhoff）表示：「公司會舉辦運動課程，而且員工還可以參加各種文化活動。」伊姆霍夫後來和湯普金斯變得非常親近，最後甚至娶了他的女兒昆西。他說：「或許公司給你的薪水並不是很高，但你會全心投入。而且公司會舉辦各種奇妙的派對和旅遊活動。週末時，你還可以去太浩湖滑雪。那種感覺就好像是又回到了大學生活。」

湯普金斯的目標是成為美國整體表現最佳的服裝公司。他知道「卡文・克萊」（Calvin Klein）的產品比較迷人，「麗茲・克萊本」（Liz Claiborne）的獲利較佳，但在他看來，成衣業是一種由許多項目組成的綜合競賽，你必須具有各種不同的技能。儘管 Esprit 並非任何單一項目的冠軍，但如同湯普金斯所言：「我們的資料處理能力很強，在財務方面的表現很好，設計能力很厲害，形象也很好。或許我們在每個單一

9 編按：一九八九至二〇〇一年間風靡全球的美國影集，招牌畫面即為美麗的海灘與在海邊慢跑的俊男美女。

項目上都不是最好的，有的排第三、有的排第五等等，但加起來，我們的平均分數可能是最高的。」他說這個注重整體的策略是他的「十項全能運動概念」。

在加州的范杜拉市，喬伊納德也是以類似的方式經營「巴塔哥尼亞」服裝公司。他首開風氣之先，在公司內部創辦托兒所，照顧員工的小孩，並使用回收紙張來印刷目錄，同時還捐贈了數百萬美元，給那些致力於保護原始森林並反對在河上興建水壩的環保組織。他和瑪琳達雇用了許多愛好衝浪、喜愛動物，或熱衷戶外探險的人士擔任他們的員工，而事實證明這種做法確實有其好處。在他們的努力之下，「巴塔哥尼亞」公司大膽地捨棄了以化學藥劑和殺蟲劑生產的棉花，改用有機棉來製作他們的服裝。對一個服裝公司來說，這是一項冒險性的創舉，但他們成功了。再加上他們願意捐款贊助各項環保活動，包括為「地球優先！」（Earth First!）[10]的倡導人戴夫・佛曼（Dave Foreman）所涉及的官司進行辯護，使得他們深受那些日漸嶄露頭角的環保行動人士的信任。當他們聽說一位名叫馬克・卡佩利（Mark Capelli）的研究所學生在努力推動一項計畫，以拯救范杜拉河的虹鱒時，便請他來「巴塔哥尼亞」上班。後來，他們發現這讓公司裡那些年輕的員工普遍都有了環保意識。

「巴塔哥尼亞」和 Esprit 的許多員工都很有自信，並不畏懼他人的眼光。他們可能會把頭髮染成藍色，第二天又帶狗上班。這兩家公司都富有六〇年代的叛逆和反文化精神，就像園藝用品連鎖店「史密斯與霍肯」（Smith & Hawken）的創辦人保羅．霍肯（Paul Hawken）與《全球型錄》（*The Whole Earth Catalog*）的發行人史都華．布蘭德（Stewart Brand）一樣。他們擅於把握機會，獨樹一格，也敢於挑戰傳統，因為他們認為墨守成規乃是心智懶惰的一種表現。世人每以為所謂的「企業園區」（the corporate campus）是由矽谷的那些科技公司最先創設的，但事實上，早在他們之前，Esprit 和「巴塔哥尼亞」就已經在公司的餐廳裡設置了有機沙拉吧，並創造出一個友善家庭的工作環境，同時還會付錢讓員工去為愛滋病患從事志願服務工作。

我不知道他是誰。當時沒有網路，查不到他的資料，所以我也沒去查。我們坐下來之後，他立刻就用不怎麼客氣的口吻說道：「你就是那個自命不凡的設計師吧，我聽過很多關於你的事情。你剛進城是吧？」我說：「沒錯，咱們就別來這一套了好嗎？你想幹嘛？」於是，他便告訴我 Esprit 的現況。他說他和他的太太開了這家公司，一年有一千萬美元的生意。

10 成立於一九八〇年，是民間保育團體。成立宗旨是保存自然之多樣性。擁護以生物為中心，而非以人為中心的世界觀。

一開始，我們先討論了「Esprit de Corp」這個名字。我說這個名字太長了。他說：「是啊，我們應該把它簡化成『Esprit』。」又問：「如果請你幫我們重新設計商標，你需要多少時間？」我說，大概一個月吧。我離開後，思索了一陣子，就想出了一個點子：把E那個字母變成三條槓。當時他有八、九個品牌，想要整合成一個。後來，我去找他面談時只看到他一個人。通常我做簡報時，面對的都是一整個委員會，但這次卻只有他一個人。他看起來很放鬆。我做完簡報後，他看著我說道：「就這樣？」我說：「是的，就這樣。」他說：「我覺得你不夠認真。你得回去再花點時間想一想。」我說：「真的嗎？」

我把東西收拾好之後，他問我：「你需要多少時間？」我說：「一個月吧。」於是，一個月就過去了。但這段期間，我其實什麼事也沒做。那個提案我根本碰都沒碰。後來，我打電話給他說：「我準備好了，可以跟你見面了。」他說：「太好了。」我進到他的辦公室後，就做了一個和上個月一模一樣的簡報。他立刻就發現了，並對我說：「你在搞什麼？我不是請你再想些點子嗎？」我說：「沒有別的點子了，就這樣。如果你不這麼做，你就是腦袋有問題。」他嚇了一跳，看著我，意識到這攸關我的自尊心，而且我對自己的設計很有信心。如果他要我重做，我一定會拒絕，並告訴他：「那你就另請高明

> 吧！」於是他便面帶微笑地對我說道：「好吧，那就這樣了，可是如果你錯了，我會把你給宰了。」
>
> ——約翰．卡薩多（John Casado）

Esprit要拍攝型錄時，湯普金斯為了追求完美，不惜在全球各地物色最高明的攝影師。他們聘請了一個又一個來自不同國家的頂尖時裝攝影師，包括米蘭《時尚》雜誌（*Vogue*）的平面設計總監羅勃托．卡拉（Roberto Carra），但後來他們都相繼離職，因為他們的美學理念和湯普金斯不同，並因此和他起了衝突。但愛好擊劍的湯普金斯頗為享受這樣的衝突。那些人走後，他又忙著物色下一個人選。為了聘請歐利維耶若．托斯卡尼（Oliviero Toscani，他是義大利一位知名攝影記者的兒子）來為他工作，湯普金斯還刻意學習了義大利語。托斯卡尼經常透過時裝攝影表達個人的理念，這正是湯普金斯所要的。

一九八〇年一月，湯普金斯和托斯卡尼排定了拍攝型錄的日期。他們想要創造新的影像、新的感覺，表達一種屬於八〇年代的創新精神。「當時他在附近走來走去，心裡顯然正在想：我們到底要拍些什麼呢？」德威爾表示。「我建議他：『我們進去會議室，待在那裡，等到時機成熟時再問：為什麼要拍這樣一份型錄？它想傳達出什麼訊息？受眾是誰？』後來我們就在那裡坐了兩、三個小時。最後，湯普金斯開口了：『我們要傳達的不是個別的產品，而是整個系列，是一種風格、一種生活方式。』」

托斯卡尼答應為 Esprit 工作後，和他一拍即合。兩人無論在生活方式和美學品味上都很契合。托斯卡尼和湯普金斯一樣自負，他們都不理會時裝界的成規。當 Esprit 在市場接受度和民眾信任度這兩方面都位居冠軍時，他們便宣佈從此不再聘用職業模特兒，要開始用「真人」來拍廣告。他們先徵求世界各地經銷店的員工加入拍攝行列，接著又將對象擴及他們的顧客，並且在廣告上加註一些很奇特的字眼，例如：「我想找一個貼心的壽司師傅。」或「我身上有兩樣東西都很小：我的腳和我的膀胱。」

「托斯卡尼教了我很多塑造形象的手法。」湯普金斯後來在文中寫道。「我進入那個圈子之後，開始學習相關的步驟和竅門。當時整個時裝界都在注意我們的一舉一動。事實上，所有高明的建築師、設計師、藝術家、品牌和公司，都是先建立一種風格，然後慢慢地、審慎地加以修正，讓顧客一直跟隨他們的步伐，因為生活方式的改變並非一蹴可及。」

後來，Esprit 型錄的拍攝成為業界的一樁盛事。成千上萬名顧客都想加入拍攝的行列，拍攝地點也遍及全球各地。「湯普金斯會散發出一種內在的力量，讓你在許多事情上都能感受到他的存在。」負責統籌拍攝工作的賀莉・羅伯特森（Helie Robertson）表示。「他很有品味，而且精力旺盛，既能爬山，也能開飛機。他喜歡開快車，也喜歡享受生活。無論他想做什麼，都會做到。」

Esprit與眾不同的名聲逐漸傳揚開來，也逐漸成了大眾眼中青少年服飾的先驅。各方求職的信函與粉絲的郵件不斷湧入。當他們前往史丹福大學的就業博覽會招募應屆畢業生時，甚至有許多其他公司的招聘人員向他們求職。毫無疑問地，Esprit已經成為一家極具吸引力的公司。在紐約舉辦的一場鞋子展覽會中，湯普金斯要他的員工一邊宣傳公司的產品、一邊端壽司給在場的觀眾吃。湯普金斯指出：「與其請外燴公司，我寧可讓我們的人員端壽司給大家吃。這樣比較有趣……我的目的不是要他們學習如何當一個服務生，而是要學習如何和我們的顧客互動，並且讓他們留下深刻的印象。我們要顯示：就連我們的員工也能代表我們的產品所要呈現的生活方式。」

不過，湯普金斯過度注重細節的結果，有時不免讓Esprit的員工懷疑他是否已經瘋了。有一次，他打算在Esprit舊金山門市部附近開設一家名為「Caffe Esprit」的餐廳，需要一種尺寸很特別的餐巾，於是他便派一名員工到處去考察。八個月後，那人回來了。後來湯普金斯便宣佈他的餐巾（在他心目中，這是一個藝術品）尺寸將是十六吋見方。

就連「Caffe Esprit」的打包袋也曾經過縝密的設計和審查程序，因此一推出後立刻造成轟動，成了眾人爭相收藏的配件，甚至還被用來當成時髦的手提包。此外，Esprit所開立的收據上，都印有湯普金斯最喜愛的日本平面藝術家兼設計師八木保所繪製的多彩渦紋圖案。

Esprit每週出版的內部通訊也很有意思，其內容包括八卦消息、實用情報和諷刺性的文章，還有李・羅森伯格（Lee Rosenberg）所寫的搞笑專欄「我世代」（Me Generation），討論「沒有性愛的罪惡感」以及「如何把你家的客廳改裝為車庫」等主題。

由於Esprit大受歡迎，市場研究機構認為他們代表了年輕、獨立、力爭上游的女性形象，並將這個新的族群稱為「Esprit世代」（Esprit Teens）。許多企業都爭相和他們合作。《柯夢波丹》雜誌（*Cosmopolitan*，當時每月的銷量達三千萬份）那位傳奇總編輯海倫・葛梨・布朗（Helen Gurley Brown）也注意到了這個現象，於是便安排和湯普金斯見面，以爭取Esprit在該雜誌刊登廣告。到了他的辦公室門口，她為了避免刮傷裡面那柔軟的輕木地板，便脫下了高跟鞋，拿在手裡，走了進去，請求他和《柯夢波丹》合作。但湯普金斯卻嘲諷《柯夢波丹》的封面女郎。「她們一個個都是性感尤物，刻意賣弄自己的乳溝，髮型看起來很假，妝也化得太濃。」他告訴布朗。「那不是我想創造的形象，所以我想我們的顧客不太會看你們的雜誌。」讓她聽得目瞪口呆。湯普金斯往嘴裡塞了一顆薄荷錠後又接著說道：「我想這是品味的問題。」當時正在為《瀟灑》雜誌（*GQ*）撰寫湯普金斯的人物專訪的莫琳．奧爾特（Maureen Orth）也在那間辦公室裡。她描述湯普金斯管理 Esprit 的作風是「良性的專制」，「不是每個人都喜歡」。

不過，Esprit 的年輕員工都很懂湯普金斯。他們稱 Esprit 為「小烏托邦」和「Esprit 園區」，在那裡待得很快活，而湯普金斯對員工的態度不僅毫不冷漠，甚至可說是平易近人。「歸根結柢，你必須捲起袖子，努力工作，親自參與日常事務，才能掌握狀況。」湯普金斯表示。「通常，那些大型機構的管理人都高高在上，與基層脫節，就像美國總統一樣，似乎不太了解一般民眾的生活。」

在此同時，Esprit 也努力融入當地社區。「Esprit 和鄰里的關係非常良好。」Esprit 的經理艾凡斯表示。「我們公司所在的地點原本是一座倉庫，位於一個黑人勞工聚居的住宅區。湯普金斯和附近的居民達成了協議，要開始在那裡種樹。後來，工廠經理德魯（Drew）便在人行道的一邊種了許多樹，還把緊臨 Esprit 的那些房屋通通都重新上漆，讓它們看起來像樣一點。」

在Esprit附近的一棟房子被燒毀後，湯普金斯便趁機把那塊地買了下來。他先把上面的房子剷平，然後便開始進行各種實驗：那裡可以有多少公園綠地？要在上面設置輪胎鞦韆還是滑索？如果過往行人想在長椅上坐下來休息，那是不是也應該有一些樹蔭呢？

兩年後，公園完工了。裡面有一座魚池，還有一個野餐區。Esprit的員工可以去那裡吃午餐，外面的人也可以在那裡遊憩。除此之外，湯普金斯也在Esprit辦公大樓的另外一邊買下了一整塊街區。那裡原本是一座金屬鍍鋅廠。由於裡面的泥土已經受到汙染，他便將它們全數移除，並重新填土。之後，他又飛到奧瑞岡州一座販售樹木的農場，買了一批又粗又壯、足足有三十呎高，根球也很巨大的紅杉，然後再用好幾輛特製的平板卡車將它們運回南方九百哩外的舊金山，種在那塊地上，並且還在那裡興建了一條供大眾慢跑的小徑。

早在谷歌（Google）聯合創辦人謝爾蓋·布林（Sergey Brin）出生於莫斯科一家公立醫院之前，作風前衛的湯普金斯夫婦就已經建造了一個以員工為主的工作環境。員工除了可以免費上義大利語課程、划皮艇之外，每年萬聖節公司還會舉辦派對。同時，湯普金斯也要求他的員工休假時要盡量到外地去從事休閒活動。「坦白說，我不贊同純粹為了度假而度假。」他說。「每個人都可以跑去夏威夷度假，躺在那裡的海灘上休息，但有多少人會去喜馬拉雅山區泛舟？然而，這樣做對員工個人和公司都有好處，員工會因此更有生命力。當員工更有活力時，公司也能受惠。」

曾在 Esprit 任職多年的羅伯特森表示：「我因為在舊金山擁有一家生意很好的時尚精品店，所以就被 Esprit 請來擔任銷售部門和設計部門的連絡人。他們對員工很好。公司裡有游泳池，還有免費的餐點。你工作了一天之後就可以跟大夥兒一起出去吃飯。週末時，你可以去從事一些有趣的活動。他們並不指望你一直埋頭苦幹，反而很在意你是不是過得開心。我想這是因為他們意識到，如果我們能夠發展自己的業餘嗜好，就會變得更有能量。」

由於 Esprit 上上下下的員工經常一起在公司的網球場上打球、參加公司的排球隊，或在 Esprit 位於太浩湖畔的浪漫林中小屋中過夜，所以難免會產生戀情。德威爾的妻子就因此離開了他。他說：「我們在公司裡待得太舒服了……有太多的機會、成就和金錢……這些都太具有誘惑力了。所以我們忘了自己的另一半，忘了孩子，忘了一切。我們沒有人吸毒，但那種氛圍就好比毒品一樣。」

一九八二年時，Esprit 出錢讓表現最好的部門的員工，去智利的比奧比奧河（Biobío River）參加激流泛舟活動。這條河是全世界最崎嶇的河流之一，也是十五年前湯普金斯等人曾經渡過的那條河流，但這次他把家人一起帶來了。他和蘇西、昆西和桑瑪都參加了這次泛舟之旅。

他們一行人先飛到智利首府聖地牙哥和索貝克（Sobek）公司派來的嚮導們會合。索貝克是一家承辦智利的激流泛舟行程的前衛公司。當時的智利仍在奧古斯都・皮諾契（Augusto Pinochet）的獨裁統治之下。他領導下的軍政府殘暴野蠻，曾經以一種名為「拘留後失蹤」的方法逮捕異議份子，將他們嚴刑拷打後加以殺害，並用直升機將他們的屍體丟到海裡，受害的平民多達三千人左右。由於叛亂四起，每個星期都有街頭暴動，因此當地幾乎沒有觀光旅遊活動。皮諾契的祕密警察在他們的檔案中記錄了Esprit 團隊的這趟旅程：「曾經因偷竊ＢＭＷ摩托車而惹上麻煩的湯普金斯先生再度造訪智利。」

Esprit 團隊離開聖地牙哥後，便沿著一座遍佈果園、酒廠和麥田的狹長山谷往南走。期間他們經過了一個名為「尊嚴殖民地」（Colonia Dignidad）的德國莊園，那裡有路邊的餐點和現烤的餅乾供疲累的旅人享用，但這座面積廣達四萬英畝的莊園，其實是一個充滿神祕色彩的地方，與它相關的各種傳言甚囂塵上，據說裡面躲藏著納粹帝國的殘餘勢力。雖然沒有人在那裡看過什麼戰犯，卻經常見到穿著制服的男人列隊進行准軍事操練。據說那裡的地下貯藏了大批軍火，讓人懷疑他們除了養殖乳牛、生產乳品之外，還從事其他活動。莊園裡的人員都受到嚴格的規範，男女不得同住。這些德國人除了開設牛乳合作社與公共衛生診所之外，還協助那些意圖鎮壓南美洲左派反抗勢力的極右派份子收集情報。皮諾契將軍不時會把犯人送到這裡來關押拷問，但偶爾也會帶他的親朋好友（包括他的小孩）來這裡呼吸鄉下的新鮮空氣並尋歡作樂。當然，Esprit 的團隊並未在那裡停留。

抵達比奧比奧河一帶後，他們一行人搭乘蒸汽火車沿著一座山谷進入了山區。到了一座偏遠的聚落後，他們就像一八五〇年代的拓荒者一樣，在那裡買了許多用五公升的玻璃罐盛裝的便宜的酒。但在他們抵達岸邊的第一個下水點之後，才過了幾個小時，就有許多人得了腸胃炎，不僅痛得腰都直不起來，還有嘔吐、半身痲痹、不太能走路等症狀。此外，他們原以為那裡的天氣會很炎熱，沒想到氣溫卻降到接近冰點，使得 Esprit 的一名員工在下水後險些溺斃。他們的一個導遊戴夫．舒爾（Dave Shore）表示：「當時沒有人受傷，不過他們因為喝了便宜的酒，所以宿醉得很嚴重。在那種情況下，實在不應該下水。」

然而，對湯普金斯一家而言，這是他們能夠全家聚在一起的難得時機。白天時，他們在比奧比奧河的上游泛舟，夜晚時則在一個名為「聖地牙哥之牆」（Santiago's Wall）的地方露營。那裡的主人是一個穿著黑色斗篷、牙齒都已經掉光的牧人，他會抓一隻山羊或綿羊去河邊烤肉給他們吃。在那次旅遊中，Esprit 有不少女性員工和嚮導發生了戀情，而且不到一年，就有三對結了婚。

當湯普金斯和他的探險夥伴羅賓斯去划皮艇時，他的孩子就和羅賓斯的女兒塔瑪拉一起玩。對蘇西和孩子們而言，這是他們一家人難得聚首的時光。當時，蘇西一年要在香港待上好幾個月，而且經常把兩個年幼的女兒一起帶去。湯普金斯雖然一直待在舊金山，但一年也有好幾個月的時間出遊。整個家庭已經分崩離析了，但除了Esprit的核心成員之外，沒有人看得出來。

一九八三年時，Esprit的銷售額已經高達一天一百萬美元。湯普金斯和蘇西成了舊金山商界的名人。住在附近的史帝夫・賈伯斯（Steve Jobs）和電影明星羅賓・威廉斯（Robin Williams）都曾經是他們的座上賓，並且還曾在他們的客房過夜。「湯普金斯覺得威廉斯實在太過動了！他簡直快被他搞瘋了！」瑞吉威笑道。「威廉斯喜歡跑步。有一天，他到湯普金斯家來。但湯普金斯實在不想再聽他說話了，於是便提議：『我們去跑步吧！』為了消耗威廉斯的體力，湯普金斯就帶著他跑遍了舊金山，結果那天晚上威廉斯變得異常安靜。湯普金斯說那是他和威廉斯一起度過的最美好的夜晚。」

湯普金斯每年都會舉辦一次「椒椒派對」（Pepper Party），時間長達一整天。每逢此時，對廚藝頗有心得的他會把紅椒先醃製過，再放到火上慢慢烘烤，其滋味每每讓賓客一片叫好。應邀參加的人士有攀岩高手、皮艇行家，也有各類藝術家，而且湯普金斯還會刻意印製不同版木的邀請函，讓對方覺得自己是當天的貴賓。那些名人雖然都了解他玩的這個把戲，但還是參加了。「喬伊納德和歌手黛安・卡洛（Diahann Carroll）都出席了。」皮艇攝影家兼製片雷瑟表示。「問題是你不知道誰是誰，而那些人很可能都是企業大亨。不過，湯普金斯不會和那些喜歡自吹自擂或自以為是的人周旋。他只會和那些有趣、能夠激勵他的人在一起。他的心智非常敏銳，能夠一眼就看穿一個人。如果他和某個人交談後覺得那個人在浪費他的時間，他就會用一種不至於冒犯對方的方式立刻閃人。」

他陳列在主屋內的藝術收藏品當中、有費南多・博特羅（Fernando Botero）的幾幅畫作與法蘭西斯・培根（Francis Bacon）的三聯畫。「湯普金斯收購藝品的那段期間，我經常和他一起在倫敦逛畫廊。」他的朋友巴克禮表示。「他會先看過一位藝術家的全部畫作，了解相關的細節，再從中挑出一幅，並且說：『就是這幅了。這是最傑出的一幅。』他對每個畫家都採取這套方法。」

有一次，瑞吉威夫婦到他家過夜，湯普金斯事先提醒他們不要碰到床頭板上方的那幅畫。瑞吉威心想：「當然啦，他總不希望客人的頭部或頭髮碰到那幅畫，在上面留下什麼刮痕。」但接著湯普金斯就說：「因為你如果稍微動到它，市區警察局的警鈴就會響起。」瑞吉威第二次看到那幅畫時，它正在巴黎的龐畢度中心（Center Pompidou）展出。

當時，湯普金斯已經成為美國零售業的「叛逆王子」。各地的商店都在貨架上堆滿Esprit那色彩鮮豔的服裝。許多雜誌都以他為封面人物，並且附上類似「湯普金斯如是說」的通欄大標題。Esprit成了全球最熱門的品牌之一，而它的產品全都帶著濃厚的湯普金斯色彩。「他的理念是：『我們做的是創造形象的生意。』」他的生意夥伴德威爾表示。「你必須要有這樣的心態，才能營造出一種乾淨、友善、性感、令人興奮、充滿活力的形象。你如果沒有這樣的心態，你的作品就無法清晰地投射出那樣的形象。」

湯普金斯認為「執行長」或「總裁」之類的頭銜商業色彩太濃，也太直接，因此他在經過無數次修改後，在他的名片上印了「形象總監」這樣的頭銜。這樣他才有正當的理由去周遊世界、學義大利語並且購買飛機。一年當中，他有九個月的時間擔任Esprit的「形象總監」，另外三個月則是追求他所謂的「我自己的ＭＢＡ」的時間。喬伊納德戲稱他的ＭＢＡ是「缺席式的管理」（Management by Absence」）。不過，他們的荒野探險總是能夠激發出新的思維，並且讓公司的高級主管更有責任感也更能獨立作業。他們兩人都無意讓公司的股票上市，以免為了他們所謔稱的「股票價值」而犧牲掉公司的內在價值。在幾乎沒有公司債也絕少外部融資的情況下，他們兩人都得以完全掌握公司的領導權。在「巴塔哥尼亞」和 Esprit，老闆好幾個月都不在已經成為常態。羅伯特森在 Esprit 工作時就經常好幾個月都看不到湯普金斯。她說：「這並不會對我們造成任何困擾。有時我們甚至還會覺得鬆了一口氣。」

在前往世界各地進行荒野探險時，湯普金斯也會趁便尋找商機。有將近兩年的時間，他一直和中華人民共和國協商，想成為第一家在中國開設服裝零售店的公司。由於美國對進口成衣有所管制，他便設法爭取到特殊的關稅豁免權，從香港進口了數千萬美元的服飾與配件。他擁有全美國最多的香港貨品進口配額。事實上，他很早就看到了這個市場，所以才會進口那些高品質的廉價服飾，再賣到全球大約七千家商店。他憑著這類大量生產、價格低廉的成衣建立起他的王國。當 Esprit 的型錄在賓夕法尼亞州印製完成時，其數量竟多達一千五百萬份。據該公司的內部通訊指出，「要印這麼多份，必須用掉滿滿二十二個火車車廂的原紙」。

湯普金斯之所以能夠連續幾個星期都不在公司坐鎮，完全是因為 Esprit 是一家非上市公司。他和蘇西都不想稀釋公司的所有權或控制權，因此毅然將公司掌控在自己手中，所以他們無須擔心股東插手公司決策，不必考量股價的高低，也不會發生管理控制方面的問題。即使在 Esprit 的年收入達到將近六億美元、產品外銷到幾十個國家時，湯普金斯還是經常離開舊金山，有時是到不丹進行為期三週的探險，有時則是到世界各地去締造激流泛舟的紀錄。

我和湯普金斯決定去聖地牙哥（智利）山上的邁普河（Maipu River）南邊的支流泛舟。那裡之前從來沒有人泛過舟。我們被載到那裡後就下了水。到了一處急轉彎後，我們聽到另外一邊傳來河水洶湧奔流的聲音。由於這是我們第一次在這條河上泛舟，因此自然得去探探情況。我留在我的船上，湯普金斯則下了船，走到一座小丘上察看。就在他四處張望時，來了兩個士兵。他們用槍抵著他的背，要求他出示護照。他說：「你們在說什麼呢？我沒有護照。我是來泛舟的。你看，我穿著短褲呢！」就在他們打電話向總部請示該如何處理時，湯普金斯就一溜煙跑下山丘，跳進他的船裡，迅速繞過那個彎跑走了，什麼話也沒有對我說。我簡直不知道該如何是好。我心想：「天哪！我連繞過那個彎之後是什麼光景都不知道，但這些傢伙可能會開槍打我們！」於是我只好跟著繞過那個彎，但是我太緊張了，身體坐得太直、太緊繃，於是船就翻了，我也倒栽蔥地掉進了水裡。當時我心想：「我要怎樣才能維持這個姿勢呢？我可不想浮出水面被他們射殺呀！」到了那天晚上，我們才發現那裡是獨裁者皮諾契夏天度假的莊園，但我們卻完全不知道這件事。

——喬伊納德

此時，湯普金斯已經不再需要用拉風的法拉利來證明自己了。相反地，他經常把一艘鮮紅色的塑膠划艇綁在他那台破舊的黑色旅行車上，然後開著它在灣區到處跑。人們看到後都很驚訝，因為他們從沒看過這樣的景象，於是就有許多人停下腳步問東問西。「有一個小孩一直坐在車子附近等我。他說他已經在那裡等了十五分鐘，想知道這究竟是什麼玩意兒。他是個衝浪客，住在蒙特瑞（Monterey）。他想知道這個形狀看起來很怪異的東西是什麼。他們都明白那是一艘船，但不知道它要去哪裡。」

在旅行途中，他盡量不住五星級旅館，反而喜歡裹著自己的睡袋躺在朋友家的沙發上。打包時，他最先塞進行李的也是他的睡袋。「我有能力買一艘私人噴射機，但我無法想像那種情景。」他說。「我喜歡開我那輛單引擎的螺旋槳小飛機，然後找個海灘降落。」

對於設計方面的學問，湯普金斯的興趣與日俱增。他讀了一本又一本書，探究最前衛的設計與建築，並分別聘請喬・德爾索（Jce D'Urso）、埃托雷・索特薩斯（Ettore

Sottsass）和倉俁史朗等設計界的超級明星，來設計 Esprit 在曼哈頓、米蘭和東京的店面。對於內行人來說，這就像是把馬拉度納（Maradona）、梅西（Messi）和比利（Pele）放在同一支足球隊一樣。「湯普金斯喜歡和那些負責設計他的工作和生活空間的設計師一起工作。」巴克禮說。「在日本時，他聘請之前負責設計 Esprit 的新加坡和香港分店店面的倉俁史朗來幫他設計一棟房子，後來他到日本時就住在那裡。他喜歡這一類的經驗。」

在聘請卡薩多為 Esprit 重新設計商標後，有一天湯普金斯請卡薩多到他在倫巴底街的房子作客。卡薩多回想當時的情景時表示：「它位於俄羅斯山（Russian Hill）上，是一座很棒的綠色木瓦房，佔了一整個街區。」卡薩多走進屋內後立刻注意到那白色的木地板和非常現代化的陳設。當時，湯普金斯正在廚房裡忙，便叫他把外套掛在衣帽間裡。卡薩多走進去，把外套掛起來時，突然意識到那根本不是一個衣帽間，而是一座圖書室。「牆上的每一本書都和設計、時尚或建築有關。我看得目瞪口呆，因為我看過很多有關設計的書籍，而我發現他有一些極罕見的藏書。我走出去後跟他說：『我真是甘拜下風！你是設計衣帽間的嗎？怎麼會有那麼多書？』他回答說：『不，我只是喜歡設計。』」卡薩多聽見這話便安心了，因為他知道他不必向眼前這個客戶多做解釋，對方就能理解並欣賞他的設計。

後來，賈伯斯最早的幾間蘋果旗艦店，便仿效了 Esprit 所創造的那種美麗、誇張、令人動心的購物環境。當湯普金斯出版了重達六磅的《Esprit：全方位設計理念》（*Esprit: The Comprehensive Design Principle*）時，賈伯斯甚至命令他的團隊購買了許多本以供參考。設計師八木保指出：「一九九九年，我為賈伯斯設計蘋果的零售店面時，他希望能夠模仿 Esprit 書裡的一家店的樣式，還向我買了五十本，要給他的設計團隊看。他稱它為『設計聖經』……湯普金斯總是讓我想起賈伯斯，或者我應該說賈伯斯讓我想起了湯普金斯？」

八〇年代時，湯普金斯的審美品味非常多樣化。或許是因為那十年當中沒有一個代表性的風格，他才得以嘗試各種不同的路線。有幾年的時間，他一直在探索義大利式的風格，但後來又愛上了日本風，有一陣子又迷上了英國建築師諾曼．福斯特（Norman Foster）那線條流暢、現代化、高科技的作品。他和福斯特兩人，一個是男爵，一個是玩皮艇的人，確實是一個奇怪的組合。

福斯特就像湯普金斯一樣喜歡創新。他曾經建造過一棟俗稱為「小黃瓜」（The Gherkin）的未來派弧形拱頂建築，顛覆了倫敦的天際線。湯普金斯為了打造他的王國，不惜耗費數百萬美元委請福斯特爵士設計建造 Esprit 的總部，要將它打造成一個應有盡有的世界，有辦公室、足球場、日間托育中心和健身房、有機蔬果園和擁有自然光源的會議室。當時，舊金山南部的房地產價格較低，而且有些山丘上仍然可以看到紅杉。於是，湯普金斯便挑選了舊金山半島上一個名叫庫比蒂諾（Cupertino）、沒有什麼人聽說過的城鎮做為興建的地點。但後來，這項計畫並未實現，反倒是賈伯斯在那裡建造了他的園區。

庫比蒂諾成為蘋果公司全球總部的所在地後，世人都盛讚賈伯斯很有遠見，但湯普金斯卻對他頗有微詞：「我以前經常和我的朋友賈伯斯爭辯。他認為網際網路、個人電腦乃至手機會把人類帶向天堂樂園，但我告訴他：這些東西正在毀掉這個世界。他聽到以後總是很不高興。」

一九八〇年代中期，時年四十三歲的湯普金斯過著功成名就、令人陶醉的生活，但他對設計與建築的熱愛也使他付出了很大的代價。「他去義大利打造他的王國，還想在米蘭建造一個很大的店面。光是為了供他和那些設計師玩建築，我們就損失了兩千萬美元。」蘇西表示。到了一九八〇年代中期，她和湯普金斯已經聚少離多了。「他在倫敦和福斯特合作的計畫也是這樣。這些事把公司搞得很糟糕。我們在國內連員工的薪水都付不出來，他卻在世界各地大撒幣。」

湯普金斯的大手筆使 Esprit 的主管面臨了一個兩難的局面：如果沒有他的幹勁，

公司顯然無法繼續營運；但在他的帶領之下，它是否能撐得下去呢？「就長遠來看，你不得不承認：他雖然和這麼多了不起的建築師合作過，包括福斯特、那個日本人和德爾索等等，但到頭來都是一場空！」Esprit 的員工伊姆霍夫表示。「說起來蠻悲哀的。我在義大利的時候，看到他們花了一百萬美元，把一棟建築物裡面的一堵牆移動了三呎，而且那棟建築物還是租來的，並不屬於他們！在我看來，他已經瘋了。他做出的事情有許多都讓我很尊敬，但在某些方面，他做得實在太過火了。他總是想去做一些稀奇古怪的事情，永遠停不下來，但話說回來，他花的可是自己的錢。」

到了一九八三年時，湯普金斯的自信心已經過了頭。他深信自己具有獨特的審美能力，到最後便走火入魔了。為了講究細節，他不惜投入巨資，不僅為他的店面訂製了不鏽鋼的樓梯，還做了鉻製的欄杆，甚至親自挑選威尼斯石磚並參與貨箱的設計。此外，他更和被他視為導師的索特薩斯——米蘭後現代的「孟菲斯設計集團」（Memphis Group）的成員——合作設計了 Esprit 在米蘭的展示廳內的家具。但一位批評家形容他們合作的成果像是幾何圖形之間的碰撞、衝突，「一半像包浩斯（Bauhaus）[11]，一半像嬰幼兒的玩具」。

11 編按：由一九一九年在德國創立的一所建築設計學校「包浩斯」所衍伸而成的一種藝術風格，即現代主義風格。特點是理性，簡潔，內斂，並講求功能性。

然而湯普金斯真正想做的，卻是在洛杉磯的拉西恩尼加（La Cienega）和聖塔莫尼卡（Santa Monica）這兩條林蔭大道的交口處，建造一座獨一無二的展示廳，展現各式各樣的設計，例如把內衣裝進透明的優格容器，或用裝法式長棍麵包的塑膠袋來放毛巾，於是他買下了一家名為「弗利普斯輪鞋搖滾宮」（Flippers Roller Boogie Palace）的輪鞋迪斯可舞廳，也就是人稱的「洛杉磯版的五四俱樂部（Studio 54）[12]」。

當時，在弗利普斯，你可以看到 Kiss 搖滾樂隊的主唱吉恩・西蒙斯（Gene Simmons）或歌手「王子」（Prince）盛裝打扮的表演，以及「加油合唱團」（The Go-Go's）、強尼・考格爾（John Cougar）和雷蒙斯（The Ramones）龐克樂團的現場演出。湯普金斯認為這個時髦的展示廳將會風靡洛杉磯。他宣稱這個強・沃特（Jon Voight）和珍・芳達（Jane Fonda）曾經跳過輪滑舞的地方，將會成為設計和青少年服飾的中心。後來，那間展示廳確實散發出了 Esprit 所標榜的精神：生命「在於態度，而非年齡」。但正如許多初到洛杉磯的人所發現的一個事實：要裝出一種態度其實沒那麼容易。湯普金斯要求展示廳的混凝土地板要漆上亮黑色，然後再打蠟。後來，這些地板看起來確實光滑無比，引人注目，但也很滑溜，以致 Esprit 的員工和顧客經常摔跤。曾在該店施工的一名包商說：「你會覺得那裡像是一個模型屋。」

當時，Esprit 的競爭對手（例如Gap）在他們的房地產上所花的錢，大約是每平方呎七十美元，但 Esprit 的這座展示廳的成本卻高達每平方呎四百美元，是其他人的六倍。和湯普金斯合作設計這間展示廳的義大利設計師阿爾多．西比克（Aldo Cibic）表示：「他希望那間展示廳能成為一個傳世的傑作，所以每一樣東西都設計過了頭。那就好比你為自己蓋一棟房子的時候，一開始你會說：『我要最好的地板、最好的牆壁、最美麗的燈光和最棒的家具。』等等。」

結果，這家店成了一個失敗的案例。湯普金斯的友人巴克禮回想當時的情景時表示：「湯普金斯完全忽略了銷售業最重要的三個原則：地點、地點、地點。」後來，Esprit 公開承認，那家店的翻修、改造計畫原本的預算是七百萬美元，最後卻花了兩千四百萬。

「《華爾街日報》（*The Wall Street Journal*）打電話給我，問我對這件事的看法。我猜那些銀行對 Esprit 的財務狀況感到憂慮。我告訴他們：『Esprit 是一個多媒體的國際藝術品。』」德威爾笑道。「湯普金斯聽了以後很生氣。我說：『這難道不是事實嗎？』他說：『沒錯，但你應該跟那些銀行談談我們的生意。』」

---

12 編按：一九七〇年代在美國紐約的傳奇俱樂部，以狂野的經營風格吸引當時各領域名人爭相前往，成為一種名流指標與午夜音樂跳舞俱樂部文化的代表。

一九八六年，Esprit的營運已經出現了危機，但湯普金斯仍沉浸在連續十八年利潤不斷飆升的美夢中，並未注意到相關的警訊。當時的流行趨勢已經從俗豔的色彩轉變為比較傳統的色調。此外，美元的貶值導致Esprit香港製造廠的營運費用增加，於是Esprit的利潤驟然降至每年八百萬美元。湯普金斯在驚慌之餘解雇了三分之一的美國工人（原本總數為兩千人），並取消了給員工的免費芭蕾舞演出門票和泛舟之旅。但他更大的問題卻在公司內部。他和蘇西之間正醞釀著一場地盤爭奪戰。湯普金斯告訴《瀟灑》雜誌說：「這十五年來我們一直爭吵不休。我們之所以沒有離婚純粹是貪圖方便。」

然而，他們之間的權力鬥爭影響到的遠不只是他們本身。對董事會成員與少數知道內情的人士而言，湯普金斯夫婦之間永無休止的戰爭已經使得整個公司一分為二。蘇西的私人助理布麗兒·瓊克（Brielle Johnck）表示：「設計部門裡好像有一條看不見的線。你不是站在蘇西那邊，就是站在湯普金斯那邊。」最後她終於因為「被蘇西和湯普金斯的苦悶搞得非常疲憊」而辭職了。

蘇西表示：「在他看來，任何事情只要出了問題，就全是我的錯。所以，當我們因為過度擴張，因為他不斷蓋那些房子而陷入財務困境時，一切都是『我的錯』。那天我站在我們倫巴底街的房子的二樓，面對著我的整個設計團隊時，聽到他說：『我們得把她弄走。她年紀太大了，不知道自己在做什麼。』於是，當晚我就離開了。那是壓垮駱駝的最後一根稻草。」

但湯普金斯似乎沒有注意到他那岌岌可危的婚姻對桑瑪和昆西所造成的影響，以及他自己對 Esprit 的貢獻。此時的他既焦躁又心急。他暗自思忖：如果他死了，墓碑上會刻什麼呢？是「差點成為奧運滑雪隊的成員」？還是「著名的服裝銷售員」？這些都不是他想要的。在十六歲那年，他接受訪問時曾表示：他這輩子註定要「去一般人到不了的地方」。

同時，湯普金斯也對美國的企業模式產生了懷疑。他已經不想再玩這樣的遊戲了。「我發現自己一直在忙著行銷。」他反省道。「我忘了更重要的事。我一直在創造根本不存在的需求，生產出一堆沒有人需要的產品。」

他的友人弗羅瑞斯表示：「做生意對他來說是一件很酷的事。他之所以把這麼多熱情投注在上面，只是為了把事情做好，但我從來不覺得他想賺錢。他只是想把事情做得很成功。有些人很看重錢，他們之所以做生意，是為了要致富，但他向來都不是這種人。」

這段期間，湯普金斯的友人曼德經常去 Esprit 和他共進午餐，他發現湯普金斯愈來愈不滿足於現狀：「他承認他賺了很多錢。這當然很好，但他希望他能做些別的。」湯普金斯對曼德信任有加，因此經常會對他吐露心事。「這種情況持續了好多年。他內心有一個部分已經不想繼續留在Esprit。他總是說：『這不是我想做的事情，我得做些別的。我得去做你目前正在做的事。』」

曼德和他的生意夥伴賀伯・趙・岡瑟（Herb Chao Gunther）成立了一家「公眾媒體中心」（Public Media Center）。這是當時舊金山最主要的（可能也是唯一的）一家先進的廣告公司，並且已經在市場上佔了一席之地。他們為「山巒俱樂部」的布魯爾策劃宣傳活動，反對亞歷桑納州一項建造水壩的計畫，以免壯觀的格倫峽谷（Glen Canyon）被水淹沒。為此，他們在報上刊登了全版廣告，並冠上一個大大的標題：「我們要不要把西斯汀教堂（the Sistine Chapel）也灌水，好讓遊客能更靠近天花板？」後來，湯普金斯經常前往「公眾媒體中心」觀察曼德和岡瑟所做的事以及他們的運作方式。

此後，湯普金斯開始研讀各方環保學者、行動主義者和哲學家的文章，並以傳真、寫信、致電等方式和他們連絡，同時向他們提出問題。除了經常和這些人往來之外，他每天還會花好幾個鐘頭的時間，閱讀環保方面的書籍或研究有關拯救森林的議題。他很敬佩那些願意站在第一線撞擊並騷擾日本捕鯨船的生態鬥士，以及那些願意連續好幾個月待在兩百呎高的紅杉樹上、以防止它遭到砍伐的行動主義份子。他廣泛閱讀各類環保書籍，並大力抨擊傳統的大學教育。他寧可透過閱讀來獲取知識，不願接受學校教育。

後來，湯普金斯接觸到了「深層生態學」（Deep Ecology）。這是美國作家喬治·塞申思（Geroge Sessions）和挪威的登山家暨哲學家內斯所提出的概念。內斯在他的文章中指出，人類必須全面思索我們在地球上的位置，並從整體的角度了解各個生態系統，不要再傲慢地認為人類優於其他物種。內斯認為，摧毀野生動植物、破壞它們的棲地的行為，正在危害地球生物的自然平衡狀態，將使得整個地球面臨危機。在數十年前，氣候變化和物種滅絕尚未成為主要的保育議題時，內斯和他的追隨者就已經指出：人們如果想在資源有限的地球上追求永久的經濟成長，必定會為環境帶來災難。這種說法讓湯普金斯深受觸動，於是他便立刻寫信給內斯和塞申思。

不過五年前，湯普金斯還在米蘭與那些設計大師過從甚密，如今他想結交的卻是「深層生態學」的領軍人物。「那段期間，我上午還在研究環境行動主義的概念，中午就得回到現實，專心處理生意，因此我知道我必須做出一些改變。」他後來表示。「於是，我開始逐漸淡出公司的業務，打算從此獻身生態與環保工作。事實上，到現在我還是覺得很奇怪，自己當初怎麼會被生意上的成功轉移了注意力，沒有去加入『地球優先！』的行列。那才是我的心靈所渴望的歸屬。」

第二部

第六章 我的北方在哪裡？飛往南方

到了一九八〇年代中期，我已經慢慢發現自己做錯了。我開了一家服裝公司，做了許多沒有人需要的產品，但這不僅對恢復我們的環境沒有幫助，反而加劇了它的危機。我意識到我得做些別的事情。

——湯普金斯

一九八九年的地球日那一天，瑞克·克萊恩（Rick Klein）搭了一個晚上的飛機之後，終於抵達了洛杉磯。他拿了行李後便即刻趕往北邊約一個小時車程（視太平洋海岸公路的交通擁擠狀況而定）之外的范杜拉，去赴他的第一個約會。他要見的人是「巴塔哥尼亞」公司的總裁喬伊納德，為的是要請他贊助一項保護智利南部的南洋杉森林的活動。「我帶著我用柯達相機在卡尼禁獵區（the Cañi Sanctuary）拍攝的九張南洋杉照片去那裡募款。我把那九張已經護貝的照片攤開來，告訴他：『我們可以花十三萬美元把這塊地買下來，成立智利的第一個民間公園。』」

那九張照片用膠帶黏成一串，展開後大約有兩呎長，看起來有如一架手風琴。照片上的那些南洋杉看起來就像加州的紅杉一般雄偉莊嚴。克萊恩告訴喬伊納德，保存這片原始森林是一件很重要的事，並說到目前為止，他已經收到了一筆五萬美元的捐款。喬伊納德聽後便告訴他：「好的，我給你四萬美元。你再去舊金山找我的朋友湯普金斯，告訴他我已經捐了四萬美元。我向你保證，他給的一定不比我少。這樣你就可以有十三萬美元了。」

於是，克萊恩便飛到了北加州。他一到舊金山，就打電話到 Esprit 公司，並透過湯普金斯的個人專案經理多莉．馬（Dolly Mah）和他連絡。她告訴克萊恩：「湯普金斯對這個計畫很感興趣。如果喬伊納德已經捐了，他也要捐四萬美元。支票在這兒。」於是，克萊恩頓時便有了足夠的錢可以實現他拯救智利古森林的夢想。他簡直不敢相信這是事實。「事情一下子就解決了。」

克萊恩出生於加州，在一九七〇年代中期遷居智利。在皮諾契的軍事獨裁政權進行血腥鎮壓的期間，他在位於比奧比奧河源頭附近的「瓜雷圖自然保護區」（Reserva Galletue）擔任護林員，並因而得以保全性命。由於他的頭髮蓬亂，又蓄著滿臉的大鬍子，很有可能會被祕密警察誤認為游擊隊員而遭到逮捕並刑求，所以他的老闆便懇求他刮掉鬍鬚。他說：「克萊恩是個詩人，不是革命份子。」

克萊恩在加州的阿卡迪亞（Arcadia）成立了一個名叫「國際古森林協會」（Ancient Forests International）的非營利組織，並在智利與加州間來回奔走，號召人們抗議皆伐[13]林木的做法。當時，他正在努力挽救一座可能會被紐西蘭的「弗萊徹挑戰」（Fletcher Challenge）伐木公司砍伐的森林。如果不即刻採取行動，這座南洋杉森林就會被砍個精光。但他想要保護的不只是這座森林，也不只是南洋杉這個樹種。他拿到湯普金斯開給他的四萬元支票後，便去和當時任職於「地球島嶼研究所」（Earth Island Institute）的「山巒俱樂部」前會長布魯爾見面。他向布魯爾簡報了他正在推動的「拯救古森林」運動，其內容包括安排環保人士前往智利考察巴塔哥尼亞高原北境那些面臨砍伐威脅的森林。

之前，布魯爾已經協助他辦過幾次類似的活動。在其中一次活動中，他們試圖尋找「世界上最古老的樹」。克萊恩相信那一定非智利柏（Alerce，一個幾乎像加州紅杉般高大的樹種）莫屬。在克萊恩的鼓吹之下，《國家地理雜誌》（*National Geographic*）表示他們有興趣報導這個故事，條件是他們要派第一流的風景攝影師隨隊跟拍。於是，布魯爾便邀請克萊恩吃飯，向他介紹該雜誌的一位明星攝影師蓋藍・羅威爾（Galen Rowell）。後者很快便接受克萊恩的邀請，加入了這支考察隊，前去拍攝智利柏森林，因為他之前已經和他的朋友湯普金斯約好，要在幾個月之後一起搭乘小飛機前往智利了。

羅威爾建議湯普金斯和他一起去那些智利柏森林尋找世上最古老的樹，湯普金斯也立刻答應了。他之所以能夠忍受 Esprit 總裁這個職位，正是因為他能夠頻頻出遊。對他而言，去北極以划皮艇的方式普查當地白鯨的數量、並監測北極熊這類活動都很有意義，因此他花在上面的時間愈來愈多。他和羅威爾打算到了智利後要去比奧比奧河上泛舟，並攀登巴塔哥尼亞高原的卡斯蒂約峰（Cerro Castillo）。

羅威爾的太太芭芭拉也打算駕駛一架塞斯納二〇六單引擎輕型飛機（和湯普金斯的座機同款）飛往智利。他們計劃從舊金山飛到火地島。這條路線湯普金斯雖然已經飛過六次，但仍然興致勃勃。為了找人分擔駕駛工作，湯普金斯請他的好友兼生意夥伴巴克禮同行。為了支持這群男生，芭芭拉也帶了她那個擔任滑雪巡邏隊隊長、同樣熱愛戶外活動的哥哥鮑伯・庫許曼（Bob Cushman）。克萊恩和他們說好：等他們抵達智利後，他就會去蒙特港（Puerto Montt）和他們會合，然後再帶他們前往那座智利柏森林。

當時，巴克禮剛完成基本的飛航訓練，而且在出發前的一個星期才拿到臨時飛行

---

13 編按：林業和伐木業採取的一種方法，指一致地伐光一個區域內的大部分或全部林木。

執照，實際的飛行經驗只有四十個小時。但他們剛起飛，湯普金斯就說他要看書，讓巴克禮來駕駛。「那次湯普金斯讓我開了很久，因為他手上有曼德剛出版的一本新書《沒有神聖之物的所在》（*In the Absence of the Sacred*），而且他一邊讀還一邊朗誦書中的內容。」巴克禮表示。「那本書批判了資本主義，並且認為資本主義是破壞環境的兇手之一。這和湯普金斯的許多理念相符。從此他的人生便展開了新的篇章。」

我們飛到一萬四千呎的高空時，開始有點頭昏。其實我們不應該在沒開氧氣的情況下飛這麼高的。等到我們終於打開了氧氣機之後，就什麼問題都沒了，不僅頭腦清醒，看得見所有的儀器，而且湯普金斯的精神也變好了。可是兩分鐘之後，油管就裂開了，油箱開始漏油。這時，湯普金斯開始感覺噁心，然後就開始嘔吐。我正試著要控制飛機的時候，他說：「我慘了！」然後就抬起頭來，試著集中心神，因為當時我們的情況已經有點嚴重了。後來他說：「你從山中間的那座峽谷飛過去，我想那裡有……我想那是……」果然，我們飛過峽谷後，就看到一座很大的機場……看起來孤零零的……在那個前不搭村、後不著店的地方，怎麼會有這樣一座機場呢？而且它並不在飛航圖上面。後來，湯普金斯對我說：「降落吧！」於是我就筆直地飛了過去，準備降落。

當我把機頭稍微拉起來時，湯普金斯抬起頭說了一聲：「幹！」然後我們的飛機就沿著跑道蹦呀蹦地往前滑行。當時如果光靠我一個人，我們的飛機可能就墜毀了，但湯普金斯不知哪來的本事，居然讓飛機著了地。可是後來他就不行了。飛機停住後，他就跳了下去，在地上乾嘔。接著，軍方的人就出現了，而且把湯普金斯帶走了。當時羅威爾還說：「哇，這個地方好棒喔！」就這樣，我們等於是被逮捕了，並且奉命直接飛到利馬去向警方自首。我們起飛後，湯普金斯說：「飛低一點，並保持低空前進。」我說：「好。」於是我就沿著山谷低空飛行，這時無線電裡發出了聲音，那些軍人簡直快要氣瘋了，足足嚷嚷了四十五分鐘。後來我們就直接飛往智利，沒到利馬。過境時，我們提不出飛行計畫，也沒有登記過的資料，真是太恐怖了。但湯普金斯說：「沒關係的，智利人很討厭祕魯人。」當時那裡的警察局局長好像正在參加婚禮什麼的。湯普金斯對我說：「我進城去和他談一談。不會有事的，你放心。」於是他就進城去了。一個小時之後，他回來了，看起來有點醉意，那個警察局局長更是醉醺醺的。他在我們的文件上通通都蓋了章，還拍了拍湯普金斯的背，然後我們就起飛了。」

——巴克禮

他們飛越祕魯和玻利維亞境內的安第斯山時，一度氧氣不足，幸好最後平安無事，於是他們便繼續往南飛向聖地牙哥。抵達後，巴克禮便下了飛機，搭乘商用航空公司的班機回家，其他人則繼續往南飛。攝影師羅威爾和湯普金斯同機，芭芭拉自己開一架，她的哥哥則坐在副駕駛座。到了蒙特港後，湯普金斯在鬧區的一家旅館中首次見到了克萊恩。他再度攤開手中一長串有如手風琴般的照片給他們看，但這回照片上顯示的是智利柏樹。湯普金斯看得目瞪口呆。這些智利柏森林讓他想起了挪威。

百年來，聖地牙哥政府一直試圖讓蒙特港以南地區的人口有所成長，但此地由於蠻荒、多雨，每平方哩的人口始終不曾超過十個人，即使瘋狂的獨裁者皮諾契在一九八〇年代的公共建設大躍進中，命人用炸藥在巴塔哥尼亞高原開出了一條長達七百哩的「皮諾契公路」也無濟於事。克萊恩指出，此區地形陡峭崎嶇，「大部分是火山，山谷裡遍佈著岩石和沼澤。」他表示，「由於山區的大型獵物很少，因此這裡的原住民都不想上山。有幾座佈滿古老森林的山谷可能從來沒有人去過。」

然而，這些森林正受到破壞。克萊恩指出，現在他們所在的這棟旅館外面，每隔幾分鐘就會有一輛裝滿本地硬木的卡車經過，把這些硬木載到碼頭去，並做成木片。那些木片堆得足足有五層樓高，顏色很像沙丘，形狀則有如火山，裡面都是被輾壓成玉米片大小的智利天然林木。這些木片會被賣給日本的買家，然後被運到東京，做成高級紙張。

在開車前往智利柏安第斯山國家公園（Alerce Andino National Park）的路上，克萊恩興奮極了，因為車上不只有《國家地理雜誌》那位名聲卓著的攝影師羅威爾，還有湯普金斯這位滿腔熱忱、願意致力拯救森林的富豪。但沿途他們所看到的景象卻令人心情沉重。離開蒙特港後，路旁觸目所及盡是已經遭受破壞的森林。幾十座鋸木廠散佈在鄉間各地，每天可以製造出五公噸重的木片。智利生物學家阿德里安娜．霍夫曼（Adriana Hoffmann）表示：「他們以一公噸五十美元的價錢就把我們的祖產給賣掉了，而且是大規模的破壞。那些森林都是世上獨一無二的生物棲地，但我們卻將它們變得支離破碎，滿目瘡痍。這些可都是無法再生的資源呀！」她彈了一下手指說道。「生長了三千年的林木不是說再生就能再生的！」

到了登山步道口後，他們一行就帶著兩名智利嚮導和夠吃四天的食物走進了森林。羅威爾雀躍不已，因為這裡最古老的智利柏樹至少都有三千歲，而且他知道《國家地理雜誌》的讀者會喜歡這類報導。然而，第二天晚上，當他們在住處附近圍著營火吃著簡單的晚餐時，卻爆發了一場爭執。那兩個智利嚮導要求克萊恩幫他們加薪，但湯普金斯和庫許曼卻告訴他們：價錢事先已經講定，不能臨時加薪。結果第二天早上他們醒來時，就發現那兩個嚮導已經不知去向，還把一大部分的食物帶走了。

之後，庫許曼分了一些能量棒給眾人當早餐，然後他們便隨著克萊恩走到一座壯觀的柏樹林。那裡的每棵樹都像帆船的桅杆一樣筆直，而且高度約有兩百呎。於是，羅威爾便開始架設他的攝影器材，湯普金斯則拿出一把小傘，提醒大家不要踩到蕨類的嫩芽。克萊恩事後表示：「那是我們所見過最壯觀的古森林。」他打算等羅威爾拍完照後就帶大家前往谷中的一座山脊上露營，因為他聽說那裡有一股活泉，還有一條陡峭的步道，沿著那條步道走二十分鐘就可以回到碎石路。但等到他們拍完照，辛辛苦苦地走到那座山脊上時，卻嚇了一跳，因為那裡既沒有泉水，也沒有步道。「沒錯，那裡確實距離湖邊只有二十分鐘。」克萊恩笑道。「但那指的是從山脊的岩架上往下墜落二十分鐘。」

眼見他們被困在一座沒有水源、也沒有地方可以遮風避雨的山脊上，湯普金斯不禁大發雷霆。他簡直不敢相信克萊恩會讓大家陷入這樣的困境。克萊恩表示：「我原本以為這會是一次愉快的遠足，沒想到卻落得又怕、又餓、又渴，還彼此責怪的下場，而且當時大家都累到不行，深怕自己一不小心就會從懸崖上面滾下去。一路上，湯普金斯一直板著臉。他說他永遠不想再跟我說話了。」

無奈之餘，他們只得沿著那座陡峭、溼滑、爬滿水蛭的山脊一步一步地走下去，朝著湖的方向前進。庫許曼回憶當時的情景時表示：「那裡的樹木非常濃密，一路上我們得小心翼翼地穿過一叢又一叢刺藤，並爬過許多倒木，有時還得從底下鑽過去。我們走得很慢，很辛苦，等到終於抵達湖邊時，大家都累壞了。」

開車返回旅館的路上，他們看到一輛又一輛堆滿木材或木片的卡車疾馳而過，沿途的許多森林已經被夷為平地，那些遭到大規模皆伐的地區有如被炸彈炸過一般，只有那些不到兩呎高的樹木得以倖免。湯普金斯看到這幅景象，怒不可遏。他揮揮手，看著克萊恩的眼睛，打破了沉默：「你說要花多少錢才能買下這塊地？」聽到克萊恩的回答後，他簡直不敢相信。「你是說我用每英畝二十五美元的價錢就能買到這塊地？」他很清楚，如果任由現況持續下去，這裡的森林很快就會消失。

克萊恩想邀湯普金斯加入他在智利所積極推動的另一項計畫，於是便帶著湯普金斯飛越他自己很喜歡的一個地方：地處偏遠、風景優美的卡胡耶莫溫泉（Cahuelmo Hot Spring）。他們飛過幾座山隘後，他要湯普金斯降落在海邊山谷內的一座小農莊的草地上。為了清空跑道，湯普金斯按下了機上的蜂鳴器，想把那些正在吃草的牛羊嚇跑，但後來五個身穿斗篷、戴著硬邊草帽的智利牛仔便騎著馬兒跑了過來，把那些牛羊趕走了。飛機在跑道上滑行時，那些牛仔也在他們旁邊奔馳。湯普金斯當下便決定把這座面積遼闊的農場買下來，事後他坦承：「我心血來潮、一時衝動就把它買下來了。我心裡想至少這是一座值得保存而且位於平地的天然林。」這樁交易非常划算。

湯普金斯只花了相當於舊金山一間兩房公寓的價錢，就買下了一整個生態體系。

後來，他想知道這塊地的範圍究竟有多大，便看著遠處那座白雪皚皚的火山，問那些牛仔當中的一位：「這塊地也包括那座山嗎？」

「是的，湯普金斯先生。」那人答道。「也包括那座火山在內。」

湯普金斯回到舊金山後，想要離開 Esprit 的念頭愈來愈強烈了。他開始改變 Esprit 傳達給大眾的訊息。先前蘇西已經在 Esprit 總部成立了生態辦公室，現在湯普金斯更開始在公司的型錄上加入一些文字，推廣環保新知，包括應該如何做資源回收等等，甚至呼籲大眾不要購買自己不需要的衣服。有一次，他和托斯卡尼聯手推出了一幅廣告，上面印著一隻穿著 Esprit T恤的黑猩猩，以圖顛覆 Esprit 的形象。此外，他還命令員工在 Esprit 的服飾上印製以下的字眼：「除非你需要，不要買我們的衣服。」他知道這樣的訊息具有反文化的意味，很可能會在市場上引起轟動，沒想到卻讓那些和 Esprit 有生意往來的銀行家與企業主都看呆了。他們紛紛前來質問湯普金斯為何要這麼做，其中有一個人憤怒地問他：「你是說他們不應該買我們的東西？」

湯普金斯享受這種感覺。Esprit 的廣告支出每年高達兩千五百萬美元，身為形象總監的他當然有權改變宣傳方式。他解釋說：「我的意思其實是要請消費者少買一點。

對於那些相信自由企業主義的人，這當然是異端邪說。可是市場的反應出乎他們的意料之外，後來連廣告界的人也注意到了這種策略，紛紛加以討論。」

這段期間，湯普金斯和蘇西仍舊頻頻產生摩擦。兩頭馬車式的管理讓 Esprit 的業務更難以運作。最後，他們兩人終於被降級，不再直接管理公司的事務。新任的總裁費德里科・柯拉多（Federico Corrado）表示：「我們開玩笑說：湯普金斯原本採取的是『缺席式管理』，後來就變成我們要在公司裡到處走動，一邊工作一邊管理。」這時，湯普金斯終於看到了他逃離束縛的機會。他暗中打算要讓出他在 Esprit 的五成股份，然後便致力於拯救森林。

在此同時，蘇西也想在事業上和湯普金斯做個切割。她形容湯普金斯是一個被一堆人追捧的「要命的自戀狂」。「他不是用親切、有禮的方式讓別人追隨他，而是表現出一副傲慢、粗魯、忘恩負義的模樣，而別人為了想得到你的認可，就一直幫你做事情。」她說。「自戀狂很擅於建立品牌，因為他們把自己當成品牌。」

包括銀行在內的一些金融機構也對湯普金斯抱持著懷疑、提防的態度。「那些銀行家認為湯普金斯是一匹脫韁的野馬。這當然也是蘇西的代表艾薩克・史坦（Issac Stein）對他的形容。」巴克禮表示。「他們告訴那些銀行家：湯普金斯是全世界最糟糕的執行長。他聽到後就說：『是啊！沒錯，但我不會當執行長。我是藝術總監。執行長將是巴克禮。』」

當時，湯普金斯已經四十九歲。若要展開新的生活，他需要有錢、有閒，而且還得離開商場才行。於是，他表現出一副仍然很在意 Esprit 的樣子，希望能引發一股搶購他的五成股份的熱潮。一九九一年六月時，他先放出消息，讓人以為他要重整 Esprit，之後就突然將他的股份賣給他的前妻蘇西和高盛集團（Goldman Sachs）的一群銀行家。「那只是一個假動作。他總不能光是在嘴巴上說他要重整 Esprit，他必須讓人以為他是玩真的。」當時身為 Esprit 董事會成員的巴克禮表示。「但湯普金斯從來都沒有意思要買下那間公司。」後來，湯普金斯以大約一億五千萬美元的價錢，賣出了他在 Esprit 美國公司的百分之五十股份。從此，他就不需要再為 Esprit 的經營問題操心了。

賣出 Esprit 美國公司的股份後，湯普金斯仍繼續每週和會計師、律師和稅法專家商討，想把他在 Esprit 德國公司和遠東分公司的少數股份也賣掉。由於 Esprit 在德國、義大利和香港的營收十分良好，因此如果他把那些股份賣出，將可使他增加五千萬到一億五千萬美元的進帳。這樣一來，他出售 Esprit 的全部所得將可達到三億美元左右。

二十年前，湯普金斯賣掉了「北面」，告別家人，和一群朋友開車前往南美洲的荒野探險。如今，他仍然激進極端，富有革命精神，而且無事一身輕。他的腦海裡有許多點子，銀行帳戶裡還有數億美元，因此他終於可以做自己想做的事了。他當時的女友凱瑟琳．英格拉姆（Catherine Ingram）回憶當年的情景時表示，當他賣掉 Esprit、和他的律師和蘇西的銀行代表簽署文件時，「那些人都西裝筆挺，但他就像平常那樣穿著卡其布衣服。有位銀行代表問他：『湯普金斯，你現在有了這麼多錢，要拿來做什麼呢？』他回答說：『我要努力推翻你們所做的每一件事情。』」

第七章 地球優先！

他是那種一旦有了目標就會鍥而不捨地去做的人。這種人世上並不多見。他內心有一股能熊熊的火焰，驅使他去做一些他認為必須要做的事，但他做這些事，並不是為了博取人們的關注。在許多時候，他會很樂意隱姓埋名。

——英格拉姆

《追尋甘地的足跡》（*In the Footsteps of Gandhi*）作者

賣出 Esprit 的股份後，不到幾個月，湯普金斯就拿出數千萬美元在加州成立了「深層生態學基金會」（the Foundation for Deep Ecology）。這是他賣掉「北面」和 Esprit 以來最大膽的一項舉動，目的是要成立一個非營利組織，以做為他投資環保事業的管道。根據加州的法規，五千萬美元之內的捐款都可以免稅，而湯普金斯的捐款額度已經達到上限。在花了二十年的時間將 Esprit 打造成一個國際性的品牌後，他決定要改弦易轍了，但他能夠逆轉他之前對環境所造成的傷害嗎？他的財富是否足以讓這個世界變得更好？

「深層生態學基金會」的成立對當時那些已經發展成熟的環保團體來說，不啻是一場及時雨。他們每年投注數百萬美元贊助環保人士召開會議、推廣荒野保護活動，並試圖減緩全球企業的過度擴張對環境所造成的傷害。湯普金斯在擬定該基金會的贊助計畫時表示：「大自然優先乃是我們至高無上的信念，而且我們相信人類有道德義務要和其他生物分享地球的資源。我們將努力體現以生態系統為中心——而非以人類為中心——的理念。」

除了賣掉 Esprit 的股份之外，湯普金斯也請他的朋友——瑞士藝術經紀人恩思特．貝耶樂（Ernst Beyeler）——幫忙拍賣他所收藏的藝術品。當貝耶樂前往清點時，那些收藏品簡直讓他看得瞠目結舌，因為湯普金斯不僅具有敏銳的鑑賞力（在培根和博特羅都還沒有成為主流畫家時，他就已經買了他們的傑作），對個別畫作更有獨到的品味。結果那次拍賣一共募得了一千八百萬美元的款項。為了表示他對湯普金斯的環保行動的支持，貝耶樂並未收取任何費用，全部的拍賣所得都投入了湯普金斯的「深層生態學基金會」。

該基金會贊助的對象，是湯普金斯和他的團隊認為值得贊助的那些前衛的環保團體。他深信生物多樣性的喪失是「所有危機的源頭」，並認為環境的復原乃是百年大業，可能要到二一〇〇年甚至三〇〇〇年才能看到成果。他也相信：人類如果不積極捍衛「大地之母」，到了二〇二〇年時地球上的物種將所剩無幾。許多環保人士也都認為：如果我們不在二〇二〇年前做出改變，物種滅絕和棲地消失的現象將會呈指數成長。湯普金斯看的書愈多，對當前地球環境受到破壞的程度就愈發憂心。他很認同梭羅（Henry David Thoreau）的話：「如果地球無法居住了，要房子有什麼用呢？」

雖然經常有人邀請他去參加晚宴、頒獎典禮或畫展的開幕式，但湯普金斯都沒有參加。相反地，他把所有時間都用來閱讀他的書單上所列的書。他的餐廳、廚房和臥室全都放滿成堆的書籍。即便在開飛機時，他也經常帶著有關環保的論文或雜誌以便隨時閱讀。儘管媒體上充斥著有關環境破壞或物種滅絕的報導，但這些壞消息並沒有澆熄他的熱情，反而激發了他的鬥志。他決定要盡量充實自己在這方面的知識，並且像一個即將參加鐵人三項比賽的選手一般有著嚴格的自我要求。一如他過去所熱愛的設計、建築和拼布被一般，他全心投入這個領域，盡可能地吸收相關的知識，了解世界各地的環保現狀。除此之外，他也召集了一群傑出的環保專家，其中包括許多年輕的社運人士，而他的舊金山寓所的客房便逐漸成了他們聚會的地方。

在此同時，他還必須找人來管理他剛剛成立的基金會，結果在面試時，他愛上了其中一位應徵者：作家英格拉姆。他們之間的關係和他之前的任何一段感情都大不相同。她是佛教徒，也是佛法老師，而且極富感性，和欠缺同理心的湯普金斯恰恰相反。在她的帶領下，他開始探索自己的內心。英格拉姆表示：「有一次，我們應邀去舊金山一座博物館和達賴喇嘛進行一場小型的私人餐敘。那是湯普金斯第一次見到達賴喇嘛，他深受他的吸引，認為達賴喇嘛是一位很不尋常的人物。我帶領他認識佛法，他也很喜歡。」

和英格拉姆在一起後，湯普金斯有了很大的轉變。他的朋友鮑伊爾表示：「她讓他接觸到這個世界上比較柔軟、比較有哲學性和靈性的那一面。而且，就在他離開企業界、還沒完全決定要走哪一條路的時候，她介紹他認識了一些有著類似經驗的人。此外，我也知道他們有在服用死藤水。可以說她是來自另外一個世界的人。這讓我們這些了解湯普金斯的人很驚訝，我們暗地都想：哇，這個女人和從前那些不太一樣。她很特別。」

英格拉姆喜歡住在舒適的旅館，湯普金斯則喜歡裹著睡袋，睡在別人家的沙發上。他生性衝動、固執，她則是《追尋甘地的足跡》以及幾本佛法書籍的作者。他們相處得非常融洽，但他永遠靜不下來。英格拉姆回想當時的情景時表示：「他就是辦不到。那不在他能力所及的範圍內。我曾經帶著他做引導式的冥想，偶爾也會做一下

「大我」（Big Mind）冥想。事後他總是會說：『我應該多做一些。』但不知道為什麼，和他在一起，生活的步調就會變得很快。」

在英格拉姆的建議下，湯普金斯進行了一場旋風式的旅行。他先花一個月的時間去挪威追隨深層生態學的創始人內斯，接著又花了一個月的時間去墨西哥，就教於法籍的英國環境哲學家愛德華．戈德史密斯（Edward Goldsmith）。英格拉姆表示：「在墨西哥時，戈德史密斯邀請我們去他的住處作客。那是一個很特別的地方。我們帶著傑瑞米．里夫金（Jeremy Rifkin）、諾曼．里爾（Norman Lear）、里查．布蘭森（Richard Branson）、曼德等人同行，在那裡待了三天，一起擬定行動計畫，開始對全球化貿易提出質疑。」

當英格拉姆不在身邊時，湯普金斯就會非常想念她。他和他的助理孟裘在挪威旅行時，經常跟他提到他們兩人間的愛情故事，並且一遍又一遍地用飛機上那台八軌錄放音機播放范．莫里森（Van Morrison）的一首歌謠，因為那首歌讓他想起了她。這讓孟裘感到非常驚訝。「當時我們真的陷入了熱戀。」英格拉姆表示。「莎劇中有一句台詞說：『有哪個戀愛的人不是一見鍾情呢？』我們就是這樣。」

「深層生態學基金會」的運作逐漸上軌道後，湯普金斯就把日常事務交給他的長女昆西掌管。「我十幾歲的時候，生命中最重要的事就是Esprit。」她說。「我是家裡第一個上大學的。爸爸告訴我：『去吧！去學習語言、藝術、文化、歷史什麼的，然後再來幫我管理公司。』這似乎是個好主意，於是後來我就在Esprit的環保部門工作。可是兩、三年後，他就對我說：『來幫我管理基金會吧。』我心想，一個環保基金會？這倒挺新鮮的。」

湯普金斯深信主流的環保團體太過滿足於現狀，而且根本就是和那些破壞環境的財團或政府同流合汙，於是他的基金會所贊助的，都是那些願意為了保護環境而冒險犯難的行動派人士。這些人會為了抗議而不惜用鍊條把自己綁在挖土機上，或者像湯普金斯、喬伊納德一樣，會為了阻撓政府興建高速公路而故意在海灘上舉行感恩節派對，然後趁機把附近土地上的測量站標全都拔起來。

此外，湯普金斯也很欣賞那些喜歡惡作劇或有本事博得媒體關注的環保團體，例如那些跑到亞歷桑納州的格倫峽谷水壩，在壩面上製造出一條長達三百呎的「裂縫」的激進派環保人士。他們之所以這麼做，是因為政府花了八億美元建造的那座水壩使得整座格倫峽谷都被水淹沒，形成了一座長達一八六哩、名為鮑威爾湖（Lake Powell）的人工湖，引起了很人的爭議。事實上，他們所垂下的只是一條加重的黑色塑膠條，但從遠處看起來就像是壩體變形時所出現的一道「裂縫」。

這類惡作劇的把戲和公關噱頭被艾比寫進了他在一九七五年出版的小說《故意破壞幫》（*The Monkey Wrench Gang*）裡，書中描述了一群宣稱「捍衛大地之母不容妥協」的激進環保人士，如何以惡搞的方式對那些破壞環境的企業宣戰。書中的男主角是一位名叫喬治·海杜克（George Hayduke）的退伍軍人，他曾是美國特種部隊的成員，也參加過越戰，但後來為了保護大自然便開始從事各種抗爭活動。這部「滑稽搞笑」的小說一出版便造成轟動，一個自稱為「地球優先！」（Earth First!）的激進派環保組織也開始仿效書中的做法。這類沒沒無聞但很有戰鬥力的環保團體，都是湯普金斯很樂意贊助的對象。他的密友鮑伊爾表示：「湯普金斯還曾經贊助一家名叫《廣告剋星》（*Ad Busters*）的雜誌。他們會做一些假廣告或假海報，來挑戰人們對消費主義或過度消費行為的標準與認知，這就是所謂的「文化反堵」（culture jamming）[14]。」

另一位受到湯普金斯大力贊助的是激進派環保人士保羅·華特森（Paul Watson）。他和六位激進派人士創辦了「綠色和平」（Greenpeace）基金會，但後來便退出該組織。一九七七年時，華特森成立了「海神艦隊」（Neptune's Navy）。這是一支由各色船隻所組成的小型船隊，後來還增加了一艘雙體船和兩艘老舊的破冰船，用來當成破壞裝置。這支艦隊後來更名為「海洋守護者」（Sea Shepherds）。在華特森的帶領下，他們發起了一項對抗捕鯨船的活動，目標是要讓「敵軍艦隊」失去作業能力。這項行動得到了各方的支持與認同，也獲得了許多捐款。他們的抗爭活動後來被「動物星球」頻道拍成了一部名為《鯨魚戰爭》（*Whale Wars*）的迷你影集。華特森指出：「『海洋守護者』做的是政府該做卻不肯做的事情，因為政府擔心他們如果採取行動，將會遭到日本政府的貿易報復。」有好幾年的時間，湯普金斯一直透過「深層生態學基金會」捐款給華特森。

從一九九一年到二〇〇〇年間一直擔任「深層生態學基金會」執行長的昆西笑著說道：「爸爸在捐款時向來沒有什麼顧忌，但我的工作就是和我們的財務長與律師一起確認那些團體所進行的活動都是合法的。事實上，他們都沒有做什麼違法的行為，只是比較激進而已。雖然他願意支持那些人，但我們還是得做一些調查。」

專制的第一種表現，是一個社會裡的大企業試圖將公共資產私有化並加以竊佔。在一個真正的自由市場裡，你必須重視自然資源，否則就會浪費那些資源。那些汙染環境的企業自己得到了財富，卻造成了他人的貧困，提高了自己的生活水準，卻降低了別人的生活品質。他們逃避自由市場的約束，迫使大眾

14 譯註：或稱「文化干擾」。

為他們的產品付出代價。凡有汙染之處，就有津貼，就有運用政治影響力獲取利益的肥貓。

——小羅伯特．甘迺迪（Robert Kennedy Jr.）

正當湯普金斯透過他的基金會贊助成千上百個行動派的保育團體時，一波反環保激進人士的風潮也開始在美國西部蔓延。在猶他州的摩押（Moab）、加州的尤奇亞（Ukiah）和蒙大拿州的米蘇拉（Missoula）等地，都有激進的環保人士受到威脅或遭遇槍擊。他們當中，有些人的狗被下毒，有些人的房子遭到縱火。此外，為了抵制當時逐漸興盛的環保風潮，一個名為「明智使用」（Wise Use）的組織也積極發起了一場反環保運動。他們自稱是草根團體，但後來事實證明他們所進行的活動，大部分都是由煤炭業、大石油公司和雪地摩托車製造商等汙染環境的企業所贊助，是一種公關操作手法。

在此同時，「地球優先！」的創辦人之一佛曼也成為美國FBI的「THERMCON行動」（Operation THERMCON）所盯梢的目標。FBI花了長達一年時間派人到他那兒去臥底調查，並對他進行了三千多小時的電話截聽，甚至還故意找人引誘他犯罪，最後終於派遣霹靂小組包圍他在新墨西哥州的住宅，將他逮捕。根據佛曼的描述，當時他正和太太光著身子在睡覺，醒來後卻發現自己被幾名探員用槍指著頭。他說：「我這輩子從來沒有覺得這麼難堪過。」

ＦＢＩ和聯邦檢察官手上並沒有什麼證據，卻試圖誣陷佛曼，說他參與了一項破壞核電廠電線的陰謀，聯邦檢察官甚至向法官求處二十年的徒刑。如果不是湯普金斯和喬伊納德出錢幫佛曼請律師辯護，佛曼可能就入獄了。佛曼和湯普金斯都認為那些不實的指控是ＦＢＩ對付「地球優先！」的「齷齪技巧」。他們花了好幾個小時商討對策，後來便請了喬伊納德的鄰居——高明的辯護律師傑瑞．史賓思（Gerry Spence）——負責領軍為佛曼辯護。光是支付律師小組住旅館和買機票的費用，湯普金斯和喬伊納德就花了好幾萬美元。

幸好他們的辯護策略奏效了。ＦＢＩ在經過數月的程序拖延後，終於被迫交出了他們和佛曼談話時所祕密錄製的音檔。在對付佛曼的最後階段，ＦＢＩ探員麥可．芬（Michael Fain）在執行勤務時和另外一個探員聊天，卻忘記他們的談話已經被錄音了。在對話中，他對另一個探員說道：「他其實不是我們要抓的人。我的意思是他實際上並沒有犯什麼罪，但為了殺雞儆猴，我們必須把他抓起來。我們的目的其實就是這樣。如果不把這個傢伙抓起來，就沒辦法達到這個目的了……哦！糟了！希望這些話沒有被錄音！」

最後，佛曼終於獲判無罪。為了慶祝這項勝利，他開始在美國各地的大學巡迴演講。在演講中，他提醒激進環保人士要有「蹲苦牢」的心理準備，並問他們是否願意「為此而犧牲自己的性命」。他是一位很能激勵人心的演說家，經常穿著藍色牛仔褲、戴著牛仔帽，鼓勵那些行動派的環保人士要把所有的測量站標通通拔掉，要他們對那些主流的環保團體進行抨擊，並且呼籲他們要不惜任何代價捍衛「大地之母」。他在受訪時表示：「湯普金斯和喬伊納德有一點很了不起，那就是：他們體認到賺錢並非目的，而是完成目標的一種手段。湯普金斯對那些戰鬥力很強的小型環保團體更是全力支持。」

然而後來，「地球優先！」內部出現了危機。他們的成員被ＦＢＩ的種種作為（ＦＢＩ的密探曾與若干激進環保人士發生性關係，甚至購買炸藥並鼓動暴力）搞得人心惶惶。事後，佛曼指出：「『地球優先！』成立的宗旨是要保存荒野，保護大自然，絕不妥協。但後來它被ＦＢＩ滲透了。這顯然是因為雷根（Ronald Reagan）政府認為我們對他們構成了威脅。而且，『地球優先！』吸引了一群反文化、反政府的人士，但這些人不見得有很強烈的荒野保護理念，所以後來那些創始會員就離開了『地球優先！』，另外創辦了一份名叫《荒野之地》（*Wild Earth*）的雜誌。湯普金斯一聽到這個消息立刻就寫了一封信來致賀，還附上了一張面額很大的支票。」

為了擴大推展保育工作，湯普金斯曾就教於兩位深受他敬重並信任的環保運動大將：一位是佛曼，另一位則是約翰．戴維思（John Davis）。他們兩人都是「地球優先！」的核心人物，也是《荒野之地》的智囊團成員。戴維思回憶當時的情景時表示：「湯普金斯問我：『誰是最厲害的行動派人士？』當時他並沒有多做自我介紹，只說他是個頗成功的生意人，想贊助那些有戰鬥力的環保團體，問我哪些團體最好。我在電話裡跟他談了好一會兒，告訴他有哪些團體在荒野保護和野生物保育方面最有行動力。」

後來，湯普金斯便在他的舊金山寓所內和戴維思、佛曼、曼德、昆西等人商討今後的工作計畫。一直夢想逃離商場的他如今終於成了一個「自由基」（free radical）[15]，口袋裡又有一億五千萬美元。他還有什麼事情做不到呢？

湯普金斯告訴佛曼：「這些年來，你一直在談論北美洲的荒野復育問題。你提出的那些點子都很棒，為什麼不去實行呢？為什麼不把所有的核心人物都聚集起來，擬定計畫來付諸實行呢？」於是，佛曼便開始籌備一場森林重建高峰會，出席人員的機票和餐點費用都由湯普金斯支付，住宿地點則在他家客廳的地板上。

15 譯註：此為雙關語，亦有「自由的激進份子」之意。

於是，各路科學家、環保寫手、年輕的森林重建工作者、像佛曼這樣頭髮已經灰白的環保老將，以及若干頂尖的生物學家——包括保育生物學界的「祖師爺」麥可・蘇雷（Michael Soulé）——便齊聚在湯普金斯位於舊金山的寓所，展開相關的討論。

一連幾個晚上，他們在湯普金斯家的客廳中進行了熱烈的討論。除了這些人之外，湯普金斯還邀請了他的幾個朋友，包括義大利牛仔服飾設計師艾利歐・費奧魯齊（Elio Fiorucci）和「雨林行動網路」（Rainforest Action Network）的創辦人蘭迪・海耶斯（Randy Hayes）。雖然他在若干場合能夠對著一桌VIP滔滔不絕地發表長篇大論，但面對這些環保人士，他也很願意靜心傾聽。「湯普金斯知道在環保方面，這些人比他更有學識、更有經驗，也更了解問題所在。」海耶斯說道。「他雖然有些過動，脾氣也不是很好，但和我們在一起的時候，他其實挺謙虛的，願意向周遭的人學習。」

瑞吉威指出：「他對那些需要做出妥協的事情一點兒興趣也沒有。他並不想把意見不同的人湊在一起，要他們合作，但他很擅於結合志趣相同的人，讓他們完成一個共同的目標。」

由於湯普金斯過度自負，說話的口氣有時太過狂妄直白，因此有些人會認為他是個自大狂，但他預測未來趨勢的能力往往讓他的朋友和對手感到驚訝。他也因為具備這樣的能力才得以賺進數億美元的財富。現在，面對這些聚集在他屋裡的環保人士與當前的環保議題，他開始思考：要如何才能有效拯救那些尚未受到人為破壞的原始森林？什麼樣的皆伐行為會對森林造成最大的危害？他要如何運用手中的數千萬美元資金，來減緩工業對生態系統的破壞？

有一次，加拿大卑詩省一位極力促請當地政府採取護林行動的環保人士到了舊金山，需要一個落腳處，於是湯普金斯便讓他睡在他的寓所的沙發上。那人待了幾個星期，和湯普金斯一起思索對策。當他們想出了：「加拿大，北方的巴西。」這個標語時，湯普金斯非常開心。他喜歡用機智詼諧的言語抨擊那些大企業。當時也參加了這場高峰會的永續農業專家安迪．金布瑞爾（Andy Kimbrell）指出：「那個環境讓人感覺很舒服，與會的人都覺得自己有能力做些事情。他們都像湯普金斯這樣，很想改變現狀。」

湯普金斯最重視的是那些走在時代尖端的保育活動。無論為期僅三天的環保策略會議或可能持續經年的法律訴訟案件，他都很樂於贊助。他認為要保全荒野和野生動物，最有效的手段莫過於提出相關的訴訟，因此他花費了數十萬美元幫助全球各地的環保團體打官司。這類官司往往曠日費時，其中有些案件甚至已經進行了數十年之久。此外，訴訟費用也很可觀，幾年的官司可能就要花費百萬美元，而絕大多數的環保團體經費都少得可憐，如何打得過那些有著名的法律事務所撐腰、口袋又很深的大企業與財團呢？

環保作家維克多·梅諾提（Victor Menotti）表示：「湯普金斯所贊助的，都是那些攸關重要的環保理念或是挑戰現行體制的活動。」梅諾提同樣反對全球化的做法。他曾經在湯普金斯的寓所裡，和他一起討論如何解決當前的環保問題。「要實現一個環保理念是有風險的，就像創業投資一樣，你當然不希望你投入的錢都付諸流水，而湯普金斯最特別的地方就在於：他向來不吝於支持那些思想前衛大膽的人士。他會給他們必要的空間，讓他們能想出與眾不同、具有影響力而且切合需要的做法。」

湯普金斯雖然不喜歡住五星級旅館，搭飛機時也都坐經濟艙，但他還是允許自己擁有一些奢侈品。幾乎每隔兩、三天，他就會開著他的小飛機去旅行，有時固然為了公事，但大多是為了去參觀他打算要購買的房地產。有一次他和環保作家道格·皮考克（Doug Peacock）一起前往加拿大的卑詩省，途中他們飛過了一座座迤邐數哩、枝葉濃密、使他們幾乎看不到地上的森林，但後來他們就看到了一個滿目瘡痍的景象：在那些高大的林木旁邊，有一大片土地上散落著無數斷木殘枝，地上還有輪胎輾過的痕跡。「看到下面那些天然林正受到的廣泛破壞，我們兩人都感到震驚。」湯普金斯嘆道。「那些古老的樹木正遭到工業集團和科技公司的大規模砍伐，使我們既難過又灰心。我們兩人坐在小飛機上，不發一語地看著窗外，心想我們要如何憑著自己的力量阻止這種瘋狂的行為。」

於是，他的腦海中產生了一個想法：他要出版一本有關森林保育的書籍，因為他在開著飛機往來各地的途中，經常看到被砍伐殆盡的林地。那光景就像是一個巨人拿了一把剃刀，把大地的肌膚上的綠色鬚髭刮掉，只留下一片鬍渣。

他決心採取不同於主流環保團體的做法，因為他認為民間的許多環保組織態度都太過軟弱，起不了什麼作用，而且也不真正了解荒野的價值。

> 這些人全都是一副都市人的心態……認為他們四周的草木只是風景，不是大自然不可或缺的一部分。他們信仰科技，對科技抱持著樂觀的想法，認為我們可以用工業技術來處理林業、農業和漁業。即使有了問題，也只要稍微改良就可以了。但他們並不曾對人類所面臨的危機進行深刻的、系統性的分析，所以沒有把力氣用在正確的地方。這可以說是一種「淺層生態學」。他們主張改革，認為環境保育應該以人類的福祉為依歸，把大自然當成人類的資源，並未打從內心深處尊重其他生物。他們並不認為人類需要和其他物種共同分享地球，他們的思維都是以人類的經濟和社會架構為出發點。
>
> ——湯普金斯

二十五年前，湯普金斯曾經研讀「山巒俱樂部」所出版的一系列有關環境行動主義的書籍。那些書籍都是布魯爾——約翰．麥克菲（John Mcphee）口中的「環境行動主義的宗師」——的構想。湯普金斯表示：「布魯爾留給我們的寶貴資產之一，就是『山巒俱樂部』所出版的這一套書。我從中學到了許多東西，我們之所以會推出這套書也是受到那些書的啟發，這個靈感完全是得自布魯爾。我想如果『山巒俱樂部』能夠在人們心中播下美麗的種子，我們也可以用同樣的方法來對抗醜陋。」

於是，「深層生態學基金會」便斥資二十五萬美元，出版了一本重達八磅的大開本精裝畫冊，書名為《砍伐淨盡：工業化林業的悲劇》（*Clearcut: The Tragedy of Industrial Forestry*）。這本書以精美的方式呈現了原始林被砍伐殆盡的醜陋畫面：一塊塊縱橫交錯地分佈於山坡上、山谷中、面積大如足球場般的大地疤痕。打從一開始，湯普金斯就不打算出售這本書，他要將它當成禮物送出去。這是他譴責財團破壞森林的一種手法。他要讓人們看清楚木材公司如何大肆砍伐天然林，卻刻意保留道路兩旁的林木，以便粉飾真相，讓大眾看不出那些森林遭受破壞的程度。

他因為經常開著飛機往來各地，因此了解事情的真相。他要藉著這本書告訴大眾：他們在道路兩旁看到的美麗樹木，只是木材公司用來遮掩大規模砍伐的布幕，它們的後方往往不是鬱鬱蔥蔥的森林。這本書的設計工作是由曾經在 Esprit 與湯普金斯合作多年、後來在蘋果公司為賈伯斯工作的得獎設計師八木保操刀。

當該書的樣張製作完成後，湯普金斯便請工作人員把每一頁都放大到十六乘二十吋，以便一一詳細檢視。他並前往八木保在舊金山的工作室和他一起重新排版，並改進整本書的設計。他們正在工作時，一位頭髮花白、背部微駝、已經七十二歲的登山客出現了。他便是曾經大力呼籲政府設置國家公園的布魯爾。他在被解除「山巒俱樂部」會長的職務後，便創辦了「地球之友」（Friends of the Earth）和「地球島嶼研究所」這兩個環保團體。

布魯爾到來後便加入了討論的行列。他們在屋裡來回踱步，逐一檢視著照片。該書的圖像編輯鮑伊爾事後表示：「當時湯普金斯已經四十九歲，布魯爾也已經七十幾歲，頭髮都白了。」看到他們兩人一起推敲琢磨的畫面，他立刻明白了湯普金斯的用心。「布魯爾之所以出書，是為了讓世人了解荒野的美麗，以期拯救這個世界，而湯普金斯所出版的這本美麗的書，講的則是大自然遭到破壞的真相。這是一種傳承。」

這本書準備付梓時，遇到了一些波折。這是因為北美的印刷廠都認為書中對造紙業的抨擊，恐怕會引起後者的反彈，不符合他們的利益，因此都不願意承接這筆生意。在他們看來，揭發造紙業砍伐原始林木的行為簡直是自討苦吃。

所幸湯普金斯和八木保後來在日本找到了一家願意幫忙的印刷廠，才解決了這個問題。最後的成品令人嘆為觀止：每一本書都放在一個特製的盒子裡，封面是以硬紙板製成，內頁則採用再生紙。書頁上除了可以看到各處森林遭逢浩劫的景象外，還穿插著比爾．戴瓦（Bill Devall）、蘇雷等重量級的荒野保育人士所寫的文章。這本書有精裝和平裝兩個版本，一共印行了數萬份，但全都拿來送人。國會議員、各地的公共圖書館，與那些致力於荒野保育的人士都收到了一本。鮑伊爾笑道：「當時每個森林學院的學生床墊底下都藏著一本，幾乎已經快要變成禁書了。不用說，蒙大拿州各圖書館的藏書都被借走了，而且都沒有歸還，因為它們通通被燒掉了。」

包括湯普金斯的好友在內的許多環保人士，都認為這本書的製作成本過高，但湯普金斯的看法卻不盡相同。他認為如果能藉此換得兩百年後頂層掠食動物的繁盛與森林生態的健康，那麼這筆錢就沒有白花。他知道一棵在西元一七〇〇年發芽的紅杉，要到大約三〇〇〇年左右才進入壯年期，而且可以一直活到西元四〇〇〇年左右，因此絕不可任意砍伐。這是他一直念茲在茲的事情。「我做的事情總是比我認識的人都要多，很少例外。」他在五十歲生日的前夕接受訪問時表示。「我不會覺得我這一生當中有什麼該做卻沒做的事情，也不會後悔自己沒能做得更多或體驗得更多，因為只要我想做的事情，我就會去做，所以我並沒有人們所謂的中年危機。事實上，我的一生抵得過十輩子。」

他總是很努力地讓自己保持年輕。在他的朋友們還沒起床前，他就已經從他的住處出發，騎著腳踏車經過金門大橋，前往馬林陸岬（Marin Headlands），沿著山脊馳騁，並且在八點前回家。「湯普金斯一天所做的事，抵得上我一、兩個星期的份。」當時已經和他同居的英格拉姆表示。這樣旺盛的精力使他顯得極有魅力，而且不需要仰賴別人的照料。

由於身邊都是一群年輕的思想家和行動派人士，湯普金斯不得不努力讓自己趕上時代。他總是極力避免鄉村俱樂部式的生活。「我去參加特柳賴德電影節（Telluride Film Festival）[16]時都是睡在我的朋友——他們是影展的主辦人——家裡的沙發上。」他承認他很享受和年輕人在一起的時光。「許多孩子都有著閃閃發亮的眼睛。他們能夠接收外界的刺激，吸收來自四面八方的資訊。你從他們的眼神就可以看得出來……但有些父母卻讓他們的孩子很快就變得遲鈍了，所以他們吸收訊息的速度很慢。」

曾長年擔任《荒野之地》雜誌編輯的湯姆．巴特勒（Tom Butler），有好幾十年的時間一直在湯普金斯的手下擔任總編輯，協助他出版各類書籍與刊物。在他任內一共

16 編按：每年九月在美國科羅拉多州特柳賴德鎮舉行的獨立電影節，為期五天，參與角逐獎項的必須是「北美首映」的電影，被視為每年奧斯卡金像獎的前哨戰。

出版了十二本大開本的精裝畫冊，每一本都像《砍伐淨盡》那般大而精緻。他說明了湯普金斯出版這些書籍的用意：「他認為那些草根環保團體因為資金和資源都不足，絕沒有本錢或創意來出版這樣的書。但如果他們手中有了這樣一本書，按照他的話來說，就好比有了一隻『紙老虎』。你去參加會議時如果帶著像這樣高質量的書，效果就會很不一樣，你的對手也會比較把你當一回事。」

湯普金斯和巴特勒合作出版的書數量可觀，內容從批評工業化的動物養殖場，到討論如何控制森林大火等等不一而足，製作成本高達一千三百萬美元以上，但湯普金斯從未後悔過。

提倡「糧食主權」（food-sovereignty）的印度環保作家范達娜・席娃（Vandana Shiva），也曾經參與在湯普金斯家舉行的策略會談。她說：「湯普金斯就像印度的仙人（rishi）一樣。他們都體認到我們所生活的這個物質世界轉瞬即逝，而他們要追求的是恆久的東西，所以他們並不想擁有什麼。湯普金斯沒有一味地追求利潤，而是把他賺到的錢奉獻出來，用來保護大自然。在我看來，這是人類所能達到的最高境界。」

在此同時，湯普金斯也準備離開舊金山，遷居到智利的巴塔哥尼亞高原。於是，他舉辦了一次舊物拍賣會，把他的萊卡相機、亞米胥家具，和他在「北面」時期收藏的經典朗格雪靴通通賣掉。他要拋下他的豪宅與他在舊金山的社會地位，開始新的生活。他的「深層生態學基金會」仍將在他那棟位於倫巴底街的住宅辦公，但他自己卻要向它告別了。他帶著他的女友英格拉姆前往智利南部，在他已經買下的那棟農莊上空飛了一圈，告訴她那裡以後可能是他們的新家。「我看得出來他愛上了南美洲。」英格拉姆回憶當時的情景時表示。「他對我們所到的每一個地方都讚不絕口。他總是說：『妳嚐嚐，這些番茄多美味呀！』對他來說，智利的一切都是如此地美妙。」然而，英格拉姆拒絕和他一起搬到那裡去。她說她不會講西班牙語，而且對她來說，像加拿大的卑詩省這樣的地方就已經夠遠了。

湯普金斯曾說，英格拉姆是他交往過的那些不擅長戶外活動的女孩當中「最棒的一個」，但偶爾他感到挫折時，也會說她是他交往過的女人當中最不擅常戶外活動的一個。當湯普金斯確定要遷居到巴塔哥尼亞時，他們就分手了。

英格拉姆表示：「湯普金斯經常跟我說：『有一天我可能會死於意外。』然後我們兩人就會開始進行一場可怕的對話。我會試著說服他：他的生命不僅僅屬於他自己，因為有很多人都愛他、關心他，而且如果他死了，我的生命也會改觀，並且告訴他不能把生命當兒戲。但這時他就會說：『如果不能做自己喜愛的事，這樣的人生還有什麼好活呢？』然後，我又會和他爭辯。我會反問他：『難道生命中沒有一些你也喜歡、但不需要冒著生命危險去做的事情嗎？』但我永遠講不過他。他絕不承認那是一個選項。」

第八章 第一座村莊

當時他並沒有什麼整體規畫，但也不是完全碰運氣。我們之前在倫巴底街已經開了許多會，而且與會的都是頂尖的環保學者、頂尖的保育生物學家。他一直在吸收相關的知識，不斷地學習，一心想到一個遼闊美麗而蠻荒的地方。那時他已經快要五十歲了，已經做好了準備。不過，他雖然脫離了一樁不再符合他的世界觀的事業，但心中還是想要打造一個屬於他的王國。這就是他，永遠停不下來。

——伊姆霍夫，Esprit 環境辦公室的高級職員，湯普金斯的女婿

一九九一年，湯普金斯飛行了數千哩，抵達聖地牙哥，接著又往南飛兩小時到了蒙特港，再從那裡開著小飛機前往位於雷尼韋（Reñihue）的那座破敗的農場。如今這裡已經是他的家了，但其中的每一棟建築都會漏水，而且無法蓄熱。在勘查農場的環

境時，他發現了一座之前的牧羊人用來避雨的小屋，面積只有八平方呎，整個架在墊木上，之前是靠著幾頭牛才拉到這兒來的。裡面沒有電，只能靠著蠟燭和油燈照明。綁在屋外的一個鐵盒子就是冰箱，食物就靠附近的冰原吹來的風冷卻。雨水從屋頂流下來、滴在一個木桶裡就成了飲用水。當他從屋裡往外張望時，映入眼簾的不再是金門大橋，而是一座終年積雪、有美洲獅出沒、名為「米欽瑪惠達」（Michimmahuida）的火山。

湯普金斯請當地的工匠整修了那間小屋，另外又加蓋了一間小屋，並在屋裡裝了一座燒柴的爐子，以代替原來的火坑，然後又設置了一個淡水收集系統，把雨水引入廚房和外面的廁所。由於房子的前門矮小，湯普金斯進去時還得彎腰，因此他的朋友們都管它叫「哈比屋」。

農場的一名管理人帶著湯普金斯騎馬巡視他的地盤，裡面有河流、湖泊，還有長達數哩的海岸線，但人口稀疏，方圓一百哩內的那些聚落，絕大部分不超過五十個人。林地上滿覆青苔，還長著葉片足足有六呎長的蕨類。由於每月的雨量高達兩呎，這裡到處一片鬱鬱蔥蔥，灌木林也異常濃密，一般大小的鹿根本進不去，只有身高僅十三吋、已經瀕危的普度鹿（pudu，世界上最小的鹿）可以存活。

湯普金斯喜歡這種拓荒的感覺。他白天時就到遠處幾座黑白海豚雲集的峽灣去划皮艇。當他的朋友們從北半球前來造訪他時，他就帶著他們去遠處的冰河攀冰。肚子餓時，他就在河邊或划著皮艇在河上釣魚。需要蔬菜時，就去新建的溫室採摘。但由於此地終年下雨且天氣寒冷，為了避免蔬菜凍死，溫室裡還得放個柴爐生火才行。海上風雨大作時，他就開著一艘木船航行在太平洋的風浪裡。

儘管數十年來，智利政府訂定了許多鼓勵人們前來此地移民的措施（包括讓他們擁有免費的土地、補助房屋暖氣費用，以及免除他們的銷售稅等等），但這裡的人口仍然沒有成長。路上到處可以看到廢棄的聚落，城鎮裡的居民也鮮少超過一千人。雖然有好幾個地區——例如拉洪塔（La Junta）和考科藍（Cochrane）——的人口比以前增加了，但它們彼此之間的距離都很遙遠。夏天時，前來觀光的遊客不過幾十人。冬天時，由於遍地泥漿，而且常有山崩，道路往往長達好幾個星期都無法通行。至於河流，這裡倒有數百條之多，但大多數在地圖上都沒有名字。由於智利人喜歡在地圖上用數字標記區域，因此智利的每一個區域都有一個羅馬數字編號。雷尼韋屬於第十區，因此在地圖上的名稱是「X區」。

如果要從這裡前往北邊的蒙特港，可以搭乘駛經此區的渡船，但船票昂貴，當地人很少負擔得起。除非需要拜訪親友、到某個特定的商店購買必需品，或去比較好的醫院看病，他們很少到兩百哩以外的地方。但到了星期天，他們會在原野上開闢的跑道舉辦賽馬會，讓大家有名目可以聚聚。

他們所需的日用品要靠船隻載運，其中大多都在蒙特港裝船，經過一天的航程後，在湯普金斯的住所附近的一個小碼頭卸貨。這樣的運送服務每天都有，但當海潮退到最低點時，載貨的船隻就只能停在距岸邊大約一哩處。這時湯普金斯就得穿著靴子涉水走過去，把一箱箱的貨品扛回岸上。

儘管這個地區看起來乏人照管、無人問津，但湯普金斯仍確信它很有潛力。這裡的地一塊可達幾萬英畝，但每英畝的價錢可能只要二十五美元。你只要花六萬美元，就可以買到一座像曼哈頓的中央公園那麼大的後院。據伊姆霍夫表示：「有個傢伙欠了三萬五千美元的賭債，所以願意把一整座長滿老智利柏的山谷賣給湯普金斯。」

湯普金斯雖然很喜愛他的新居，但也需要安排物流運補作業，於是便在蒙特港市購置了一間辦公室，也買了一棟房子。蒙特港市的居民以伐木工、漁夫和牧場工為主，街道骯髒，上面經常可以看到一群群病懨懨的癩皮狗，而且市容、公園和公共建築都毫無美感，因此給人的印象很差。

由於市內沒有排水系統、汙水處理設備，也沒有土地使用分區規畫，再加上居民的收入不高（他們的月薪鮮少超過兩百美元），因此蒙特港市看起來不太像是一個現代城市。彩色電視才剛剛出現，有電話的人家還很少。它之所以興起，顯然是靠著森林的資源，尤其是智利柏樹做成的屋頂板。疊在房屋頂上用來防雨的屋頂板有十幾種款式，但用智利柏做的屋頂板即使淋了八十年的雨水，依然非常牢固。城裡好幾百個權貴家庭所建造的維多利亞式房屋，用的都是這種屋頂板，本地天主教教堂的精巧大門也是用智利柏雕成的，非常具有特色，被稱為「奇洛埃島風」（Estilo Chiloté）。奇洛埃島（Chiloé Island）是附近的一座小島，島上的造船師傅和木匠至今仍以手工打造船身和住宅。他們仍然保有對工藝和木作的熱愛，這點讓湯普金斯十分欣喜。但裁切、雕刻和裝設智利柏屋頂板甚為費工，成本很高，當地居民很少有能力支付，因此蒙特港市的大多數家庭裝的還是錫屋頂。每當豆大的雨點打在上面時，便會嘩啦啦地作響，他們那簡陋的房屋也會開始漏水。

當時（一九九〇年代初期）的智利還是一個飽受創傷的國家。他們經歷了十七年嚴苛的軍事統治，許多反對人士遭到政府暗殺，電視和廣播電台成天播放著軍方的宣傳口號，祕密警察的暗殺小組橫行，刑求逼供的現象極為普遍，有人甚至無緣無故就「被消失了」。在這樣的情況下，老百姓普遍都成了順民。

從一九七三到一九八七年年間，美國對殘暴的皮諾契政權一直頗為支持，但在一九八六年，一個經過古巴政府訓練的暗殺小組突然對皮諾契發動攻擊，殺死了他的五名保鏢。皮諾契本人雖未喪命，但也受了傷，顯然氣數已盡。美國嗅到這股風向，便在一九八八年時改弦易轍，開始支持那些要求皮諾契下台的民間組織。皮諾契卸任後，有許多人都大聲疾呼，要求政府進行深刻的、結構性的社會改革，但智利政府和企業領袖仍舊奉行自由市場的理念，相信世上沒有什麼東西是不能賣的，於是在歷經近二十年的努力後，智利終於成了許多人口中「全世界最自由的市場」，但環境的破壞也日益加劇了。

「第十區」的居民雖然普遍懷疑軍方在政府侵害人權的罪行中助紂為虐，但由於他們感覺中央政府對他們不聞不問，棄之而不顧，再加上軍方是少數會在當地提供救援服務並協助運送緊急物資的權威機構，於是便仍然效忠於他們。

湯普金斯在蒙特港市買下一棟被稱為「布因屋」（Buin House）的建築傑作，並延請瑪西・魯道夫（Marci Rudolph）前來幫忙重建。魯道夫是佈置展示廳的行家，從前Esprit的展示廳要開放之前，她都會協助籌備。當湯普金斯談到他想去遙遠的智利開始新的生活時，她就很想加入他的行列。於是後來她一接到湯普金斯的來信，便立刻動身前往巴塔哥尼亞，並在那裡待了好幾個月，協助他推動事務。

魯道夫回憶當時的情景時表示：「那時候我們和那裡的一個家庭——包括他們的狗、奶奶和小孩——一起住在他們那棟很怪的房子裡。我們住樓上，但我不確定那是否也是房子的一部分。那裡有三個很小的房間。那一家人的長女住在其中一間，她念的是建築，已經從學校畢業了，但還是住在家裡。我和湯普金斯則住另外兩間。我們三人共用一間浴室。湯普金斯認為這樣挺好的，但我心裡卻想：『到底好在哪裡？』他喜歡那種怪異的感覺。那奶奶會帶著她的狗，拖著腳走到餐桌旁，然後把狗抱在懷裡吃早餐。」

「布因屋」尚未完工，湯普金斯就已經開始仔細研究當地的地形，還訂購了政府的測量圖、旅遊地圖、公路網規畫圖與透明地形圖。後來他就逐漸成了一個業餘的地圖繪製師，並且開始研究有關基礎建設的種種。他很不滿智利政府以榨取資源的方式來發展經濟。當時他仍然持續每個星期至少讀一本書，並且大量閱讀各類科學報告，還研究該區的發展計畫，像個剛剛皈依宗教的人一般充滿熱忱，但當時就連他最親近的朋友也不知道他有什麼盤算。他會留在智利嗎？他會不會厭倦這個地方，然後就搬回加州？

該如何保護智利南部的森林呢？湯普金斯思索了幾個策略。面對各種如火如荼地破壞環境的行為，他心想他如果設法阻撓政府在巴塔哥尼亞興建道路，是否就可以延緩古森林被砍伐的速度？這是因為他深信：「有道路的地方，就有破壞。」他在加州的內華達山脈、加拿大的卑詩省和洛磯山脈，都看到這樣的情景重複上演。他知道每條道路最終必然都需要經過一條河，也知道在哪幾個地點造橋最省錢。於是他心想：

如果他把幾個有可能造橋的地方通通買下來，是否就能夠減緩政府造橋的速度，從而暫時阻止工業勢力的入侵，讓民眾有時間可以了解，為了短期的利益而砍伐森林是多麼瘋狂的做法？他早就預言：全球化的資本主義正在扼殺我們的地球，也相信民眾遲早會認同他的看法。他認為每個地方的土地開發和道路興建計畫都會像傳染病或癌細胞一樣，讓周遭的環境受到破壞。他相信，布魯爾建議美國政府提供資金成立一個類似「和平工作團」（Peace Corps）的組織，打著「全球ＣＰＲ：保護、保存和復原」（Global CPR: Conservation, Preservation and Restoration）的旗號，恢復那些受到損害的生態系統，是非常正確的做法。

「當時我並不知道湯普金斯是誰。」曾經得過大獎、彼時住在奇洛埃島上的建築師厄德瓦多・羅哈斯（Eduardo Rojas）表示。他說有一天他突然接到了一通「一個加州的美國佬」打來的電話。那人以一口帶著濃濃腔調的西班牙語表示想和他見個面。「他告訴我他買下了雷尼韋農場，想找一家建築師事務所來幫忙規劃，又說他在尋找的時候發現了一本我曾經協助作者撰寫的小書，謝辭上有我的名字，便認為我就是他要找的那個人。後來他就飛到島上，和我見了面，而且當天就帶著我飛到了雷尼韋。他是個行事果斷的人，而且是個行動派。」

他們的飛機降落在雷尼韋農場後，湯普金斯便向羅哈斯描述了那裡的情況：穀倉已經塌了一半，一切都破敗不堪，農場裡的牛群也都逃到山上去了。此外這裡的交通不便，外人要前來，除了坐飛機之外，唯一的方式就是從蒙特港搭船過來，而且航程不無風險。他要改造這座農場，也很喜愛這項挑戰。就像他二十一歲時翻新「北面」在舊金山的那個小店面一般，他要讓這塊滿目瘡痍的土地恢復原狀。

在湯普金斯到來之前，住在雷尼韋農場的工人與他們的家人很少見到外國人。他們很仔細地觀察著這個新來的老闆。由於當地人都把他們的垃圾埋在土裡或放在洞裡燒掉，因此農場的地上到處都是菸蒂和細小的垃圾。湯普金斯看到以後非常生氣，於是他到達之後的兩、三天，每天叫工人去撿垃圾。「那些人心裡可能都在想：這不是真的吧！」魯道夫笑道。「他們都是剽悍的高卓人，是不撿垃圾的。」

在改善農場裡的飛機跑道時，湯普金斯買了一輛「哈士奇」（Husky）。那是一種馬力強大的輕型飛機，能夠以每小時四十哩的速度緩慢飛行，並且能像鳥兒一樣說轉彎就轉彎，同時只要有相當於兩座網球場長度的跑道就能起降。買了這架飛機後，湯普金斯就開始探索這塊屬於他的土地。他飛得很低，只比樹木高一些，以便看個清楚。此外，由於這架飛機配備有額外的油箱，因此他可以飛得更久，探索得更加深入。他飛進那些狹仄的山谷，看到那裡的活火山、在天空翱翔的兀鷹、從未遭到砍伐的森林與沒有水壩的河流，不禁讚嘆不已。那裡的一切都保持著原來的面貌，是沒有經過人工修飾的天然美景，簡直完美無瑕，除了那些牛之外。

「那裡最讓湯普金斯抓狂的事情之一就是那些牛。」既是作家也是環保人士的金布瑞爾表示。「牛仔走後，那裡的牛無人照管，都跑到山間的峽谷裡去了。他們在那裡到處吃草，破壞土壤，而且變得愈來愈肥，野性十足。湯普金斯受不了了，就開始採取行動。他帶我開著飛機到那些牛所在的地方，以低空飛行的方式驅趕牠們。如果你不太敢坐飛機，那你最好不要跟他一塊兒去，但我倒是挺喜歡的。因為那些牛很討厭飛機的聲音，於是他就用這種方式把牠們一一趕到能夠抓得到的地方，一隻也不放過。」這些牛被抓起來以後，就會被裝進箱子裡，送上駁船，載去賣掉。

農場附近的雨林長著一種名叫「基拉」（quila）的原生種竹子。它的莖長可達七十五呎，而且長得非常濃密，讓人難以穿越，因此開著飛機或木製的捕蟹艇去探索雨林會比較容易，但湯普金斯寧可划著他的皮艇前往，因為這種方式比較安靜。當喬伊納德來訪時，他們會花上幾天的時間一起去峽灣裡划皮艇、攀岩和露營。峽灣的上游有一座隱蔽的峽谷，他們在那裡不會受到海浪和強風的侵襲。湯普金斯喜歡一邊諦聽大自然的聲音、一邊沉思默想，喬伊納德也不愛聊天。兩人有時半天也說不上一句話，但他們都覺得這樣很好。

那是一九九〇年代初期，正是數位革命爆發的年代，但湯普金斯卻過著沒有自來水、沒有電、反璞歸真的生活。他開始訂閱一家販賣十九世紀的拓荒者所使用的物品、名為《雷曼》（*Lehman's*）的雜誌，並向他們訂購煤油孵蛋器和手動的蘋果削皮機等東西。「這些做法都很浪漫，但一般人要的卻是先進的產品。」魯道夫回憶當時的情景時表示。「雷尼韋農場的那些工人原本心想：『太好了！有個美國人要把這個地方買下來，以後我們就會有洗衣機了！』但湯普金斯卻想要回到古早的生活，所以他們都難以接受。他們可不想花六小時洗一大堆衣服。他們希望有一台洗衣機，只要按下一個按鈕，就可以把衣服洗得乾乾淨淨。」

當時，湯普金斯手邊有一台瓦斯發電機，讓他在夜晚時有些電可用。同時，他也會用無線電手機和甚高頻收音機（VHF radio）和外界連絡。但如果雨下得太大，無線電的訊號就會變得很不清楚。湯普金斯非常喜歡這種隱士般的生活。他寫了好幾百封信給他在舊金山的同事和朋友，像宣講福音般地講述他目前的生活有多麼美妙。他的朋友看了都很困惑，忍不住彼此問道：「難道他瘋了嗎？」

第九章 在西伯利亞追蹤老虎

這個世界有多麼廣大遼闊，完全取決於我們自己。唯有透過傾聽，我們才能了解荒野與動物的奧祕。如果在這個過程中，你遇到了一些危險，那就更有幫助了，因為你必須知道自己隨時都有可能會死。如果你在划船時突然來到了一灘像熔岩瀑布（Lava Falls）般的急流，在冰瀑上踩到了黑冰[17]，或者在冰河上遇到了白矇天[18]，或者碰到了一隻熊或老虎，你都有可能會送掉性命。

——湯普金斯

一九九〇年代初期，俄羅斯新崛起的寡頭統治集團逐漸取代了老舊、古板的官僚體制，並開始採取資本主義的經濟發展模式。儘管他們的經濟確實有所成長，但同時也出現了一種類似從前美國西部蠻荒那般混亂、失序的現象。就在這段期間，有人邀請喬伊納德前往一處鮮為人知的俄羅斯荒野探險。那裡是全球僅存的幾個可以觀察野生西伯利亞虎（Amur tiger）的棲地之一，而且聽說那裡的森林可能很快就會被砍伐殆盡，因此喬伊納德便毫不猶豫地答應了。湯普金斯聽說後也立刻加入，因為他同樣想去探索那裡蠻荒的海岸和濃密的森林地帶。此外，據俄羅斯的一個消息來源透露，「現代」（Hyundai）公司和「國際紙業」（International Paper）公司正打算把那裡的原始林買下來並把它砍掉。湯普金斯告訴喬伊納德：「如果我們喜歡那裡，說不定可以把它買下來。」

吉布・艾立森（Jib Ellison）曾經在俄羅斯舉辦過泛舟之旅，而且也是少數有本事可以拿到眾所垂涎的俄羅斯旅遊許可的探險家之一。他雖然知道這趟旅行他們要去的地方，將會遠遠超過狩獵簽證所許可的範圍，但為了避免引起俄羅斯官方的疑慮，他還是申請了狩獵簽證，這樣他們就可以帶著探險裝備合法地進入俄羅斯。

他要帶領湯普金斯和喬伊納德去的是位於俄羅斯遠東區一個靠近日本海的地方。根據他們在俄羅斯的熟人描述，那裡是生態豐富的荒野之地，到處可以看到成群的野豬、出沒於樹林間的雲豹，以及在樹下吃著樹皮的亞洲棕熊。除此之外，森林裡還有

17 編按：black ice，冰珠、雨夾雜著雪在土地表面形成的一層薄冰殼，因視覺上是透明的，往往不易察覺，走在上面很難看清有冰的區域，因而容易滑倒造成意外。

18 編按：whiteout，因為風雪或雲霧影響視野，眼前變成白茫茫一片，能見度連一公尺都不到的現象。

世上體型最大、最強壯有力的野生貓科動物：西伯利亞虎。

艾立森由於酷愛水上活動，便在幾年前創辦了一家「俄美協力公司」（Russians and Americans For Teamwork，簡稱ＲＡＦＴ），專門帶旅客前往當時的蘇聯遊玩。他在舊金山著名的「祖尼餐廳」（Zuni Café）舉辦幻燈秀介紹ＲＡＦＴ時遇見了湯普金斯。後來，湯普金斯便跟他一起到蘇聯去划皮艇和泛舟。

在那次旅遊中，艾立森救了湯普金斯一命。當時，湯普金斯堅持要在一條堆滿大石、還有第五級急湍的河流上泛舟，但艾立森不肯。儘管他是隊伍中最年輕的一個成員，但他堅稱這樣做太過危險。於是，在經過一番激烈的討論後，湯普金斯的點子就被否決了。幾天後，他們搭乘一輛直升機飛過了那處急湍，這才發現他們當初如果真的在那裡泛舟，必死無疑。是艾立森的堅持救了他們一命。

湯普金斯稱呼那次和他同行的夥伴為「行動男孩」（The Do Boys）。這個名字源自一本翻譯得很拙劣的日本漫畫，但用在他們身上卻是頗為貼切。他們都深信在探險活動中，每個人都應該負責照顧自己。他們沒有領隊。「有一句話說：你得為自己所騎的野馬上鞍。」艾立森表示。「這個意思就是，你得為自己的安危負責。如果你遵守這樣的原則，而且大家都把它當回事，你就得為自己負起最大的責任。我們所採取的是老派的做法，沒有一個頭頭。基本上就是：你什麼都可以做，只要不把事情搞砸就好了。」

俄羅斯靠日本海的海岸上有幾十座很隱蔽的小海灣，那是俄羅斯海軍基地的所在地。其中一個戰略潛艇基地位於海參崴（Vladivostok），有幾個洲際彈道飛彈發射基地則位於庫頁島（Sakhalin Peninsula）。自從一九四〇年代末期冷戰開始後，足足有六十年的時間，這裡一直禁止美國公民進入。湯普金斯對蘇聯的戰略軍事區域沒有什麼興趣，他想去的是該區周邊的比金森林（Bikin forest）的南端。這座森林面積達一千五百平方哩，是全球面積最大且尚未遭到破壞的闊葉雪松林，也是俄羅斯和中國的西伯利亞虎唯一的繁殖地。

他們講好後，艾立森便開始安排此行的相關事宜，包括他們要搭乘的班機、預計的飛行時間和旅行日期等。湯普金斯有六個星期的空檔，但其他人只有三個星期。艾立森向他們在俄羅斯的連絡人表示，他們可以在六月抵達，但那人表示：「這樣就沒有什麼意思了。」他指出，西伯利亞虎的研究工作都是在冬天進行，因為那時才有可能根據老虎在雪上的足印追蹤牠們並加以研究。艾立森表示，他了解這點，但他們都很忙，要找個大家都有空的日期並不容易，只有六月的那三個星期可以。

「好吧！」那位老虎專家輕聲笑道。「我們會安排人員在營地裡接待你們。但你們如果真的看到了老虎，可能就沒命了，因為夏天時地上到處都是五呎高的野草，並不是適合尋找老虎的季節。」艾立森回去轉達這個訊息：「那個老虎生物學家說如果我們看到了老虎，就沒命了，因為牠會把我們吃掉。」他永遠忘不了他們當時的反應。「結果他們都說：『呃……可是我們只有那個時候才走得開耶！所以還是去吧！』」

一九九二年六月，湯普金斯、艾立森和皮考克搭上了從西雅圖起飛的一架俄羅斯航空班機。飛機在伯力（Khabarovsk）降落後，有一名「綠色和平」組織的代表前來接應，然後偷偷地用火車把他們送到蘇維埃港（Sovietskaya Gavan）。那裡是核子潛艇基地的所在地，受到嚴格的管制。他們可以說是多年來第一批到訪的美國人。

他們抵達時，夜已深了。他們立刻被帶往一座只掛著一盞燈泡的陰暗地下室，在那裡和三個黑幫份子見了面，請他們幫忙提供一艘船。結果那幾個俄羅斯人抽著菸，意圖敲他們竹槓。有好幾次雙方的言辭都充滿了火藥味，直到最後那幾個俄羅斯人才同意大幅降價，並答應給他們一艘紅十字會的船。

由於另外一些人要等到十天後才會到來，因此湯普金斯三人便利用這段空檔，乘船沿著海岸邊探索那裡的一座自然保護區。當他們划著皮艇進入保護區裡的一條河流時，感覺自己彷彿進入了一個新天地。「那裡的保護區根本沒人，不像美國的公園那樣有管理員還有遊客。」皮考克在他的日誌中寫道。「那裡的樹林裡的哺乳類動物比我所到過的任何地方都多。俄羅斯人任由這些偏遠的蠻荒之地自生自滅，讓我挺羨慕的。」

皮考克和湯普金斯兩人的生活方式截然不同，但同樣都熱愛荒野。皮考克曾經前往美國西部蠻荒的國家公園，在一個有大灰熊出沒的地方露營，湯普金斯則曾花二十年時間經營一個跨國企業，但他們兩人同樣都認為住在城市會使人生病，而治療這種疾病的藥方則是讓自己置身荒野。除此之外，他們兩人還有一個共通處：他們都崇尚美感，只不過皮考克對於醜陋與邪惡曾有過切身的體驗。

他曾經擔任美國陸軍特種部隊的軍醫，官拜中尉，還曾經因為在戰場上的英勇表現而得過兩枚銅星勳章。但一九六八年時，慘絕人寰的美萊村屠殺事件（My Lai massacre）被揭露了。當時他雖然已經回到美國，但在越南所發生的事件在他的心靈上烙下了沉重的陰影。他的腦海中不斷浮現越南平民遇害、戰友在戰場上犧牲，以及他無數次被人拿槍射擊的畫面。此後，他發現自己再也無法忍受人類的文明。為了馴服他心中的魔鬼，他遷居荒野，先後在猶他州和蒙大拿州以帳篷為家，住在有大灰熊出沒的地區。美國公共電視台曾經以他的英勇表現和對荒野的狂熱為題材，拍攝了一部名為《皮考克的戰爭》（*Peacock's War*）的紀錄片。

皮考克和自然主義作家艾比交情深厚。後者曾以皮考克在營火邊講述的故事為題材，寫了一本名為《故意破壞幫》的小說，並且以皮考克為原型，塑造了書中的男主角：一位曾為綠扁帽部隊成員、有「荒野復仇者」之稱的生態戰士海杜克。在艾比的筆下，皮考克成了一名破壞份子，經常為了維護生態而採取損毀挖土機或破壞水壩之類的行動。他和艾比的交情如此之深，以致艾比死後，皮考克還幫他把遺體運到沙漠中，讓他的屍體被野鳥啄食，骨頭被動物啃咬，徹底回歸大自然。

他們一行人乘船沿著海岸前進，入夜後則在一座偏僻的村莊露營。那天晚上，他們在河邊圍著營火吃晚餐時，遇見了當地一位名叫戈巴契夫的獵人，就當場雇用了他，因為還有誰比獵人更擅於追蹤野生動物呢？後來，戈巴契夫便帶他們回到他家，招待他們吃當地的美食：現烤的駝鹿心。他家的晒衣繩上掛滿了數百條魚乾，孩童們穿著用獸皮縫製、毛面朝上的靴子或鞋子一邊就著營火燻魚，那場景簡直好像電影一樣。太陽下山後，他們便聚在一起喝酒。

在宿醉漸消後，皮考克寫下了當時的情景：「湯普金斯在桌子的一頭再次舉杯敬酒，口中大喊：去他的『現代公司』！」我把我那杯很難喝的酒嚥下去時，看到他把杯子裡的酒倒進了旁邊的花盆裡。他是故意坐在那花盆旁邊的。後來，他又敬了五次酒，總共五大杯伏特加，但每次都趁著沒人注意時偷偷把它倒掉了。我只希望那盆植物不會被他害死，也希望自己不要在餐桌上嘔吐，以免得罪了這些新朋友。但湯普金斯一直咧著嘴，滿臉得意的笑容。」

進入森林後，湯普金斯開始四處探索。但不到四十八小時，就有一群當地流氓跑來勒索他們，要求他們拿出一筆巨款，否則就要揭發他們沒有適宜的簽證這件事，讓他們被驅逐出境，於是他們三人只好匆匆離開。這讓湯普金斯很是沮喪。皮考克在他的旅行日誌中寫道：「這個人真是熱愛森林。」

回到伯力後，他們和其他三位夥伴會合，其中包括喬伊納德、瑞吉威和比較沒有荒野探險經驗的布羅寇，以及一位他們在自然保護區裡遇到並說服他加入的生物學家狄米崔（Dimitri）。他們當中沒有專責的領隊，而且他們信奉「做中學」的原則，因此即使碰到菜鳥，他們也不會停下來等他或教他。喬伊納德表示：「湯普金斯曾經教我划皮艇，但基本上他就是把我放在一艘船上，然後對我說：『跟著我們！』就這樣而已。我們對布羅寇也是一樣。他在沒有任何經驗的情況下就被我們帶去爬了幾座山。他雖然連打繩結都不會，但很耐操。」

向來喜愛戶外活動的布羅寇，是成千上百萬美國人都很熟悉的ＮＢＣ晚間新聞的主播。當柏林圍牆倒塌時，時任ＮＢＣ首席政治記者的他曾經在現場做實況轉播，也是美國第一位訪問蘇聯總統戈巴契夫的電視記者。當他們第一天抵達伯力，被ＫＧＢ

的官員敲詐，要他們付兩千美元來換取一張「旅遊許可」時，布羅寇是第一個抗議的人。他不顧外交禮儀，對他們大聲喊道：「這根本就是搶劫嘛！」

後來，他們私下商量：是不是該閃人了？於是他們一致決定要趁那些人不注意時搭乘直升機開溜。「我們找了一個直升機駕駛，給了他一條『萬寶路』（Marlboro）香菸，他就有些心動了，接著我們又加了幾本《花花公子》雜誌，於是他就載著我們離開了。」皮考克回憶當時的情景時表示。「那些KGB官員根本不知道我們去哪裡了。」

在飛機上，他們坐在幾個俄羅斯軍人旁邊。那架直升機不但老舊、生鏽，而且已經超載。曾有好幾年的時間在越戰中負責搶救戰地傷患的皮考克寫道，當時他們的感覺就像是被塞在「一個會飛的車廂」裡。

遠離了那些KGB官員後，他們緊張地看著機上那幾排晃晃盪盪的裝著牛奶的鐵罐子，愈發擔心超載的問題了。機艙裡沒有座位，駕駛員還不時降落在沿途的各個村莊去送牛奶，天氣很熱，機艙的窗戶也沒關，但至少他們已經成功逃脫了。「我一度以為我們活不成了。」布羅寇表示。「我們那樣逃離，完全是不合法的。」

現在他們已經成功地逃離了文明。當直升機在森林上方低空飛行時，湯普金斯把頭伸到窗外，用一個飛機駕駛員的眼光看著下方的林地。他曾經在地圖上看過這片荒野。那是一片無人探測過的地區，蒼翠廣袤，面積相當於一個葡萄牙，上面散佈著白樺樹林、湍急的河流，以及幾個住著一小群拓荒者的偏遠村落。

當直升機飛過一片樹海時，生物學家狄米崔細看著他們僅有的一張地形圖，想找一個可以進入比金河的地點。他思索著：從哪個地方進去最有挑戰性呢？他們是不是可以從河流的最上游開始探索？後來皮考克向他要了地圖，湊近窗戶，正準備觀看時，那張地圖就從舷窗裡飛了出去。他驚呆了！而且他發現他的左右手各拿著剩下的三分之一張地圖，而飛去出的正是那個畫著比金河上游的部分。布羅寇回憶當時的情景時表示：「當時大家都互相擊掌，並說：『這樣好多了！』那個俄國人也在笑。他說：『我知道上游在哪裡。我們可以找得到，因為河流永遠是往下流的。』湯普金斯簡直樂壞了，因為我們居然不知道自己身在何處，也不知道要去哪裡。」

直升機在河流附近的一處田野降落後，他們就在河堤上紮營並探索附近的森林，還在那裡看到了野豬。有一次他們發現樹上有被爪子抓過的痕跡，就知道附近有熊。夜裡，他們還聽到了像是狼嚎一般的聲音。那一帶的聚落很少，而且彼此相距甚遠。布羅寇指出：「那裡的人似乎能用一種特殊的方式在叢林裡溝通，因為我們每次走到獵人和採集者聚集的營地時，他們都事先知道我們要來了。」

後來，他們在一個農家的前院裡搭起帳篷，和主人共用一間廁所、在冰冷的河水裡洗澡，看那些設陷阱捕獸的人划著船把到手的毛皮拿到市場上去賣，並狼吞虎嚥地吃著抹了大量新鮮蜂蜜的當地麵包與各式各樣的燻魚。

在河邊露營時，他們發現了一灘氣味濃烈的虎尿。從地上那些約有半呎寬的腳印，可以看出這是一隻年輕的公老虎所留下來的。通常公老虎每隔幾百碼就會在樹上留下一些抓痕，並在自己的地盤上做記號。由於方圓幾百哩之內鮮少人家，因此這一整座森林都是那些西伯利亞虎的地盤。湯普金斯等人知道那些老虎都在高高的草叢間漫遊，因此穿過那些草叢時可能會有危險，於是便戴上了面具。其中有個人戴的是雷根總統的面具，另一個人戴的則是喬治．布希（George Bush）的面具，但為了驅趕來襲的老虎，他們把面具戴在後腦勺。喬伊納德解釋說：「我們聽說印度的農夫都把面具戴在後腦勺上，因為老虎只會從後面攻擊，不會從正面。你只要盯著牠們看，牠們就不敢拿你怎麼樣，所以我們就買了那些面具。」

走在森林裡時，布羅寇堅信那隻老虎就在他們前面。「很明顯，牠就在距離我們不遠的地方。從那灘虎尿的氣味以及整個地方的感覺，我們很清楚那隻老虎就在附近。呵，當時我們真是太瘋狂了。」布羅寇表示。「因為後來那一、兩年，我們就聽說那隻老虎把附近的獵人、移民和其他一些人都咬死了。」

突然間，狄米崔就停下腳步，一動也不動，並指著前方向我示意。只見前面的泥漿裡有一個閃閃發亮的老虎腳印，似乎是一天前留下來的，約莫有五吋寬。狄米崔說，那是一隻居統治地位的年輕老虎，年紀大約在五歲左右，可能因為之前那個老虎大王被獵人殺死了，便取而代之。牠每隔幾百公尺就會用爪子在樹上留下牠的抓痕與氣味，藉以宣示牠的地盤。我們走到這樣的一棵樹前面時，便停下腳步仔細察看，只見那棵樹的樹皮，已經被受到那種強烈氣味吸引而來的亞洲黑熊磨得脫落了。我跪在地上，把鼻子貼在那光禿禿的樹幹上，聞到了強烈的老虎氣息。在那一刻，我彷彿看到了那隻有著橘黑兩色的斑紋、躲藏在那一大片如波浪般起伏的蕨類間的老虎，並和牠一起行走在這個弱肉強食的蠻荒世界。

——湯普金斯

他們白天在森林的河流裡划皮艇，夜晚則睡在帳篷裡，一邊圍著營火講故事、一邊吃著火烤的罐頭豆子，遠離文明，過著自己想要的生活，悠閒地跟著大自然的節律作息，而淙淙的流水便是他們的樂音。這樣的生活方式對他們來說有如天堂。

他們沿著河流往下划，悄悄地留意著熊的動靜，並捕捉晚餐要吃的魚，到了夜晚時則一起烹煮。當眾人都不聲不響時，湯普金斯往往會打破沉默，讓其他人有點煩。布羅寇回憶當時的情景時表示：「湯普金斯坐在我後面划槳的時候，往往會跟我說『你對激進的環保主義報導得不夠多』之類的話。我受不了的時候，就會轉頭對他說：『你很討厭耶！我跑到這裡來是為了要遠離那些東西，不是來聽你說這些的。』這時他就會說：『好！好！我知道了！』但十分鐘過後，他又開始說了起來。」

結束皮艇之遊後，他們必須搭車回到文明世界，而他們唯一的選擇，就是每天深夜十一點時從森林附近經過的一班火車。但問題是車票在九個月之前就賣光了，於是他們就請幾個俄國朋友去打點車上的工作人員，結果對方表示：不管有沒有票，車資付得最多的人就能坐上火車。

他們付清款項後，便穿上手縫的衣服和厚厚的夾克，喬裝成俄羅斯人，並且遵照指令行事：等火車一停，就把他們的裝備扔上車；絕不要請求別人的允許；別說英語；也不要擔心那個裹著頭巾、看起來精神健旺的老太太，因為她也是他們的人。他們搭上火車後，都不敢吭聲，只敢偷偷地彼此對望或以簡單的手勢溝通。這個策略果然奏效了。第二天早上，他們便到達了海參崴，而且他們的嚮導狄米崔堅持請他們去他在附近的寓所會見他的家人。

外國人是不被允許進入海參崴的。根據俄羅斯的法律，這是一座「受管制的軍事城」，外國人不得進入，尤其是記者。「布羅寇簡直快瘋了。他以為他會被逮捕，搞得人盡皆知。」艾立森笑道。但狄米崔認識市政府的那些職員，知道他們辦事沒有那麼認真，於是便帶湯普金斯等人去跳蚤市場，幫他們一人買了一套衣服，還給了他們每人一頂俄羅斯人冬天戴的那種毛皮帽子。那種帽子很大，可以把帽簷拉下來蓋住眼睛。狄米崔吩咐他們：「你們只要假裝自己已經喝得有點醉就行了。」

狄米崔把客人帶到他那間狹小的公寓後，便招待他們和他的家人一起大吃大喝並唱著民謠，晚上則睡在他家的地板上。第二天早上他們醒來後，狄米崔又帶他們去參觀太平洋學院（the Pacific Institute）的辦公室，接著又前往附近一個連許多俄羅斯人都不得其門而入的地方觀光。

瑞吉威回想當時的情景時表示：「港口裡有一艘老舊的潛艇。那天是週末，到處都是人。那艘潛艇的大門是開著的。狄米崔說：『太好了！我們進去參觀吧！』布羅寇聽到後簡直嚇壞了，因為我們居然要在一座我們不應該進入的城市參觀一座潛水艇！不用說，湯普金斯自然認為這個點子很棒。他快樂極了，因為我們把每一項規則都打破了。」

湯普金斯在俄羅斯的荒野過得很開心，但他相信俄羅斯並不是一個值得他投資的地方。他雖然很喜歡那裡的森林，但並不想把它們買下來，因為在蘇聯解體後，俄羅斯的資本主義制度已經變得太過腐敗。你如果想在那裡辦事，就非行賄不可，還得和黑幫份子與許多可疑的人物打交道。他知道，南美洲的林地也很便宜，而且他相信在智利，人們會照規矩辦事。

第十章　陌生土地上的兩隻怪鳥

巴塔哥尼亞的蠻荒與美麗名聞遐邇。這裡蘊含著無可比擬的大自然寶藏，是地球上僅存的遼闊荒野之一。人們來到這裡，將會有耳目一新的感受。

——湯普金斯

在西伯利亞待了三個星期之後，湯普金斯心中的熱情重新被燃起。回到智利後，他的決心更加堅定了。他要在巴塔哥尼亞的荒野中打造一座面積廣達五十萬英畝的公園。他告訴他那位年輕的助理丹尼爾·岡薩雷斯（Daniel Gonzalez）：「這將是全世界最大的一座私人自然保護區。」他特別強調，這個時機稍縱即逝，因為卑詩省、馬達加斯加、印尼和巴西等地的森林都正在被夷為平地，智利的許多天然林也都消失了。

湯普金斯端詳著南智利的地圖，盤算著該如何「惡搞」那些打算買下當地森林的木材業者。他知道工業發展的力量已經勢不可擋，但他也相信他能夠用金錢來換取一些時間。

於是，他協助岡薩雷斯成立了一個指揮中心。他們就像拓荒的探險家一般，收集了他們所能到手的各種地圖，並擬定成立公園的計畫。Esprit 在聖地牙哥的特許經銷商璜·恩瑞克·阿巴帝（Juan Enrique Abadie）因為很景仰湯普金斯，便慨然允許他們免費使用當地 Esprit 門市樓上的一間小辦公室。於是，岡薩雷斯和湯普金斯便在這裡規劃著他們未來的伊甸園。智利南部的生態系統中的頂層掠食動物，是一種名叫「美洲獅」（puma）的強壯山獅。牠們的體重高達一二〇磅，以當地原生種的鹿和進口的綿羊為食。於是，湯普金斯便將這座公園命名為「普馬林公園」（Pumalín Park）。在他的規劃中，這座公園的面積將達到優勝美地公園的一半。他說，這將會是全世界最大的私人保育地。

湯普金斯之所以會想要保護智利的森林，是受到克萊恩的啟發。儘管湯普金斯沒有讓他參與這項計畫，克萊恩眼看他要保護巴塔哥尼亞古森林的大膽想法逐漸實現，仍然欣喜若狂。他開玩笑地稱呼普馬林公園為「湯普金斯的自我系統」（ego system）[19]。

指揮中心成立後，湯普金斯便開始興致勃勃地運籌帷幄。他心想：為什麼不從那些不在地的地主手中買下他們所擁有的原始林呢？就像他首次在陌生的激流上泛舟、或在一座不熟悉的瀑布上划皮艇一般，這個點子讓他興奮莫名。隨著他的計畫範圍逐漸擴大，他那間臨時辦公室的牆上也出現了愈來愈多的地圖。他甚至還在牆上掛了一幅和 Esprit 總部一樣的標語：「所有的細節都很重要！」

岡薩雷斯每次發現有一塊土地要賣時，就會告訴湯普金斯那裡的座標，然後他們兩人就會坐上小飛機，飛到那裡去勘查。在此之前，湯普金斯已經有過數千小時的飛行資歷，是一位經驗老到的駕駛，可以輕而易舉地把飛機降落在鄉下的道路上或偏遠的牧草地上。飛機一落地，他就會向當地的牛仔租一匹馱馬，把行李放到馬背上，將食物和睡袋塞到一個粗麻袋裡，然後就騎著馬兒到那些人煙稀少的鄉下去勘查了。一趟可能要花上兩天的時間，但有時也可能多達六天。

魯道夫指出：「就算環境再惡劣，他也可以過得很自在，他根本不在乎他的生活有多大的改變。我想那是因為他之前已經過夠另外一種生活了。」魯道夫原本在 Esprit 工作，後來卻搬到巴塔哥尼亞去住，她自己的生活也有了很大的轉變。「他從前很喜歡到高檔餐廳吃飯，也認為舊金山是全世界最棒的城市，而且還曾經為了生意而走遍世界各地。但現在他卻長期住在南美洲，真讓我難以置信。」她說。「他不在意有沒

19 譯註：與 eco system（生態系統）發音近似。

有好喝的香檳酒，也不在意吃什麼。如果有人抓到一條魚，我們就會做沙拉並燒魚來吃。如果沒有，他就會說：『那我們就開個鮪魚罐頭吧……』我不認為那是因為他改變了，而是因為他是把所有的精力都放在他所做的事情上面了。」

在湯普金斯的構想中，普馬林公園的周邊應該有幾道屏障，以阻絕外界的侵擾。事實上，那裡的地形崎嶇，氣候多雨，因此居民很少，所以要摒絕人類的干擾並非難事，比較難的可能是如何吸引具有同樣理念的人前來移民。湯普金斯告訴魯道夫，他打算建立一座供拓荒者居住的村落，採行低科技（有時甚至是無科技）的手工經濟模式，大家融洽地生活在一起，共同建造圍籬、清除樹樁，並在公園周邊的土地上從事永續性的農業耕作。

對湯普金斯而言，最重要的目標乃是野生動物與原生植物的存續與發展，但他也很務實。他知道如果要在公園周邊設置一個緩衝帶，最好的方式就是在那裡建立一些小型的聚落。他的構想是在每個主要的流域配置一家人。他們可以靠土地維生，並負責監測當地的生態系統。「我們會教他們如何養殖蜜蜂與行銷蜂蜜。」他在寫給他在美國的同仁的一封信中表示。「主要目的是讓他們脫離貧窮的循環，使他們的經濟狀況能夠提升到貧窮線上。」

就這樣，湯普金斯在智利所擁有的土地愈來愈多，從太平洋岸到安第斯山、一直到阿根廷邊界都有他的地產。這些土地把智利切成了兩半。湯普金斯認為這是他在實現保育夢想時無心插柳的結果，但智利政府卻感覺他們的國家主權已經受到了威脅。有一次，湯普金斯興高采烈地向幾個上將和將軍保證，說他以後會把所有的土地都還給智利政府，叫他們無須擔心，並說他只需要一些時間來實現他成立國家公園的計畫，但那些軍事領導人卻聽得一頭霧水。後來，湯普金斯為此付出了很大的代價。

在歷經軍事政府時期的各種謊言、機密與操弄後，很少智利人願意相信這個美國佬會這麼好心地在投入了一億五千萬美元的資金後，又毫無條件地把它通通送出去。此外，智利之所以從一九七三年到一九九〇年幾乎沒有辦過慶祝「地球日」的活動，是因為大多數的社會運動在軍方實施的宵禁與鎮壓之下，都受到了壓制，社運人士更成為軍政府的眼中釘。一直到一九九〇年代初期，智利人民的環境意識才開始萌芽。因此，湯普金斯雖然再三保證他所做的一切，都是為了拯救智利的森林並保護鹿群，但大多數智利人都覺得，那只是他用來掩蓋他的邪惡陰謀的一種托詞。

當時擔任智利陸軍總司令的璜・艾米利歐・薛瑞（Juan Emilio Cheyre）將軍在回憶當時的情景時表示：「我不認為那時有誰真的相信他的話，因為他的說法太奇怪了。他們會想：這什麼意思？他真的會把那些土地捐出來嗎？實際的情況不是正好相反嗎？他可是愈買愈多呢！他所說的只不過是出於禮貌而說的門面話罷了，何況他又沒有提出確切的日期、細節以及移交方案，所以他們並不相信他會真的把那些土地捐出來。」

湯普金斯並不了解，他所居住的那個地區的居民數十年來一直在和貧窮搏鬥。長久以來，智利的貴族經常與握有權力的政客一起聯合起來拐騙村民的土地，讓他們飽受欺凌。當時經常和湯普金斯一起去和地方人士見面的岡薩雷斯表示：「我們剛到那裡時，那些很早就來到當地的移民，已經對政府和外來人士的所作所為感到很灰心了。三十年來，政府一直承諾會讓他們擁有自己的土地，但卻從未付諸實行。對當地人來說，我們只不過是又一個來攪局的外人罷了。他們在許多方面都把我們當成是一種威脅。」

當時擔任智利內政部高階官員的海克特・穆諾茲（Hector Muñoz）表示：「沒有人反對湯普金斯的保育計畫。誰會反對一個想要保存大自然、保護森林和水域的人呢？問題在於他的理念太崇高了。我們發現他是深層生態學的信徒，相信生物中心主義（biocentrism），也就是說他相信我們應該以大自然為重，而人類只是組成大自然的元素之一。他也相信所有的生物都擁有同等的權利。他甚至和我爭論，說石頭和人類有同樣的權利。這時我才逐漸了解他的想法。他對自己的理念深信不疑，有一種不可思議的狂熱和堅定不移的精神。」

對於他的保育計畫所引發的敵意，湯普金斯絲毫不以為意。他曾經顛覆青少年時裝的世界，如今又有大把金錢，因此不太會去思考有哪些地方可能會出錯。他瞻望未來，明白他並沒有一個總體規劃的藍圖，也知道他需要有一個團隊才能實現他的夢想，成立一個全世界最大的私人公園。在 Esprit 時，他的成功仰賴一小群夥伴忠誠的協助，其中包括他那位傑出的業務經理黛比．萊克（Debbie Ryker），和長期擔任 Esprit 的物流經理的桃莉．馬。後者就像一個飛航管制員一樣，會幫他爬梳他源源不絕的點子。湯普金斯離開 Esprit 之後，萊克和馬兩人就在舊金山的一間小辦公室內幫他管理財務，過濾他那些天馬行空的點子。但現在他最需要的是一個能夠和他一起謀劃大業、並且能為他盡心盡力的夥伴。就在這時，他的好友喬伊納德介紹他認識了一個女人，而她後來便成為他一生的最愛。

一九九〇年代初期，喬伊納德覺得自己需要休息了。這二十年來，他一直像對他所熱衷的攀冰和皮艇探險活動那般，盡心盡力地帶領「巴塔哥尼亞」服飾公司生產出經久耐穿、設計良好的服裝，贏得了廣大死忠顧客的信任，使該公司的年度銷售額從一九八五年的兩千萬美元，飆升到一九九〇年的一億美元。但他並未把「巴塔哥尼亞」當成搖錢樹。相反地，他把公司的利潤拿來再投資，讓「巴塔哥尼亞」變得更加強大，同時也捐贈了數百萬美元，給那些為了保護家園而努力奮鬥的草根環保團體。

他想把公司的日常業務交給新的經營團隊負責，於是便帶著他們飛到阿根廷一座名為埃爾卡拉法特（El Calafate）的小村莊。那裡距他三十三年前被困在雪洞裡的地方不遠。他知道在那裡他可以激發出他們對荒野的熱愛，讓他們願意為環保奉獻心力。

這項交接作業是由「巴塔哥尼亞」的總裁克莉絲．麥克狄維特（Kris McDivitt）負責。她當時三十七歲，之前是一個滑雪選手，風姿優雅、身體健壯、意志堅定，而且具有長跑選手般的體格與耐力。她是「巴塔哥尼亞」最早的七名員工之一，並且曾經長期擔任該公司的總裁，一手打造出「巴塔哥尼亞」這個品牌，贏得了顧客的信任與員工的擁戴，成為業界欣羨的對象。

在假期的最後一天，湯普金斯駕著他的小飛機飛越了安第斯山，降落在埃爾卡拉法特，想和他的好友共進午餐。湯普金斯抵達喬伊納德所在的那家鄉下餐廳時，他正好坐在克莉絲旁邊。當時「巴塔哥尼亞」的團隊已經度完假，正準備在第二天飛回加州。看到克莉絲，湯普金斯便在她身邊坐了下來，拍拍她的背，問她：「嘿，妹子，妳好嗎？」接著又俏皮地問道。「妳何不搭我的飛機回美國呢？」

克莉絲拒絕了。但湯普金斯並未放棄。「妳反正也要搭民航機回去，不是嗎？」

當她再度拒絕他的提議時，他便問她是否可以幫他帶一包書回加州。她答應了，心想那應該只有一小包，但湯普金斯回來時卻帶了滿滿一個圓筒包、重達六十磅的書。她後來回憶道：「我們兩個都知道，他拿那包書只是為了要再見我一面罷了。」

在克莉絲眼中，湯普金斯是一個特立獨行的人物，很有眼光，也是她終身的老闆喬伊納德最好的朋友。她之前曾經見過湯普金斯。她的前夫也曾經在巴基斯坦北部的川口塔峰（Trango Tower）和他一起爬過山，而且她知道他是個花花公子，也是一個很有魅力的企業領袖。

克莉絲是世上少數幾個像湯普金斯那般了解喬伊納德的人物。在南加州出生長大的她，打從十七歲開始就為喬伊納德包裝貨品和處理文書。從她在喬伊納德的攀岩用品公司的收發室工作開始（當時她被稱為「衝浪女孩」），她就表現出過人的打造團隊的能力。她大膽、自信，對喬伊納德忠心耿耿，因此當公司擴展時，她便一路高昇，而她的哥哥羅傑．麥克狄維特（Roger McDivitt）也成了總裁。

當羅傑離開「巴塔哥尼亞」時，克莉絲便奉命接掌他的職位。這讓她有些措手不及。由於她沒有經營管理的經驗，於是便打電話給范杜拉地區的一些銀行家，告訴他們：「我現在奉命管理這家公司，不想毀掉它，你能不能幫我想想該怎麼做？」她這種另類的做法與她的個人魅力奏效了。很快地，她就接掌了「巴塔哥尼亞」的大權。儘管員工人數愈來愈多，但憑藉著非凡的行銷手腕和領導能力，她很快就成了一個備受員工信賴的主管。

克莉絲會幫喬伊納德過濾他那些千變萬化的點子。她知道如何採行好的構想，對那些不怎麼高明的主意則不予理會。這使得喬伊納德不得不修正他那些比較古怪的想法，兩人形成了一個充滿活力的組合。在「巴塔哥尼亞」的所有員工中，克莉絲是唯一擁有該公司股份的一個。

逐漸地，大家都知道克莉絲是一個精明幹練的女企業家，有本事處理「巴塔哥尼亞」這家大公司的各種業務細節，並且在喬伊納德出遊期間指揮大局。她擅於自嘲，也富有幽默感。當喬伊納德堅持要她採買他在日本發現的一種名為「Reef Walkers」的怪異鞋款時，克莉絲拒絕了。當他堅持要她這麼做時，她便用黑色的墨水在她辦公桌上方的屋梁上寫下：「我的老闆要我買兩萬雙 Reef Walkers。」然後請喬伊納德在天花板上簽名。後來那些鞋子一雙也沒有賣出去，但這件事和她的塗鴉，卻成了公司裡大家津津樂道的話題。

湯普金斯在阿根廷偶遇克莉絲之後，便開始對她展開了好幾個星期的追求攻勢。他再三邀請她共進晚餐，但都被她委婉地拒絕了。後來，湯普金斯便一再試圖說服她從范杜拉北上，但她也不願意，更何況她當時已經訂婚了。不過，他們的行程經常重疊，有一次她終於同意去湯普金斯在舊金山的寓所吃晚餐。她一進他家，就對他收藏的藝術品、屋內裝潢的風格與他的烹飪手藝印象深刻。「他為我煮了義大利麵，那個紅醬真的太美味了。我想他可能給他生命中的每個女人都做過同樣的醬汁吧！但後來我們聊了一個晚上，我離開時已經是清晨了。」

儘管湯普金斯屢屢邀請她去聽曼陀林音樂會或參加環保講座，但克莉絲還是猶豫不前。但當湯普金斯聽說她要去巴黎時，他便飛到那裡，並邀請她晚上一起去市區逛逛，之後又帶她去參加一個反全球化的座談會。克莉絲注意到湯普金斯是那場座談會的核心人物之一，並且和好幾個主要的參與者都有多年的交情。座談會後，他們去吃晚飯，之後又在巴黎街頭蹓躂。凌晨三點時，克莉絲說她得走了，因為她第二天要去爬白朗峰。湯普金斯坐上計程車後，仍遲遲不肯離去，並且開口請她和他一起去智利。「他說：『我會確保妳的安全。』」克莉絲回憶當時的情景時表示。「但至於他是怎麼說的，那又是另外一回事了。」

當克莉絲告訴他們共同的朋友曼德她打算接受湯普金斯的邀請，去他在巴塔哥尼亞的小屋作客十二天時，曼德笑著告訴她：「沒有人能和他一起在一棟小屋裡生活十二天。」

但克莉絲沒有聽勸。「我心想，管他呢！去就去吧，但不要有什麼期望。」

在滂沱的大雨中抵達湯普金斯的小屋後，克莉絲心想她到底做了什麼。當湯普金斯問她好不好時，她答道：「你說呢？我剛剛才在我的生命裡投下了一顆原子彈。」

湯普金斯明白了她的意思，便問她：「那我可以告訴別人妳是我的女朋友了嗎？」

從此他們兩人再也沒有回頭。和湯普金斯在一起，克莉絲感覺她找到了真正的自我，感覺她之前的生活彷彿只是一個複本，也感覺和這個認真傑出的伴侶一起為大自然奮戰是她應該做的事。湯普金斯的朋友對他的改變都很震驚。「她讓他變得開朗了許多。毫無疑問地，他遇見克莉絲之後，整個人都改變了。」喬伊納德說道。「他之前比較浮誇，而且一副那種：『照我的話做，否則就沒門兒。』的態度，對每件事情都有意見，而且聽不進別人的想法。有很多人和他合不來，因為他太自我中心，太相信他的看法才是對的。但克莉絲能夠駕馭他，而且真的讓他有了一百八十度的轉變。」

一九九四年的某一天，克莉絲和湯普金斯丟下準備要和他們開會的「地球優先！」的創辦人佛曼，跑到舊金山的市政廳辦了一場簡單、低調的婚禮，見證人是曼德和他的太太伊莉莎白。喝完香檳後，他們就回家把他們正在設計的一本書完稿，然後才去和已經等了兩、三個小時的佛曼開會。

從此，克莉絲便開始在巴塔哥尼亞那棟偏遠的小屋裡生活，每天擦洗蘋果樹上的黴菌、就著燭光看書，並閱讀當地的西班牙文地圖。每個晚上，只有在發電機啟動後的幾個小時之內，他們才有電可用。屋頂上每天都傳來叮叮咚咚的雨聲。儘管大家都預料她會因此而得到幽閉恐懼症，並覺得自己被困住了，但她卻覺得非常安全。她感覺那個家就像個鳥巢一樣。他們的朋友巴克禮表示：「自從他們兩人墜入愛河、克莉絲也搬到這裡來住以後，湯普金斯真的是變了一個人。他非常快樂，並且覺得克莉絲給了他更多的力量。我想他從此更有能力去做他想做的事情了。湯普金斯有他的才能，但他不懂得如何招待別人、照顧別人。克莉絲在這方面完全可以彌補他的不足。他們兩人會互相督促。克莉絲雖然非常支持湯普金斯，也對他忠心耿耿，但並不怕他。當他行為粗暴或脾氣乖戾時，她就會糾正他。」

他們兩人生活在那座遠離文明的偏遠農莊，用無線電手機和外界連絡，晚上用雨水洗澡，但他們卻滿懷熱情，知道他們已經遇到了一個千載難逢的機會。除了擁有一座殘破的農莊以及周邊的幾十萬英畝荒野之外，他們也有心要改變這個世界。那麼，他們要在這張廣達五十萬英畝的畫布上塗抹什麼色彩呢？

第十一章 鮭魚戰爭

國家公園有許多好處，其中之一就是：它們可以讓人們接觸大自然。此外，它們也是社會公平的一種表現，因為它們屬於每一個人。公園讓所有的民眾都有機會在一個充滿壓力的世界中讓自己的心靈煥然一新，也讓他們有一個地方可以進行自我省思。無論在世上任何一個地方，只要成立一個新的公園，就可以幫助當地的人了解一個事實：我們迫切需要和其他生物分享地球的資源並保存生物多樣性。

——湯普金斯

湯普金斯和克莉絲住在他們那座多雨的農場時，經常邀請喬伊納德和瑪琳達前往作客。有一天早上，湯普金斯和喬伊納德去一座海灣划皮艇。那附近有一處海獅群棲地，只要划一個小時就可以抵達。湯普金斯划著划著，突然看到了一根像是浮木的東西，長度大約有五呎，正半浮半沉地躺在河口的海水中。他靠近後，聞到了一陣惡臭，這才發現原來那根「浮木」是一隻死掉的海獅已經腫脹的屍體。他把手指伸進它的毛皮內，想察看牠的死因，結果發現牠的身體上有一個被刺穿的傷口，邊緣很光滑。他猜想那應該是被一顆大口徑子彈射中的痕跡，因為那一帶的鮭魚養殖戶，為了防止海獅把他們那些珍貴的鮭魚吃掉，往往會請一些射擊好手趁著牠們浮上水面吸氣時加以射殺。

湯普金斯把那笨重的屍體拖上來，放在船頭後便直奔布朗柯峽灣（Fiordo Blanco）。那裡有一座獲得政府特許、可以在峽灣裡養殖鮭魚的養殖場，而且位置就在湯普金斯的「前院」中央。喬伊納德回憶當時的情景時表示：「他把那隻海獅的屍體丟到他們的一艘船上後便宣稱：『有誰能舉報殺了這隻海獅的兇手，我就會給他一筆賞金。』」

湯普金斯所開出的賞金足足有一百萬智利披索。「那是一般人年薪的兩倍。所以雙方就開戰了。」曾經擔任 Esprit 環保辦公室主任的伊姆霍夫表示。「他願意出錢為這世界上的生物奮戰。我真是很敬佩他。但他也為此付出了一些代價。」當時，湯普金斯並未意識到，他這項舉動無異向智利若干最為反動的勢力宣戰，而那些鮭魚養殖業者便是其中之一。

根據智利的法令，海軍對海岸線擁有若干管制權。布朗柯峽灣內的鮭魚養殖廠已經獲得政府許可，在近海處設置了圍欄圈養鮭魚，同時也在附近的陸地上設置了營運中心。這座養殖場晚上點著一盞盞強烈的弧光燈，亮晃晃地有如中學的足球場，而且環境骯髒嘈雜，散發著臭氣。雙方宣戰後，便經常有卡車載著鮭魚內臟、鮭魚頭等廢棄物，倒在湯普金斯和克莉絲所擁有的土地上。

有多達六萬磅的鮭魚殘骸被倒進海裡，然後又被沖到岸上，看起來一片狼藉，並發出陣陣臭氣。於是，湯普金斯便打電話給佩德羅．古提瑞茲（Pedro Pablo Gutierrez），準備提出法律訴訟。古提瑞茲不僅是湯普金斯的律師，曾經協助他處理購買雷尼韋農場時的文書工作，也經常幫湯普金斯擺平各種糾紛。年輕的他是「凱里」（Carey & Carey）事務所的合夥人。這家公司專門處理智利最重要、知名度最高的外國投資案的談判事宜，也協助智利十幾個富豪家族管理他們的財產。在湯普金斯的堅持之下，他控告了那家鮭魚養殖場，理由是智利憲法規定，人們有權住在沒有汙染的環境中。

在此同時，湯普金斯也命令他的屬下關閉雷尼韋農場道路兩旁的柵欄，使那些鮭魚養殖業者無法出入。然而，這些業者雖然曾和湯普金斯以及當地漁民發生衝突，並且違反了多項勞工法規，但卻提供了穩定且終年都有的工作機會。這些工作比其他那些低薪且有季節性的工作更受當地人歡迎。

湯普金斯明確宣示：他反對所有的鮭魚生意，並舉出十幾個理由，要求政府暫停核發鮭魚養殖證，尤其是對如同布朗柯峽灣養殖場那般的業者。他說這些養殖場讓他的土地上那些清澈潔淨的海灣漂滿了塑膠製品，也讓海岸上到處都是防水油布、保麗龍和被丟棄的浮標。他還抨擊他們在鮭魚飼料中添加染色劑，讓魚肉得以呈現出他們想要的顏色。他說，那些業者就像房屋主人挑選浴室牆壁的顏色一樣，可以從六、七種顏色（從落日般的火紅到有如葡萄柚般的色調）中，挑選出他們最喜歡的一種顏色，再把那些染料添加到飼料中。這樣的做法讓海洋環保人士感到非常震驚。他們沒想到那些生命力向來旺盛的鮮魚，竟然淪落到食物鏈的下端，並嘲笑這類養殖鮭魚是「海底雞」，口感軟爛，味道不佳，簡直可以說是「有鰓的燕麥」。

海洋生物學家曾提出警告：養殖環境如果過度擁擠，會使鮭魚很容易罹患各種傳染病，其中包括鮭魚貧血症（ISA virus）以及一種名為「海蝨」的寄生蟲。這種寄生蟲會讓魚的外皮脫落，使牠們看起來好像被食人魚咬過似的。為了防止傳染病侵襲，智利的養殖業者便大量在水裡添加抗生素。檢測數據顯示，智利的鮭魚肉每磅的抗生素含量是蘇格蘭或挪威鮭魚的數千倍。

隨著鮭魚養殖業每年的營收攀升到數億美元，巴塔哥尼亞地區原本清澈潔淨的湖泊變得滿是鮭魚糞便，湖水的含氧量也直線下降，引發了民眾的不滿，因此養殖業便被迫遷離湖泊，回到隱蔽的海灣。但不久，這些海灣的生態環境就開始惡化。儘管養殖業者否認此事，但湯普金斯買了一個可以遙控的水下機器人，並雇用了一名舵手進行海底勘測。那個有如潛艇一般的水下機器人，把海底的情況都拍攝了下來。從那些影片中可以看出：當地海床的樣貌已經徹底被鮭魚的飼料、糞便和垃圾所改變。喬伊納德指出：「他們做了環境評估，所得到的結論是：那片海床已經一片死寂，沒有任何生物，而這都是鮭魚養殖場所造成的。」

有一次我聽到在我們那個峽灣養殖鮭魚的一個加拿大人說，他才不管會不會有魚瘟呢，因為就算有了魚瘟，倖存的那些魚體內也會產生一種基因，可以抵抗那種傳染病，而他們會利用那些基因來生產基改鮭魚。這正是他的公司所努力的目標。當下我就明白：我所面對的是一股邪惡的力量，於是我便立即下定決心要做些事情，而且從此不敢忘記。我還記得那個傢伙說得多麼認真，一副冷血的模樣。為了符合他的商業利益，他絲毫不擔心野生鮭魚會滅絕，而且心裡說不定還會想：野生鮭魚沒了最好，因為這樣一來人們就只能購買他們所養殖的鮭魚了。

——湯普金斯

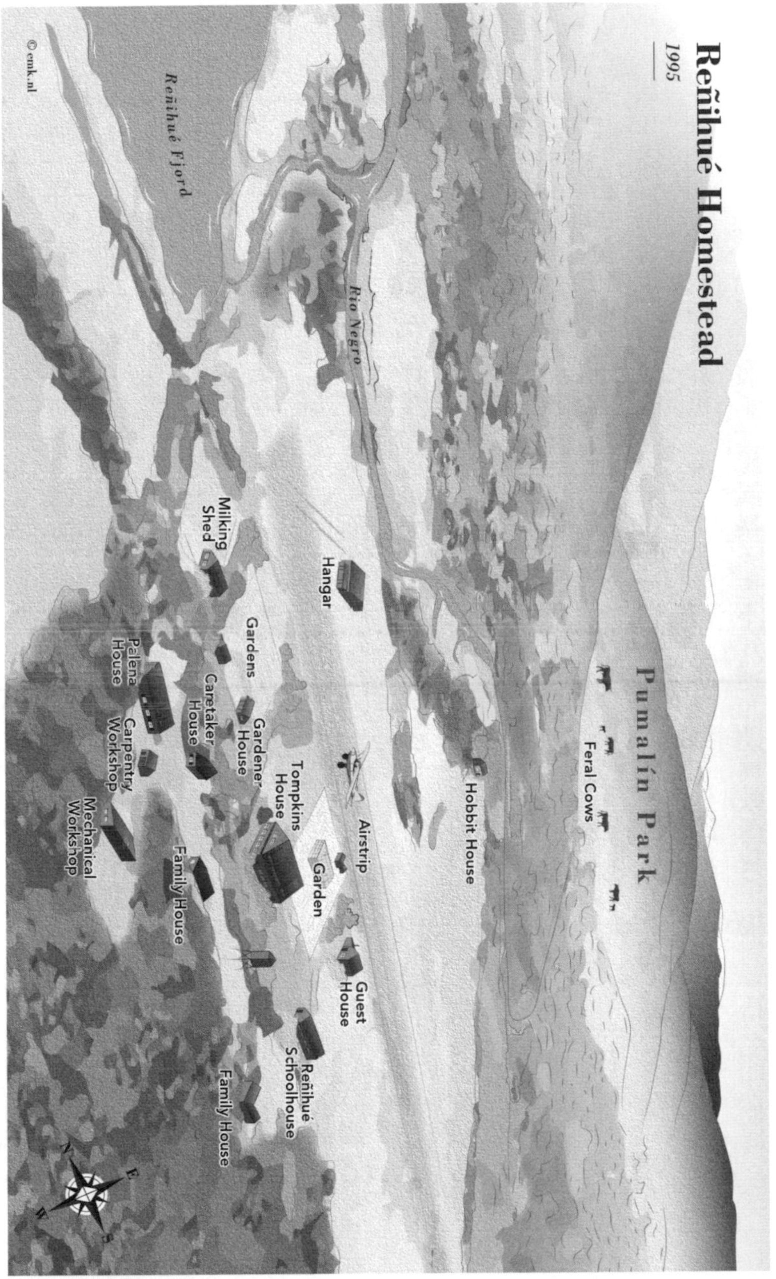

Reñihué Homestead
1995
Pumalín Park
Feral Cows
Hobbit House
Airstrip
Garden
Guest House
Reñihué Schoolhouse
Family House
Tompkins House
Family House
Mechanical Workshop
Carpentry Workshop
Palena House
Caretaker House
Gardener House
Gardens
Hangar
Milking Shed
Rio Negro
Reñihué Fjord
© emk.nl
N
E
S
W

雷韋尼農場地圖

除此之外，那些從養殖場逃脫的鮭魚也對環境造成了危害。牠們入侵智利南部的溪河，吞吃原生種魚類的卵與幼苗，很快就成為當地的頂級掠食者。由於逃逸的魚太多，以致當地以傳統方式捕魚的漁民所打撈到的鮭魚也愈來愈多。有一次，蒙特港附近的汽車駕駛人甚至看到一條條重達十磅的鮭魚，在淹水的街道上又游又跳，然而智利的鮭魚協會宣稱這些鮭魚並不是野生的，而是從養殖場逃出來的。

該協會引用一條旨在允許牧場主人取回走失牛隻的法令，起草了若干法規，要求政府起訴並懲罰各地試圖販賣鮭魚的漁民，無論他們的鮭魚是在河裡還是海裡捕獲的。為了壟斷市場，消除競爭，鮭魚養殖業者甚至極力遊說政府，請他們禁止一般人販賣不是由養殖公司所生產的鮭魚片。他們的遊說團體宣稱：由於所有的「野生」鮭魚都是養殖場品種的後代，因此牠們應該歸養殖業者所有。於是，當地的鮭魚「黑市」就應運而生。蒙特港開始出現穿著樸素的中年男子，用手推車載著裝在保麗龍保冰盒裡的「非法魚」，穿梭在市中心區的街道上，口中低聲叫賣著：「賣魚喔！鮭魚！新鮮的鮭魚喔！」

儘管湯普金斯對他們施壓，布朗柯峽灣的養殖業者仍然不斷雇人射殺海獅，以防止牠們闖入峽灣捕食鮭魚。湯普金斯並沒有意識到，他的海底勘查行動與他所張貼的「懸賞海報」已經引發了一場風暴，也不知道布朗柯峽灣養殖場有一位名叫瑞尼・奎爾霍特（Rene Patricio Quilhot）的員工是退役的陸軍上校，也是皮諾契將軍的祕密警察部隊（DINA）的成員。他曾經被控在軍政府獨裁期間殺害一名西班牙外交官，並且對其他一些人施加酷刑。在退休後，他仍與聖地牙哥的軍事和情報單位有所往來。他就像湯普金斯一樣，定居在巴塔哥尼亞的鄉村地區，然而和湯普金斯不同的是，他有一支電話，而且他用那支電話撥了幾個號碼，要讓湯普金斯閉上嘴巴。

不久，位於聖地牙哥的智利中央政府就成立了一個特別委員會。他們的任務雖然未經明白宣示，但非常清楚，那就是：用官僚體系的力量為難湯普金斯，讓他有如置身地獄。其後，他們便開始發動政府各主要部會的官員利用各種小事來刁難他。「從此以後，我們就開始經常和智利最有影響力的一批人——鮭魚養殖業的業主——發生摩擦。」凱洛萊娜．莫佳朵（Carolina Morgado）表示。她原本經營激流泛舟生意，後來被湯普金斯聘為私人助理，協助他執行他的保育計畫。她說：「我們在蒙特港的辦公室外牆曾經被人塗鴉，上面寫著：『湯普金斯去死！』」

聖地牙哥的右翼媒體也配合推波助瀾，於是各種不利於湯普金斯夫婦的謠言甚囂塵上。一向公開支持納粹主義的智利小說家米蓋爾．塞拉諾（Miguel Serrano）找人在智利南部四處散發傳單，宣稱湯普金斯夫婦正密謀建立一座猶太人的家園（其實他們兩人都出生於信奉英國國教的家庭）。接著又有傳言說湯普金斯要把北美野牛引進智利，而且那些野牛很快就會成群獵食，取代本地的牛隻。於是，有許多人打電話到湯普金斯的辦公室，痛罵他是個「齷齪的猶太人」，以致接線生有一回竟然對著話筒大喊：「他才不是猶太人，他是個齙饐。」（He's not a Jew, he's a shrew）意思就是「他是個小氣鬼」。

有人說湯普金斯正在找地方掩埋美國的核廢料，還有人說他可能正在培育一種會把所有的牛羊都吃掉、讓畜牧業難以為繼的超級山獅。「我本想隱退，不料卻成了鎂光燈的焦點。」湯普金斯表示。「你想做大事的時候，難免會引起爭議。有人勸我請公關團隊來處理這些事，但我不認為那是一個好辦法，因為這樣一來大眾就無法認識你真正的面貌。我應該花兩個月的時間好好學習西班牙文才對。我想我在面對智利媒體的時候並沒有把自己的意思表達清楚。」

這種種抹黑都很符合智利當時的總統愛德華多・弗雷（Eduardo Frei）所崇尚的新自由主義的經濟理念。弗雷的父親也曾經擔任總統，但他年輕時並未立刻繼承他父親的衣缽，而是成為一個水利工程師。批評家曾經笑說當弗雷看著一條潔淨的河流時，他心裡想到的只是流動的電力。他當上總統後，便決心要開放智利南部的廣大資源供投資人士開採。他贊成摧毀那些原始林，改種更有經濟價值的尤加利和松樹。他也贊成在潔淨的河流上興建水壩，以供應一座超大型煉鋁廠所需要的電力。他並不認為這類計畫會浪費公帑，反而視它們為進步的象徵，因此智利政府一直亟於吸引國外的資金。他們一方面試著掙脫皮諾契時代所留下來的違反人權的惡名，另一方面則繼續奉行皮諾契核心的自由經濟信條。

後來，湯普金斯所受到騷擾日益嚴重。納粹份子不時在他的牆上噴漆，揚言要置他於死地，政府官員也亟欲推翻他的保育計畫。於是，湯普金斯和克莉絲便和他們的律師古提瑞茲商量對策。古提瑞茲很了解政府的權力運作模式，因此他們聘請了智利調查局的一位退休探員，去打探相關的消息。後來，古提瑞茲向湯普金斯報告說那位探員發現了一樁陰謀。他說：「他們打算把毒品放進湯普金斯在蒙特港市的公寓裡，然後要警方前往搜索。這樣他們就可以說：『我們在湯普金斯先生那兒發現了毒品。』原來他是一個毒販，難怪會做出那些事情。』」

在栽贓湯普金斯之後，他們的下一步便是將他驅逐出境，這樣他們的問題就解決了。所幸當時美國派駐智利的大使加百列・孟德雷根（Gabriel Guerra Mondragon）極力向智利政府抗議，並強調湯普金斯在智利的投資全都合乎規定，不僅透過合法的資金管道將錢帶進智利，也依照法令進行投資，沒有任何不法情事，因此影射他是個毒販是一個極其荒謬的說法。

後來，湯普金斯的一些私生活片段被洩漏給媒體，顯示他們已經遭到了監視。為此，湯普金斯還請了一個電子專家小組，飛到湯普金斯和克莉絲在蒙特港市的辦公室進行調查。偵查結束後，他們告訴他：「是的，你的電話被竊聽了。」對此，湯普金斯決心要採取行動加以反制，於是便問他們可以怎麼做。「我們依照他們的建議反向發送一股電流，結果那個監聽系統就爆掉了。」克莉絲表示。「可是我們的整個電話系統也毀了。」

智利最有影響力的說客安里克．柯瑞亞（Enrique Correa）說明了一九九〇年代中期，法西斯份子如何用他們那隻看不見的黑手，來威脅智利剛剛崛起的民主人士並箝制他們的言論：「我們稱之為『黑夜的重量』。」他指出，那股壓制的力量主要來自智利軍方（即使在智利重新恢復民主之後，皮諾契仍然擔任三軍總司令，其後又獲得了「終身參議員」的席位），以及天主教會內的保守派人士。在聖地牙哥，保守派的天主教團體「主業會」（Opus Dei）具有很大的影響力。他們甚至可以公然稱呼重金屬樂團「鐵娘子」（Iron Maiden）為「撒旦的信徒」，以致該樂團計劃於一九九二年在聖地牙哥舉行的演唱會被迫取消。

「主業會」在國會的代表團看了「深層生態學基金會」所發表的一篇聲明後，發現湯普金斯贊成讓婦女擁有墮胎的權利，於是便開始抨擊他提倡墮胎。對於這個極端的天主教教派來說，湯普金斯還犯了另外一項罪：他不認為人類是上帝最重要的造物。在弗雷這些握有權力的智利官員眼中，信奉深層生態學理念又家財萬貫的湯普金斯，乃是一個危險的叛教者。

湯普金斯的律師古提瑞茲知道智利止受到經濟黑手黨的操控，也知道智利人比較傾向文鬥而非武鬥。以他在高層的人脈，他知道對付湯普金斯的可能是哪些人，而且他懷疑他們的主謀是智利的內政部副部長貝里薩瑞歐．瓦拉斯科（Belisario Velasco）。此人是民主運動人士，曾經密謀推翻皮諾契政權。古提瑞茲表示：「他幾乎每天都在媒體上找湯普金斯的碴。」

為了解決問題，古提瑞茲便打電話給瓦拉斯科，向他提議：與其透過媒體唇槍舌劍，不如他們兩人見個面，以澄清他心中可能有的疑慮。於是，「我便和他見了面……他提到了一些事，其中包括：『你知道緝毒局認為湯普金斯先生有問題。如果這個消息被媒體知道了，他在智利就完了。』」古提瑞茲說道。

聽著瓦拉斯科以平靜的口吻暗示他們會栽贓湯普金斯，古提瑞斯便提出反駁。「我告訴他：『部長先生，湯普金斯先生連礦泉水都不喝。他也不喝咖啡，不使用任何一種毒品。他和毒品一點關係都沒有。』」當古提瑞茲把這件事情告訴美國大使孟德雷根（他依法也是美國在智利的緝毒單位的負責人）後，「大使便開始每個星期打電話給瓦拉斯科，意思是要讓他知道我們正在盯著。」

不料，瓦拉斯科後來卻出其不意地對湯普金斯發動了抹黑攻勢。他首先邀請湯普金斯到他在總統府的辦公室，去討論後者的龐大地產。在那次短暫的會面中，瓦拉斯科問起湯普金斯在阿根廷的地產，湯普金斯回答說他在智利和阿根廷兩國都沒有靠近邊境的土地，並說他在阿根廷的土地都距邊境好幾百哩遠，但第二天瓦拉斯科便召開記者會譴責湯普金斯，並宣稱：「他已經承認他在邊境的兩端都擁有土地。」讓智利人民以為那些土地已經威脅到智利的主權。

湯普金斯並沒有意識到即將降臨的麻煩。直到他連續好幾個月遭到莫名的攻擊與政府部門的惡意阻撓後，他才認清問題的嚴重性。「當時我們並不知道瓦拉斯科是幕後的那隻黑手，但後來事態就愈來愈明顯了。」湯普金斯表示。「於是，我們就開始著手解決。這佔去了我們用來處理日常業務——包括釐清土地所有權、進行其他談判、建立基礎設施、任用人員與其他事項——的時間。許多事情都被我們擱置下來，或者乾脆就丟開了。」

當瓦拉斯科被問到他在和湯普金斯有關的事情上所扮演的角色時，他說：「我是根據總統的命令行事。」他表示，「有一次我和他碰面時，他說：『智利人應該感謝我保存這些森林才對。』我回答說：『那些森林已經存在了一千年，沒有人會去開發它們，因為它們所在的地方太陡峭了，機器根本上不去。』」

為了對付這類齷齪的伎倆，湯普金斯的律師都加班工作。有一次，稅務機構要求他們交出大量文件，而且說不出個中原因，顯然目的是要收集有關湯普金斯的資料。為了了解事情的真相，古提瑞茲便詢問一位中階的稅務督導，為何他們只給湯普金斯四十八小時的時間提交稅務文件。「是誰下的命令？」他問道。「負責的那個女的人很好，她對我說：『我會往旁邊看，你只要看我前面那份備忘錄就可以了。』結果我發現是瓦拉斯科下的指令，要他們盡量找出湯普金斯不法的證據。」

「瓦拉斯科不喜歡湯普金斯，而且他很會記仇。如果湯普金斯是超級英雄，他就是超級壞蛋。」湯普金斯的年輕助理岡薩雷斯表示。「我沒有什麼外交手腕。開會時，我只會說：『事情就是這樣，地圖在這裡。』他很不喜歡這樣。當時我們以為誠實、公開就是上上之策，但這些年來我們發現根本不是這麼回事。」

面對重重壓力，克莉絲快要無法承受了。「我以為世界快要崩塌了。」她說。幸好喬伊納德的太太瑪琳達經常和她長談，對她多所鼓勵，並告訴她生態保育的路途上免不了會有爭議。她還以一本描述懷俄明州的「大提頓國家公園」（Grand Teton National Park）設立過程的書為例加以說明。「那是我第一次意識到這類事情一直層出不窮，我們所遇到的只不過是其中一部分罷了。」克莉絲表示。「有生態保育的地方，就有這類的對立和衝突。」

後來，有一個人滲透進了湯普金斯的辦公室，偷走了一些內部的文件。湯普金斯夫婦的助理莫佳朵表示：「一個名叫卡洛斯．馬提內斯（Carlos Martinez）的傢伙來找我們，說他是智利一家大型雜誌社的記者，想要採訪湯普金斯。有一天晚上，我回辦公室去察看，發現他正在我的辦公室裡面影印一些文件。我問他：『你跑到我的辦公室裡面幹什麼？』他卻說不出個所以然來。」

不久，那些被偷竊的論文和文件（來自湯普金斯名下的各個基金會）就出現在報紙抨擊環保人士的文章中，後來也出現在智利國會負責調查湯普金斯的委員會手中。瓦拉斯科的總幹事穆諾茲表示：「根據我們從馬提內斯和其他消息來源所得到的資料，我們確定湯普金斯對智利構成了威脅。」此話無異默認智利內政部已經拿到了那些被竊的文件。

涉嫌偷取文件的馬提內斯表示：「他（指湯普金斯）一副以救世主自居的樣子，感覺他正在拯救這個世界的一個部分，並因此和全世界對抗。他認為開發和進步不是好事，認為這裡什麼都不應該有。」為了滲透，馬提內斯喬裝成記者，和湯普金斯在巴塔哥尼亞上空飛行了好幾個小時。期間，湯普金斯一直在記錄巴塔哥尼亞所受到的各種破壞，而他則不斷向湯普金斯討教。他在接受訪問時表示：「當時湯普金斯給我一種不好的觀感，讓我感覺他會控制巴塔哥尼亞這個重要的地區，而且他所做的規畫將會阻撓當地的進步與發展。」

湯普金斯在寫給同僚的信中表示：「我們的政治對手有各式各樣骯髒的手段，這類事情每天都在上演，我們是否可以順利通過這些考驗還有待時間證明。總而言之，我們每天都必須應付這些事情，並且盡量採取最好的策略和戰術，以便我們建立公園的計畫得以繼續進行。他們想對我們採取一些很激烈的措施，但又進退兩難。」

騷擾活動持續進行。每天都有飛機嗡嗡嗡地從雷尼韋農場的上方低空飛過，有時甚至就在屋頂上方盤旋，而且飛機的窗口總是有人拿著相機拍照。智利國家情報局的探員沙吉歐・卡地納斯（Sergio Cardenas）當時也參與了這項任務。他形容這項監測任務幾乎是全天候進行，而且對政府來說，這種事情根本稀鬆平常。他在接受訪問時表示：「由於對付湯普金斯不會有什麼後果，所以不僅政府抨擊他，有些國會議員也譴責他。那些右翼份子也因為他佔用土地、並且以為他要帶猶太人過來而攻擊他。而那些左派份子之所以和他作對，則是因為他是個美國佬。」他解釋道。「瓦拉斯科部長和弗雷總統都知道抨擊湯普金斯不會有什麼後果，不需要付出任何代價。」

當一名記者問湯普金斯他如何因應那些抨擊時，他說他在意識到自己正受到攻擊後，便加入了這場論戰，故意挑起激烈的公開辯論，藉以引起政府官員和一般大眾的注意。他表示：「在我看來，智利所發生的這些情況就像其他許多地方一樣，都是因為像我們這樣的團體引發了討論，引起政府和一般大眾的注意。我們應該感到自豪，因為我們採取了行動，並且走在時代的最尖端……每個地方的環保抗爭都是這樣：主張保育的人士對上贊成開發的人士。我們有點像是在進行單兵作戰。」

然而，除了激烈的公開辯論之外，湯普金斯還面臨其他型式的騷擾。有一回，雷尼韋農場一帶颳起了一場猛烈的暴風雨，以致許多樹都倒了下來，被沖到附近的河流裡，於是湯普金斯便要手下的木匠們設立了一個臨時的鋸木廠，用那些倒木來當建材，而這幕情景被一位記者拍攝了下來，結果兩天後，當地的報紙便刊登了一篇報導，指控湯普金斯砍伐原生林木，標題是：「湯普金斯砍伐原生林木來蓋房子。」為湯普金斯工作的一名人員表示：「我們每天都面臨這樣的情況。人們總是想方設法地抹黑我們。」

「這實在是很奇怪的事情，因為有許多生意人和企業家，都來這裡開設木材廠並且砍伐樹木，卻沒有人加以反對。」賀南．馬拉迪尼克（Herman Mladinic）指出。他是一位社會學家，在智利一個反對將原生林木做成木片出口的非政府組織工作。湯普金斯雇用他和智利總統府高層打好關係，但那些人對他很冷淡。他們說：「智利人為什麼要容忍這個倡言要推廣保育工作的傢伙呢？」同時，馬拉迪尼克還發現了一個問題：湯普金斯說話太直率了，因此不免會樹敵。他表示：「湯普金斯總是告訴我：設置公園是保育工作中比較簡單的一個部分，因為人們對設立公園一事雖然各有看法，但通常還是持著正面的態度。可是一旦你開始批評開發模式、工業化的思維、工業化農業和科技等等，他們可能就不舒服了，因為這些東西對若干群體來說是很重要的。」

儘管面臨種種反對、阻撓和威脅，湯普金斯還是持續收購土地，其中包括山谷、火山和原始林地等等。購買的經費除了美國和歐洲兩地許多認同他的理念的人所慷慨捐贈的款項之外，光是湯普金斯自己就花了一千五百萬美元。然而，儘管買了這麼多，他們還是少了一塊具有關鍵性的土地，那便是位於普馬林公園預定地正中央的一塊面積達七萬五千英畝的土地。這塊地是瓦爾帕萊索（Valparaiso，智利的一個主要港口）一所天主教大學的財產，被稱為「惠奈」（Huinay）區。校方由於資金嚴重短缺，亟欲將這塊位置偏僻、面積廣大的林地脫手。於是，湯普金斯便和學校的負責人見了面，向他們說明他的生態理念和環保計畫。他們仔細地聆聽之後，便問他在墮胎議題上有何立場，一位主教甚至問道：聽說他強迫員工墮胎，這是真的嗎？深層生態理念是否只是用來掩蓋反人類思想的一個幌子？經過商談後，該校的荷黑・梅第納（Jorge Medina）閣下原本私下答應要把「惠奈」賣給湯普金斯，但後來突然公開宣稱他尚未決定。一個星期後，蒙特港市的大主教伯納多・卡薩羅（Bernardo Cazzaro）又抨擊湯普金斯「把大自然的利益置於人類的福祉之上」。

內政部長瓦拉斯科回憶當時的情況時表示：「惠奈那塊地屬於瓦爾帕萊索的天主教大學，而該校的校長是我多年的老友伯那多・竇諾索（Bernardo Donoso）。我告訴他：『你不要把那塊地賣給湯普金斯。智利政府會把它買下來，要不然我們也會找到一家公司來買。』」結果校方把它賣給了「恩德薩」（ENDESA），一個政商關係良好、並且和弗雷總統往來密切的能源集團。瓦拉斯科為此非常得意。他說：「湯普金斯差點心臟病發作，因為那塊地把他的土地分割成兩半，而他希望能有一塊完整的地。」

恩德薩是一家電力公司，根本沒有理由花數百萬美元購買一塊偏遠的林地。他們之所以這樣做，純粹是要協助弗雷總統和他的顧問們阻撓湯普金斯成立他規劃中的公園。計畫成功後，瓦拉斯科便在報紙上取笑湯普金斯。他語帶諷刺地說道：「湯普金斯不需要因為他們決定買下他的公園預定地中央的一塊地而感覺受到了威脅。他只需要降低目標，把公園的面積從三十萬公頃縮減到二十七萬就可以了。」

湯普金斯非常惱火。他嚴厲地斥責弗雷總統「只不過是個工程師」，並說政府以「惡魔般的」手段對付他，同時宣稱：「我沒有時間理會這種把戲。政府機關不應該這樣對待我。」當他和他在聖地牙哥的律師商量對策時，心中不禁想到了一個可怕的事實：他是否已經輸了這場戰爭？

第三部

第十二章 有著閃亮河流的土地

從長遠來看，經濟和環境是一體的。凡是不環保的，就不經濟。這是大自然的法則。

——美國環境保護行動家莫莉・比蒂（Mollie H. Beattie）

正當智利政府不斷監測、阻撓、威脅湯普金斯時，安第斯山脈另一端卻有一群阿根廷的環保人士，好奇地觀察著這個既有錢又熱愛大自然的美國佬。儘管有許多民意調查都顯示阿根廷人民很不喜歡美國，但他們的環保人士卻非常景仰湯普金斯。他們心想，如果他的環保計畫在智利行不通，那麼他願不願意到阿根廷來試試看呢？於是阿根廷國家公園署的署長法蘭西斯科・艾瑞茲（Francisco Erize）便寄了一封邀請函給湯普金斯，問他是否有興趣造訪阿根廷幾個有可能設置自然保護區的地方，信中並列出了幾個極富生物多樣性的地點，語氣中充滿了合作的意願，和智利的對抗態勢截然不同。

於是，湯普金斯和克莉絲便飛到布宜諾斯艾利斯，在阿根廷展開了一趟旋風式的旅行。他們參觀了好幾個已經受到破壞但仍然重要的生態系統，也看了雨林和冰河。如果他願意，他可以拯救那裡的鯨魚、神鷲、企鵝或鸚鵡。以國土面積而論，阿根廷是全球第六大國，他們有各式各樣動植物正受到現代農、林、漁業的威脅。

湯普金斯和克莉絲在參觀這些生態系統時，對畜牧業所造成的破壞感到非常訝異。烤牛肉是阿根廷的代表性食物。牛肉外銷的金額高達數十億美元，至於每個星期天的烤肉聚會，更是該國人民主要的休閒活動之一，其地位與足球不相上下。為了能有更多的地方養牛，許多生態系統都遭到了嚴重的破壞。阿根廷政府還試圖說服美國將阿根廷牛肉的進口量提高五倍，由每年的二十公噸增加到一百公噸。為此，他們甚至指派網球明星加布里埃拉・莎芭提妮（Gabriela Sabatini）擔任「牛肉大使」。在阿根廷，除了牛肉以外的肉，都不算是肉。在餐廳裡，當外國遊客點素食時，服務生會把雞肉端上來。

克莉絲和湯普金斯從阿根廷西北部的永加斯（Yungas）地區飛回智利途中，曾經在阿根廷東北部的科連特斯省（Corrientes）停留。那裡的巴拉那河（Paraná River）有許多支流流經阿根廷與巴西和巴拉圭的邊界附近，因此該省有一個面積相當於佛羅里達大沼澤（Florida Everglades）的溼地，被稱為「伊貝拉溼地」（Iberá Wetlands），裡面的一些浮島上有許多水豚、凱門鱷、老鷹和白鷺棲息。但百年來的羽毛和毛皮貿易，與近年來大規模的松樹農場的興起，已經導致許多物種瀕臨滅絕。

此外，那些浮島上還有許多毒蛇、危險的天坑，以及滿是食人魚的水池。整個溼地的地形非常多樣化，有乾燥的牧草地、稀樹草原，也有森林和沼澤。這樣獨特的地理環境孕育了極為豐富的物種，其中包括橘色的吼猴和幾近滅絕的草原鹿，不過那裡的美洲豹已經被獵殺殆盡，鬃狼也只剩下一小群。克莉絲描述她初次見到這塊溼地的印象時表示：「我們的飛機在那裡降落後，我真的以為我們到了地獄。那裡地形平坦、天氣炎熱、蚊蟲肆虐。沒有一樣東西是我喜歡或認得的，所以我只想離開，但湯普金斯喜歡。」

阿根廷人將國家公園視為國家的榮耀，而且那些公園也為政府帶來了可觀的歲收（這點和智利的情況大不相同）。湯普金斯發現：在阿根廷，國家公園的設置有一套非常穩固的法律架構。或許公園的收入會以各種非法方式被侵吞，但公園本身不會被竊佔或出售。

於是，在造訪「伊貝拉溼地」四個月後，湯普金斯買下了位於該溼地中央、面積達兩萬六千英畝的聖阿朗索島（San Alonso）。這座島讓湯普金斯有了一個觀察基地，讓他可以像個燈塔看守人般觀察著周遭的一切。島上有足夠的草地可以供小飛機起降，因此無論在陸上或空中，他都可以把外人非法入侵的舉動拍攝並記錄下來。他計劃把這整塊溼地變成一座公園。他想阿根廷人絕對不會比智利人難纏。

我想有愈來愈多企業界領袖認為那些保育人士不知道自己在做什麼，因為管理一座公園基本上就像管理一家企業一樣，但那些環保人士卻因為不諳管理之道而表現得乏善可陳。這是我認為湯普金斯和克莉絲之所以能夠如此成功的原因。他們本身就是企業界人士，而非純粹的環保狂熱份子。這點使得他們和其他人大不相同。毫無疑問地，我們需要更多像他們這樣的人……人們說我對全球各地的環保人士——尤其是環保組織或政府——太過嚴苛，但我總認為（也確實相信）克莉絲和湯普金斯是有史以來最了不起的環保人士之一。他們自成一格。從環保的觀點來看，他們雖然起步較晚，但他們這一生的成就卻極為了不起。試想，如果世上有五百個、乃至一千個像他們這樣的人，地球會變得多麼不同！可惜沒有。像他們這樣的人世上只有幾個。這是很悲哀的事。不過也由此可見，人們一旦下定決心去做某件事情，就會有很大的成就。

——美國生態學家與保護主義者邁克．費伊（J. Michael Fay）

伊貝拉荒蕪崎嶇，偶有盜匪出沒，要在這裡投資，必須先了解當地的情況。湯普金斯在安第斯山的另一邊和智利人奮戰了七年後，已經學會先研究當地的文化，然後再採取行動。於是，他立刻請了當地的一個飛機駕駛員卡羅斯（Carlos）擔任嚮導，和他一起開飛機四處走訪。卡羅斯生性調皮，喜愛冒險。他開飛機時喜歡賣弄特技，讓飛機在空中翻跟斗。他們兩人湊在一起，更是變本加厲。湯普金斯飛行時的大膽狂野一點兒也不遜於卡羅斯。當飛機沿著跑道起飛時，卡羅斯還會拔出他的手槍，對著天空開槍。湯普金斯之所以會找卡羅斯，一方面是出於本性，另一方面也有他的盤算。現在，無論當地人如何看待他，也絕不會把他當成「普通人」。

科連特斯人生性活潑，熱愛交際，和內向多疑的智利人正好相反，而且顯然也不喜歡暴力。克莉絲表示：「感覺上科連特斯人就像戰士一樣。他們也以戰士自居，而且絕對不是在開玩笑。他們個性剛強，非常獨立，而且很多人都不喜歡中央政府，對外國人也沒有什麼好感。」

除了野生動植物之外，伊貝拉還住著一個神祕的人種：「高卓人」（gaucho）。但這裡的高卓人指的並非阿根廷南部的牧人，而是那些離群索居，住在荒野且可能以狩獵或採集為生的人。

在伊貝拉溼地，經常可以聽到鳥兒嘈雜的叫聲。有三百種以上的鳥類棲息在這裡的蘆葦叢和森林中，其數量幾乎和整個歐洲一樣多。除了黑冠黃雀鵐和白啄木鳥之外，巴塔哥尼亞的紅鶴和雁每年都會飛到這裡來過冬。在伊貝拉溼地工作的野生動植物攝影師璜．拉蒙．狄亞茲（Juan Ramon Diaz）指出：「伊貝拉溼地每年有半年的時間會有來自北方的候鳥，另外半年的時間則會有來自南方的候鳥。」

伊貝拉溼地是巴拉那河流域的一部分，從前一度是河床所在地，但因為終年積水，成為全球第二大地下蓄水層「瓜拉尼蓄水層」（Guarani Aquifer）的入口。這塊溼地因為難以通行，便衍生了各式各樣的神話、傳說和陰謀論。科連特斯人雖然不信任美國佬，但他們更討厭首都布宜諾斯艾利斯那些政客。他們覺得自己被那些政客和中央政府拋棄了，因此他們效忠的是省政府。一名當地人表示：「他們說科連特斯等於是國中之國。你來到這裡的時候，他們會給你一本護照。不過如果阿根廷和其他國家開戰，科連特斯人還是會支持它。」當地人對中央政府的不滿讓湯普金斯感到安心。在一個沒有法令規章、做事沒有固定程序的地方，任何事情都有可能發生。

湯普金斯發現：伊貝拉溼地看似荒蕪，卻是一塊寶地。他告訴他的朋友們，他在飛機上俯瞰這塊溼地時，感覺它「像是一幅畫」。在當地瓜拉尼人的語言中，「伊貝拉」（Iberá）這個字指的是「有著閃亮河流的土地」。

二〇〇〇年時，克莉絲賣掉了她在「巴塔哥尼亞」的股份，在加州成立了一個非營利機構「巴塔哥尼亞保育基金會」（Conservacíon Patagónica），以推動國家公園的設置。她調查了幾個生態豐富的地區，也察看了阿根廷與巴西邊界處仍有美洲豹出沒的叢林，以及阿根廷最南端靠近湖區的地方。她和湯普金斯逐一標示出那些一度生態豐富、但如今已經飽受摧殘的地方。如果把這些地方串連起來，是否足以成立一座完整的國家公園呢？如果答案是否定的，那這一個個具有豐富生態的地區是否值得拯救？

由於當地人士已經提供了一長串可以列入保育名單的地方，於是他們兩人便開始討論哪些地方應該優先著手。是要先保護那些原始森林，使它們免於遭到想要種植大豆的業者砍伐？還是要先在幾個三百年來一直被過度捕撈的沿海地區設置「海洋保護區」（Marine Protected Areas，簡稱MPA），以保存那裡僅剩的魚類和海洋哺乳動物？

「他們兩人是一個團隊。」環境歷史學家哈洛·格拉瑟（Harold Glasser）表示。「湯普金斯堅定而強悍，但克莉絲了解人們工作的方式。她會居中打圓場，也能夠激發出別人最好的一面。她總是很理性、很虛心，能夠接納別人的意見，而且很具有批判性思考能力。」

最後，克莉絲決定把心思（和出售股票所得）投入蒙特利昂（Monte Léon）。這個地區位於阿根廷南方的大西洋海岸，長久以來一直被當成放牧綿羊的地方，因此面臨了過度放牧與土壤侵蝕等問題。該區的面積有十六萬五千英畝，其中包含二十五哩長的荒涼海岸和幾個企鵝群居地。岸邊的草木都已經被成千上萬隻綿羊啃食淨盡，看起來有如沙漠。

他們和備受敬重的阿根廷國家公園署署長艾瑞茲一起擬定了一項三方移轉計畫：「巴塔哥尼亞保育基金會」會贊助一個名為「阿根廷維達西爾維斯特基金會」（Fundación Vida Silvestres Argentina）的非營利機構，讓他們買下蒙特利昂地區，後者再將這塊土地移轉給阿根廷的「國家公園署」。過了三十六個月之後，這項計畫就完成了，蒙特利昂也成為阿根廷的國家公園之一。這是該國第一個海濱國家公園，為其後「海洋保護區」的設置奠定了基礎。「當你向那些討厭美國佬的阿根廷人說你有一筆錢，想用來購買一些私有土地，將它們整理一下，然後再捐給阿根廷政府時，他們都認為這個點子很好。」湯普金斯表示。「因為出錢的是你，而他們的政府卻可以把那些土地收回去。」

此時，克莉絲和湯普金斯已經開始每年往返於普馬林和伊貝拉之間，並更進一步參與推廣保護伊貝拉溼地的活動。冬天時，巴塔哥尼亞地區潮溼陰暗，但伊貝拉溼地卻春意盎然。克莉絲說他們每次從多雨的雷尼韋農場開車到阿根廷時，都感覺像是在「度蜜月」。在長達幾天的車程中，他們會輪流念書給彼此聽。「我們在車子裡說說笑笑、討論事情，非常開心。」克莉絲表示。「每當我坐累的時候，他就會把車子停下來，開始看書，然後我就會跑到車子前面，等到走得夠遠時再向他招手示意，這時他就會立刻放下手邊的書，開車去接我。」

為了更加了解伊貝拉溼地的情況，他們雇請了阿根廷生物學界的先驅索菲亞·海諾南（Sofia Heinonen）協助他們。海諾南曾經在「阿根廷國家公園署」服務了十七年，是一個自信、熱情、無所畏懼的環保工作者，但就連她也對湯普金斯的大膽行徑感到驚訝，因為他聽從海諾南的建議，去拜訪當地人士並和他們聊天時，居然一本正經地告訴他們：他要來成立一座國家公園，重新引進美洲豹，以環境保育來帶動地方經濟。

海諾南陪著湯普金斯逐一造訪伊貝拉溼地周邊的村落，以及當地那些保守的農會和養殖協會。她聽到他不斷公開宣示他的革命性計畫，簡直驚呆了。果然才過了四個星期，他的言論就引起了一片譁然。當地人聽他如此自信而肯定地談論他的構想，都忍不住咽了一口口水，不知道該如何回應。「他們覺得他好像是在說：『我要上月球，然後去火星，接著我要在木星上蓋房子。』一樣。」海諾南笑道。「他們以為他瘋了，覺得那是一個不可能實現的夢想，感覺他好像是一個不知道自己降落在哪裡的外星人。」

為了更加了解伊貝拉溼地獨特的生態，湯普金斯也雇用了一位西班牙野生動植物學家伊格納修・吉梅內茲（Ignacio Jimenez），但吉梅內茲心想，他在開始研究如何重新野化伊貝拉溼地，並復育大食蟻獸、草原鹿和美洲豹等動物之前，必須先平息當地人的恐懼，因為他們都認為湯普金斯是個騙子。「他們的態度就是：『少來了！我根本不相信你這一套！』」吉梅內茲指出。「首先，他們認為每個美國人都想騙他們。其次，他們相信每個百萬富翁都是混蛋，所以他一定有什麼不可告人之事。這讓我感到非常驚訝，沒想到有這麼多人對他懷著敵意和仇視的態度。如果一個外國人購買土地是為了做生意，例如採礦、造林或種稻什麼的，他們就不會有什麼意見，但這個外國佬之所以買進大量的土地，竟然是為了要保育大自然，這就會讓他們開始議論紛紛了，因為他們從來沒看過這樣的事。對他們來說，他就像個外星人一樣。他們不相信這是真的，於是就杜撰了許多故事。」

伊貝拉地區的省議員塞吉歐・弗林塔（Sergio Flinta）也是這些人當中的一個。他在接受訪問時表示：「我反對他的第一個理由是：他是個美國人，而且要來買土地。你要知道，我們向來很討厭美國人。第二個理由就是：我以為他的目的是要佔據伊貝拉的水源，讓我們無法利用，而且他認為保育比生產重要。還有人說他把智利的國土一分為二。這使得本地的農會對他非常反感。」

湯普金斯知道要進出伊貝拉溼地並不容易，而這點對他的計畫頗為有利。當時，很少牧人或農場工人敢進入這片神祕的沼澤地。大家都知道那裡是遊牧獵人狩獵或捕捉獵物以供販售的地方。那些獵人會設陷阱捕捉水獺，並用鹽磚引誘沼澤鹿。當他們把牛群從一個地方趕到另外一個地方時，會以煙霧做為訊號。原本溼地裡有數十萬隻凱門鱷，但在他們的獵捕之下，數量劇減，如今只剩下幾百隻了。

「湯普金斯把伊貝拉溼地買下來的時候，那裡空蕩蕩的，沒有什麼動物。但他知道那裡是一處棲地，而且沒有別的用途，所以他可以在裡面復育各種動物。」海諾南表示。「他從伊貝拉溼地上空飛過的時候，就知道他能夠讓那裡再度充滿野生動植物，讓它恢復生機。」

溼地裡原本有體長達十八呎的黃水蚺，但那些遊牧獵人為了用蛇皮換取區區幾塊錢，便大量獵殺，使得這些黃水蚺已經瀕臨滅絕。除此之外，白鷺的羽毛也是那些獵人採集的對象。他們抓到白鷺後，就會出動全家人，用膠帶把牠們的腳綁在樹枝上，拔取羽毛，賣到市場上供人當作帽子上的裝飾。當這種俗豔的帽飾不再流行後，遊牧獵人的數目便從原來的好幾千人驟降為三百人左右，不過這個數字還包括一些藏匿在沼澤中的逃犯。

「這些逃犯不見得是兇惡的匪徒。有很多人只是不懂法令，沒有法律概念罷了。」海諾南解釋道。「比方說，如果一個遊牧獵人去鎮上參加一個派對，遇見了一個未成年的女孩，然後把她帶回沼澤地，他就會被控告。問題是他並不知道那個女孩幾歲，也不明白為什麼鎮上的人要告他，或者警察為什麼要捉拿他。但從此他就只好躲起來了。」

為了更了解那些生活在伊貝拉溼地上的人與生物，海諾南自願前往勘查。她騎著馬（有時還拖著一艘獨木舟）冒險進入沼澤深處。如果水太深，她就把馬綁在某個地方，一個人划著獨木舟穿過沼澤的蘆葦叢。她花了十個月的時間探索這片荒野，留意那裡是否有已經瀕危的沼澤鹿，並檢視動物所留下的糞便，以便了解有哪些物種還生活在那裡。此外，她還有一個任務：要去勘查溼地中那些離群索居的人物。

那段期間，她遇見了各式各樣的人，包括逃亡的殺人犯、被綁架的婦女、一些沒有法定婚姻關係的家庭，以及在沼澤裡出生、長大的孩子。有時她也會碰到獨自居住、只有狗兒和馬兒作伴的人。她和他們坐在爐火旁邊，聽他們講述過往那些可以在市場上買得到美洲豹毛皮且槍枝勝過王法的日子。為了贏取他們的信任，她還和他們一起啜飲瑪黛茶（Mate tea）。

在阿根廷、烏拉圭、巴塔哥尼亞，以及巴拉圭和巴西的部分地區，喝瑪黛茶已經成了一種傳統儀式。那裡的人會把乾燥的巴拉圭冬青（原產於科連特斯省的一種植物）的葉片和梗子放進一個用葫蘆做成的杯子裡，用熱水浸泡並入加糖（也可不加）後，就變成像茶一樣的飲料，然後再用一根很粗的不鏽鋼吸管來喝。你從一個人喝瑪黛茶的方式，就可以看出他是城裡人還是鄉下人。由於攪動吸管會使得吸管被茶渣堵住，因此喝茶時你千萬不能攪動吸管，否則就有冒犯當地文化之嫌。

由於很少有女性敢隻身前往伊貝拉溼地，因此海諾南此舉令許多人既驚訝又佩服。「住在那裡的人都是些年紀很大或沒有身分、不在體制內的人。他們不會說西班牙語，只會說瓜拉尼語，也沒有什麼資源。」她說。「我們雇用了其中許多人擔任公園巡守員，因此他們就不再打獵了。雖然沒有全部雇用，但至少每個家庭都有一個。」

如今，這些人每天划著獨木舟或開著汽艇在伊貝拉溼地巡邏，以保護那裡的動物。當西班牙生物學家吉梅內茲被問到，他如何贏得當地農工和那些遊牧獵人的信任，使他們願意和一個外來客合作時，他笑著答道，那是因為他已經喝了「相當於好幾條河流的水量的瑪黛茶」。

湯普金斯和克莉絲連續花了好幾個月的時間探訪伊貝拉溼地周遭的村落，包括梅賽德斯（Mercedes）、康塞普巡（Concepción）和聖米蓋爾（San Miguel）等等。克莉絲因為兒時在委內瑞拉住過好幾年，因此會講西班牙語，也了解這裡的風俗習慣。逐漸地，她愛上了這個地方。

為了贏取當地人的友誼，湯普金斯在一個名為科洛尼亞卡洛斯佩萊格里尼（Colonia Carlos Pellegrini）的鄉間小鎮待了一段時間。他很享受那裡的氛圍。多年來揹著背包旅行的經驗讓他養成了一種本事，能夠在露天市集裡隨意找人問路（例如該從哪一條路線划獨木舟進入沼澤等等）。此外，他也喜歡和當地人一起大啖烤肉並用土話和他們說說笑笑、打打鬧鬧。克莉絲表示：「湯普金斯很喜歡當地的文化。他喜愛那些想要保存自身文化的人，也很敬重那些生活很艱苦的人。他們有自己的文化，也想保存這種文化。他非常看重這一點。」

湯普金斯能睡吊床，也能睡地上。當地人對這個古怪的外來客議論紛紛。有人曾經看到他睡在汽車後座。有人說他曾經在佈滿凱門鱷的水域裡游了一個小時。他的飲食習慣也成了眾人談論的話題。他從不抽菸，很少吃煎炸的食物，也不太喝酒，過著簡樸刻苦、非常養生的生活。同時，他的穿著也很引人注意，因為他總是戴著白色的貝雷帽，穿著扣領襯衫和帆船鞋。在當地人眼中，他雖然有許多地方都很怪，但絕非一個乏味無趣的人。

有一次，湯普金斯應阿根廷一個貴族家庭的邀請擔任婚禮貴賓。由於他到得很早，而且他素來喜歡人像攝影，於是他便開始拍攝在場的賓客的照片，以致那些賓客還以為他是婚禮攝影師，便開始指使他，一會兒叫他去做這個，一會兒又叫他去做那個，而湯普金斯也很配合。然而，等到賓客應該就座時，主桌卻少了一個貴賓。大家都納悶：湯普金斯先生——那個有錢的美國人——在哪裡呢？當湯普金斯不好意思地放下相機，走到他的位置上坐下來時，大家才發現剛才那個被他們呼來喝去的人原來是今天的貴賓，頓時都尷尬極了。但向來喜歡惡作劇的湯普金斯卻笑得合不攏嘴。事實上，攝影除了是他的愛好之外，也是他隱身於群眾中的一種方法。在大型的社交場合，他不喜歡和人閒聊時，便會用他的攝影機做為盾牌以求脫身，以致後來他竟成了頗為高明的人像攝影師。

當湯普金斯享受著他所引起的騷動時，克莉絲卻開始雇用當地一些具有影響力的婦女來推廣他們的理念。「克莉絲總是會考慮到各種意外狀況，湯普金斯卻從來不會。」海諾南表示。「這使得他們達到了某種平衡狀態。我猜想有克莉絲在他身邊，他就可以稍微安心一些。如果沒有克莉絲，他就會像一匹脫韁的野馬。但克莉絲讓他定下來，讓他的生活有了秩序。」

瑪瑞西．羅佩茲（Marisi Lopez）原本在伊貝拉辦公室擔任接待員，但後來湯普金斯和克莉絲發現她很了解當地的政治生態，便請她負責和當地的政界人士——尤其是弗林塔議員——拉關係。從此，事情便有了長足的進展。「湯普金斯從來不給他手下的人任何限制。」她說。「他喜歡雇用能幹的女人，並賦予她們許多責任。他對你比你對自己更有信心。他會把你丟到游泳池裡水比較深的那一頭，然後叫你開始游泳。如果你真的能游，他會很開心。如果你不行，他就會責備他自己，覺得他當初不該把你丟進去。」

律師特瑞西塔．伊圖拉德（Teresita Iturralde）也在湯普金斯手下工作。她會聚集當地人，向他們說明：如果能復育那些已經在伊貝拉絕跡的物種，將可促進當地的觀光，振興經濟。她會向他們出示一些令人驚嘆的照片，並且解答他們對湯普金斯所懷有的疑慮。

在此同時，湯普金斯也開始批評科連特斯省的企業，並質疑他們使用土地的方式。一直以來，伊貝拉溼地一帶的米農、松樹農場和牧場都認為政府制定的環保法規太過繁瑣，因此從未加以遵守。他們認為無論他們怎麼做，都是他們自家的事情，不容外人置喙，因此長久以來，他們一直肆意進出伊貝拉溼地，為所欲為，可是卻鮮少有人抗議，直到湯普金斯開始調查，並提出了質疑。「湯普金斯是第一個點醒我們，讓我們注意到這些事情的人。」弗林塔議員表示。「於是我就對柯倫比（Colombi）省長說：『嘿，我們得採取一些行動，總不能讓那個美國佬來告訴我們該怎麼做，何況我們自己也很清楚，那些事原本就是我們該做而沒做的。』」

湯普金斯開著飛機在伊貝拉溼地上方勘查後，發現當地的幾家牧場在溼地上違法建造了許多堤道，以供他們的牛隻行走。他們在那裡放牧牛群，汙染了水源，而他們所建造的堤道則使得水中的養分無法自然流動，也讓溼地上的物種無法自由遷徙。那些米農也在溼地上大面積地種植稻米，並在稻田四周築起土堤，更進一步地破壞了那裡的生態。他們的所作所為顯然都是違法的，因為智利政府有鑑於巴拉那河和周邊流域對當地經濟的重要性，已經制定了嚴格的用水法規，禁止民眾任意變更天然水路，但這些法令卻鮮少被執行。

湯普金斯為此深感憤慨。據他估計，再這樣下去，伊貝拉溼地恐怕十年後就會完蛋。他心想他如果不設法反擊，那裡的許多重要棲地遲早都會消失，到時他們為了野化所做的一切努力也將徒勞無功。於是他採取了行動：他雇用城裡最好的律師，提出法律訴訟。

在此之前，科連特斯省從未有人為了保護大自然而打官司。當地人如果發生了土地糾紛，通常都是用啤酒、子彈或恫嚇的手段解決。海諾南表示：「我告訴他，我們阿根廷人碰到問題都是訴諸媒體或走上街頭，因為我們不相信司法體系。一樁官司可能會拖上十年，而且根本不會引起任何人的注意。同時，法官不但一直換人，而且個個都貪汙腐敗，但他說：『我不在乎，我們要把他們一個個都告上法庭！』於是他便請了三個律師，提出了五十四樁訴訟，把附近那些企業和政府機關通通都告了，引起了一場軒然大波！」

在法庭上，湯普金斯取得了一次又一次的勝利。他在寫給手下的備忘錄中描述了「安第斯林場」（Forestal Andina）的老闆馬其阿維洛先生（Señor Maciavelo）「錯誤的管理與愚蠢的行為」。當法院判決他在溼地上所建造的八哩長的堤壩並不合法時，他竟然試圖反抗，但後來法庭仍然下令他必須拆除。這讓湯普金斯開心極了。他宣稱：「這是有史以來民間人士第一次反抗企業界的橫行霸道，將馬其阿維洛先生告上法庭，並取得了一連串的勝利！法律的規定很清楚，馬其阿維洛先生必須在七十二小時之內動手拆除他的堤壩，並恢復原來的地貌，否則他就得坐牢。由此可見，儘管阿根廷的民眾對司法體系有諸多不滿，但它仍然能夠發揮效用。」

後來，湯普金斯仍然繼續開著飛機在伊貝拉溼地上空盤旋，監測那些非法堤道，拍攝所有進出溼地的卡車和工作人員的照片，並且告訴別人他將把所有的開發商都趕出伊貝拉溼地。他還宣稱，從今以後，伊貝拉溼地將成為野生動物的庇護所。這讓當地那些長久以來一直處於權力弱勢、並且生活在貧窮線邊緣的勞工有些驚訝。在他們看來，阿根廷沒有一位百萬富翁會願意為了大自然而抗爭，或對上流階級提出挑戰。那麼這個美國佬究竟想做什麼？

面臨即將到來的環保革命以及五十多件官司，湯普金斯當時已經有些吃不消了，沒想到有一天一位意外的訪客卻來到了伊貝拉。他便是智利總統弗雷。「弗雷來了以後便說了許多湯普金斯的壞話。」弗林塔議員後來接受訪問時表示。「他來到科連特斯省，和我們的省長碰面。當時我也在場，所以親耳聽見了他所說的話。他說湯普金斯會設法佔據伊貝拉溼地的所有水源，並說他已經把智利的國土切割成兩半，還到處告訴別人湯普金斯是個惡魔。」

第十三章　普馬林公園

湯普金斯的對手真恨不得把他給殺了！他們控制了媒體，散播各種荒謬古怪的傳聞，說他如何如何。那段期間，當我們在美麗的峽灣裡健行時，他總是一吃完午飯就睡了。他以前很少這樣的。可見當時他承受了多大的壓力。為了把他趕走，他們什麼齷齪的把戲都玩得出來。雖然他太強悍了，他們趕不走他，可是我看得出來他已經受到很大的傷害。

——湯普金斯的女婿暨環保人士伊姆霍夫

到了一九九七年秋天時，湯普金斯在智利已經樹敵無數。他的對手包括領頭的智利總統弗雷、天主教會的主教們、幾位海軍上將，以及一個由皮諾契將軍的好友奧古斯丁・艾德華茲（Augustin Edwards）所領導的一個保守派的媒體集團：《水星日報》（*El Mercurio*）。他為了設立普馬林公園，已經奮鬥了五年，現在卻陷入了四面楚歌的境地。他醒著的時間有一半必須用來為自己辯解，因此設立公園的計畫進度更加緩慢。

這一年的秋天，他花了幾個月的時間為一個只有數百居民的小鎮——卡雷塔貢薩羅鎮（Caleta Gonzalo）——整修了渡船碼頭，還新建了一個斜度適中的船用斜坡道，並安裝了安全照明燈，美化了周邊的景觀，甚至根據當地的習俗，設立了一根旗杆。

完工後，他們舉辦了一個簡單的儀式，並升起了智利國旗。但該鎮的鎮長荷西．弗瑞提斯（José Miguel Fritis）卻指控湯普金斯侵犯了智利的國家主權，禁止他升智利的國旗。弗瑞提斯曾經從事政治運動，也曾參與薩爾瓦多內戰長達十年的時間。他之所以會槓上湯普金斯，純粹是基於個人的恩怨，因為他原本想購買一塊土地，卻在競標時敗給了湯普金斯。從此他便開始充當聯邦政府的耳目，監視他的一舉一動，而且還故意把他新近收養的那條狗取名為「湯普金斯」。

後來，為了進一步監視湯普金斯，智利海軍在那條船用斜坡道的上方設置了一間新的辦公室。同時，弗雷總統甚至核准在人口還不到一百的佛度達休鎮（Vodudahue）設置一間警察局。針對此事，湯普金斯開玩笑說，這個警察局應該以他的名字來命名，而且他不僅沒有抗議此事，還主動表示要捐贈建地。

在湯普金斯身邊工作的智利環保人士璜．帕布羅．歐瑞戈（Juan Pablo Orrego）表示：「智利是有法治的。如果是巴西人遇到這樣的事情，他們就會讓你挨槍子兒了。在祕魯也是一樣。但這並非智利人的作風，所以雖然那些智利人那麼討厭湯普金斯，卻沒有讓他吃子彈。還有一點，湯普金斯很聰明，既是富豪，也是精明的生意人。他們原本應該會很尊敬這樣的人，甚至欣賞他，但他們卻對他恨之入骨，因為他資助智利的保育人士，使智利開始興起環保運動，所以對他們來說，湯普金斯就是敵人。」

其後，弗雷總統對湯普金斯進一步施壓。他命令稅務機關加強審查湯普金斯和他名下的機構所簽署過的每一份文件，叫他們務必要「找到什麼」，足以證明他別有用心或有什麼不可告人的祕密，但這些努力全都白費了，因為他們發現湯普金斯行事根本沒有規劃。他雖然買下了巴塔哥尼亞的大片森林，但他如果看到他喜歡的地，也會把它買下來。有時，他會花數百萬美元整理一塊地，但隨後卻把它賣掉。事實上，他的高級助理都知道他做事往往都是隨興所至，而且他一個星期所做的事情，可能比大多數人一個月做的還多。

面對種種打壓，湯普金斯雖然表面平靜，但內心卻極為憤怒。他不喜歡一舉一動都受到監視，尤其是在他並未犯錯的時候。每當此時，飛行便成了他的慰藉。他會開著他的小飛機飛過巴塔哥尼亞的最高峰聖巴倫廷山（Mount San Valentin）。「他會把塵俗之事拋在腦後，專心開著飛機，並欣賞眼前的美景。」他的飛行夥伴羅德里戈·諾瑞加（Rodrigo Noriega）表示。「這讓他得以沉澱並放鬆心情。他會開著飛機兜風，四處看看……他之所以能夠想出那些點子，我想有一部分是因為他會開飛機，能夠從空中俯瞰一切，因此他才會有那種宏大開闊的眼光。」

建築師羅哈斯指出，當湯普金斯想要評估他剛買的地可以如何運用時，便會在它的上空盤旋好幾個小時，或沿著那裡的山坡、河谷或山谷低空飛行（有時距樹梢只有二十呎），然後根據他在空中所見到的景象規劃建築藍圖。「即使他沒有把藍圖畫出來，他的腦子裡也會有一個很清晰的概念。」

為了設計公園所需要的基礎設施（包括建築物、步道、簡易機場和有機蔬果溫室等等），羅哈斯經常搭著湯普金斯的小飛機和他一起去勘查，往往一去便是一整個下午。「在這麼偏遠的鄉下蓋房子，你不需要考慮鄰居、街道、土地使用分區計畫或建築法規等因素。」羅哈斯表示。「但你有別的法規要遵守，那就是大自然的法則，包括景觀、坡度，以及那裡有沒有可以擋風的森林等等。湯普金斯會從空中的視角來思考這些問題。」

湯普金斯和克莉絲在雷尼韋農場蓋了一座有機溫室，也興建了一棟校舍，教室裡用柴爐供應暖氣並以蠟燭照明，同時還請了一些老師為那裡的幾十個學生上課。他們甚至還開始養蜂，而且到後來每個月都可以生產出好幾千磅的有機蜂蜜。

湯普金斯夫婦明白家庭可以提供穩定的勞動力，於是便招募當地的夫婦為他們工作。對那些有小孩的家庭來說，這樣的機會簡直令人難以抗拒，因為在雷尼韋農場，他們除了能夠有一份有意義的工作、可以按時領薪水之外，他們的孩子還可以接受優質的學校教育。對於這些員工，湯普金斯仍然秉持著他在 Esprit 一貫採行的政策：他所給的薪水或許不是最高的，但福利絕對優渥，有健保、退休金與有薪的假期等。如果員工生了急病，即使在暴風雨的天氣，湯普金斯也會開著他的小飛機送他們去醫院。有一次，一名男性員工因為太太要生了，需要去陪產，湯普金斯也開飛機把他送了過去。

除此之外，他也投入數十萬美元挹注地方經濟。他聘請當地的金屬工匠和石匠，建造普馬林公園的行政大樓和入口處的看守人小屋，請木工雕刻公園的招牌，也請木匠製作家具。當時和他一起設計農場和公園裡的建築的年輕建築師法蘭西斯科・莫朗迪（Francisco Morandé）表示：「這種做法讓那些工匠有了尊嚴。他們把工作做完時，會為自己的成品感到自豪，也喜歡將它們展示給別人看。整個過程非常美好。」

在這些事情上，湯普金斯照例很注重細節。他要求公園裡的告示牌一定要雅緻悅目。當普馬林公園裡的建築要上漆時，他對油漆的顏色也非常挑剔，以致後來當地的五金行還特別調製了一種新的綠色色調，並管它叫「湯普金斯綠」。他們認為與其花工夫一再修正色調，不如一開始就先調出正確的顏色。

此外，餐桌上的餐墊是湯普金斯特別委請當地的織工用手工縫製的，廚房裡的排油煙機的鍍銅罩子是請金屬工匠打造的，牛奶壺和花盆則是在智利一座以陶器聞名的村莊昆查馬利（Quinchamali）買的。由於那裡沒電，無法使用電鑽、起重機和鏟斗機等工具，於是那些工匠便用手搖鑽、榫接技術與牛拉法來工作，並且以小手斧和手鋸來蓋房子。他們不僅熟悉這樣的工作方式，技術也很好。他們所展現的技藝令湯普金斯為之著迷。他覺得能夠用手工打造器物是一件很美妙的事情。

湯普金斯的做法不僅讓大家注意到當地工藝的美感，也讓那些手藝有機會能保存下來。他甚至還做了一系列海報，讚揚那些工匠是一群藝術家。「你要如何讓一個開拖拉機的人感覺他的工作是有價值、有貢獻、富有創意而且很重要的？那就是：讓他明白他開拖拉機的工作對這座公園是有貢獻的。」湯普金斯夫婦的助理娜丁・雷娜（Nadine Lehner）表示。「湯普金斯經常和那些基層工人一起幹活，讓他們感覺他們的工作是受到注意而且是有價值的。」

此外，湯普金斯和克莉絲對當地文化的贊助，是當地的外國人很少能比得上的。湯普金斯不僅捐款給一個隸屬於教會的廣播電台，還說服一位天主教高級神職人員每天播出一個節目，專門推廣環保概念。同時，他們夫婦也默默為當地的足球隊購買他們所需的裝備，並且為一個由鎮上的消防隊員組成的樂隊添置手風琴。為湯普金斯工作的一位林業工程師英格麗・埃思皮諾莎（Ingrid Espinoza）表示：「他會去和那些人見面，參觀他們的生活，並試著了解他們。有一次，他要去造訪他想買的一處房地產，所以我就把所有文件都準備好了。那是一座結構簡單的牧場住宅，但房子的主人已經烤了羊肉和馬鈴薯，準備和湯普金斯坐下來談生意。那種氣氛讓人很愉快。湯普金斯一點兒也不覺得不自在。雖然他平常是個急性子，但那天他一點兒也不急，慢慢地和他們一起吃著羊肉和馬鈴薯，喝著瑪黛茶，而且從頭到尾都沒有把那根吸管拿起來，一次也沒有！」

儘管湯普金斯和地方人士的關係逐漸改善，智利新興的環保團體也支持他的做法，但政府對他仍不友善。稅務機關持續對他進行稽查。不過，他手中握有一張王牌：他知道智利政府渴望成為南美洲第一個和美國簽訂自由貿易協定的國家，以便爭取數十億美元的外資，而且這些資金勢必都會投入一些有害環境的產業，例如銅礦、砍伐林木的木材業，以及會排放二氧化硫的煉鋁廠等等。

湯普金斯認識許多名人。他只要一通電話就可以連絡上英國的查爾斯王子和美國新聞界鉅子泰德・透納（Ted Turner）等人物，也知道如何運用這樣的人脈。此外，他在 Esprit 時曾經花兩年的時間和中國官員談判商務協定，因此他知道智利政府不會願意搞垮像他這樣一位受到矚目的美國投資人士。他知道他們還想吸引來自美國的資金，因此絕不會甘冒風險，沒收他在智利的資產，所以他們的所作所為只不過是在虛張聲勢。

在經過數年的公開交鋒後，湯普金斯終於在一九九八年和智利政府簽訂了「停火協議」。為了息事寧人，他答應一年內不再購買任何土地。「我們所簽訂的只是議定書，不具有法律上的約束力，但這樣可以讓智利政府比較安心，也有助於我們計畫的推行。」他在寫給員工的一封信中如此表示。「但這只是我們邁往正確方向的一個步驟，我們還要努力八年才能達成我們的目標。過去，我們把一半的時間都拿來對付各式各樣的手段、威脅和批評。現在，我們終於可以把百分之九十八的時間用來設立公園了。對於環境來說，我們目前所得到的成果非常微小，只不過是九牛一毛而已。未來還需要許許多多人做出類似的微小努力，才能矯正人類過去所犯的錯誤，好好保護我們這個地球。」

弗雷總統身邊的強硬派人士想要堵住湯普金斯的嘴，因此希望能在議定書中加上一項條款，禁止湯普金斯發表任何反對美智自由貿易協定的言論，或採取任何相關的行動，同時還要求他不得批評弗雷總統，但他們的計畫並未得逞，因為湯普金斯已經開始和卡洛斯・庫埃瓦斯（Carlos Cuevas）和派崔西歐・羅德里戈（Patricio Rodrigo）這兩位智利環保人士合作，試著在政府機構中建立人脈，尤其是可望成為下一任智利總統的公共工程部長黎卡多・拉戈斯（Ricardo Lagos）。庫埃瓦斯和羅德里戈兩人都熱心環保，也都曾在公共工程部任職。湯普金斯視他們為重要的盟友，很看重他們的意見。

除此之外，美國大使館中的有力人士──包括約翰・歐里瑞（John O'Leary）大使──也公開在大使館內接待湯普金斯，甚至特地飛到智利南部，參加克莉絲和湯普金斯每年都舉辦的民俗節慶。歐里瑞大使和其他三百位賓客在那歡樂的氣氛中，吃著自助式的餐點與自製的蘋果派，漫步在整潔的草地上，欣賞著公園各處的景觀。在那裡，所有的細節都非常考究，每一座小橋、每一條小溪，乃至那些用來裝飾看守人小屋的黑白照片，都洋溢著美感。

當時，湯普金斯設立公園的計畫已經有了進展，有七個家庭在他的農場裡生活。建築師莫朗迪表示：「當時我們手中有三十項工程在進行，所以我們整天都在一起工作，晚上也一起吃飯，並且一起設計各個建築，包括小屋、餐廳和狗屋等等。」

湯普金斯雖然身在南半球，但仍密切關注著他的「深層生態學基金會」的運作，持續贊助全球各地的環保運動，每年捐款的金額高達三百萬美元。他喜歡資助那些相對弱勢的環保團體，因此有許多捐款都給了那些有著明確目標的小團體，例如主張不該在國家森林裡修築道路的團體，或致力保護北極白鯨的組織。他的小額捐款讓那幾十個環保社群得以建立編制、支付房租、舉辦研討會並出版書刊。同時，湯普金斯也投入了百萬美元在報紙刊登各式廣告，有一次甚至鼓動民眾對「世界貿易組織」提出抗議。

那是一九九〇年代末期的事。當時，湯普金斯在南美洲打造他的農場和公園之餘，仍不時飛回舊金山，主持基金會的董事會議、拜訪朋友，並協助發展他的朋友曼德所創辦的「國際全球化論壇」（International Forum on Globalization，簡稱ＩＦＧ）。他決心要揭發全球資本主義背後那隻看不見的黑手，提醒世人防範那些跨國企業與日俱增的影響力。於是，他便和「公眾媒體中心」的團隊以及ＩＦＧ舊金山辦事處的金布瑞爾一起設計了一系列的全版廣告，開始推動他們所謂的「轉捩點計畫」（The Turning Point Project）。

他們花了六萬美元在《紐約時報》和《華爾街日報》刊登了全版廣告，對那些試圖逃稅或鑽環保協議漏洞的跨國企業提出質疑，指責這些多半在紐約證券交易所公開上市的公司「商人無祖國」，並任意榨取地球的資源。湯普金斯和曼德甚至形容他們是：「無形的政府」（The Invisible Government）。

一九九九年時，「世界貿易組織」的年會預定十二月初在西雅圖召開。之前的幾個星期，湯普金斯在舊金山、波特蘭和西雅圖三地的報紙刊登了一連串「轉捩點計畫」的廣告，並且贊助IFG舉辦大型座談會，邀請大約三千名反全球化的人士前來共商對策。湯普金斯出錢租下了貝納羅亞音樂廳（Benaroya Hall，西雅圖交響樂團的所在地，也是當地音響設備最好的場所），並支付所有的必要款項，包括來賓的機票和租用麥克風的費用等等。在那幾天當中，這些充滿熱忱的環保人士彼此交換見聞，變得愈來愈激憤。曼德回憶當時的情景時表示：「那次世界各地的反全球化人士都參加了。座談會非常成功，也引起了媒體的關注，於是人們便開始走上街頭。當時的西雅圖瀰漫著一片反世貿組織的氛圍。」

十一月三十日，世貿組織的年會揭幕時，在「搗亂會社」（The Ruckus Society）——一個由「地球優先！」負責人麥可．羅塞爾（Mike Roselle）聯合創辦的團體——發起之下，成千上萬人秉持著甘地和金恩博士的「公民不服從」的精神走上了街頭，以致西雅圖的交通陷入癱瘓，也使得世貿組織的代表們都被困在旅館房間裡，出不了門。這些抗議活動雖然喧鬧嘈雜，但大致上並沒有暴力色彩，而且效果極好。

抗議的畫面很快就出現在全球各地的媒體上。湯普金斯沒有公開說一句話，就在人們心中埋下了反抗的種子。「公眾媒體中心」的曼德回憶當時的情景時表示：「那個場面真是太驚人了。我們居然讓十萬個人走上了街頭，還讓世貿組織的年會無法召開，真是太棒了。」

此時，湯普金斯和克莉絲在巴塔哥尼亞推動的保育計畫，也逐漸受到了各國的關注。這些計畫包括當時剛剛開始盛行的「野化」（rewilding）概念。「野化」是一種保育策略，其做法是將一些主要的物種重新引進它們原來的棲地，並移除外來物種，使當地的生態系統能夠逐漸恢復原貌。一座森林的生態要經過數千年的演進，才能到達多元而均衡的狀態，如果其中的林木被砍伐殆盡，就很難再恢復了。湯普金斯和克莉絲雖然飽受政府刁難，但在智利和阿根廷仍擁有將近一百萬英畝的土地，因此他們很有機會在他們所買下的幾十座森林和農場上實施野化策略。

湯普金斯明白：要使環境恢復原貌，就必須改變現代農業的耕作方式。他看出，如果農民們持續栽培單一物種、密集使用殺蟲劑，並忽視土地的整體健康狀態，如果全球人口對肉食的需求愈來愈高，他的保育計畫註定無法成功。於是，他便在阿根廷買下了幾座破敗的牧場，並計劃在一座名為「布蘭卡湖」（Laguna Blanca）、佔地一萬八千英畝的河濱農場上實施有機農作。從此，他便像一個畫家看著一塊空白的畫布一般，日復一日開著他的小飛機在「布蘭卡湖農場」的上方盤旋，規劃著他的有機耕作大業。

二〇〇〇年時，普馬林公園已經成了全球最大的私人公園，並且獲得了一小群人的捐款支持。這些人曾經前往巴塔哥尼亞勘查，並且和湯普金斯夫婦見面。他們發現這對夫婦招待客人的方式十分考究。湯普金斯會一邊喝著溫開水、一邊和他們討論一些具有爭議性的話題，並批評主流環保團體的態度，而且往往得罪了一屋子人而不自知。克莉絲除了充當和事佬之外，也是整個計畫的幕後操盤人。她會和那些具有影響力的捐款人打好關係，安撫那些被湯普金斯得罪的人，並過濾她丈夫那些天馬行空的點子。

早上時，他說：「來吧！我帶你去看看本地人口中的千瀑之地。」他有兩架小飛機，其中一架叫「哈士奇」，外殼像帆布一樣，只有兩個座位，其中一個就在駕駛座後面。它不是一架超輕型飛機，但體積很小。後來我們就升空了，飛在狹窄的峽谷間，看著那些瀑布和在天空翱翔的安第斯神鷹。感覺上我們並不比那些神鷹大多少。他讓我看了那些美麗的瀑布後，就回頭朝著海邊的方向飛。後來他說：「下面那裡有一座溫泉。」於是就飛到那溫泉上方。我看到那裡有一個由岩石堆成的溫泉池，還有一片很小的沙地。這時我突然意識到：「天哪！他要降落在那上面耶！」我心想，或許他辦得到吧。那片沙地真的很短，但我猜他之前應該這樣做過。後來他就往下飛，然後就在沙地上降落了。我想那裡的沙子一定很密實。後來我們就走到池子邊，脫下身上的衣服然後跳進溫泉裡，泡了大約二十分鐘，一邊談論著如何拯救地球與我們所推行的那些運動。之後我們就上了岸，在岩石上又坐了二十分鐘，把身體晾乾後，就穿上衣服，上了飛機。接著他就往後滑行，以致後面的輪子都陷入池子裡了。然後他就不斷地踩油門，聲音很大，我還以為飛機要爆炸了。但後來他把離合器放開，飛機就順利起飛了。那天晚上，他告訴我：「我不知道在那樣的地方降落是否合法，不過那裡的風景實在太美了，而且我需要去泡泡熱水。」

——「雨林行動網絡」創辦人海耶斯

此時，普馬林公園的基礎設施已經頗為齊全，裡面有幾間小木屋、一間守衛室、一個遊客中心，還有一群當地人在那裡擔任嚮導並負責維護場地。湯普金斯花了好幾個月的時間在公園裡四處勘查，盤算步道口和露營場應該設在哪裡，並且像當初佈置「北面」的櫥窗或挑選 Esprit 型錄上的字型一樣，仔細地規劃公園裡的健行步道。來到這裡的少數登山客和背包客都發現，這座公園雖然尚未成立，卻已經有了世界級的水準。事實上，湯普金斯也喜歡把他的山谷中的一個隱密角落稱為「隱藏版的優勝美地」。

二〇〇〇年，信奉社會主義的拉戈斯當選智利總統，即將展開六年的任期。這時，湯普金斯和克莉絲實現他們的公園夢的可能性就大大增加了。拉戈斯是站在湯普金斯這一邊的。這位左傾的政治家在軍政府專政期間被迫流亡，一度任教於美國北卡羅萊納大學的教堂山（Chapel Hill）分校。他就像湯普金斯一樣，勇於反抗威權，面對再大的危險也冷靜從容、泰然自若。他年紀輕輕就擔任社會黨的領袖，並因此成了皮諾契將軍的黑名單中的主要人物。一九八六年，皮諾契在他的夏宮遭人暗殺未遂後，智利的祕密警察暗殺小組便開始四處捉拿拉戈斯。當智利的警探得知他的下落後，便將他逮捕，關入牢房，並派人嚴加看守，藉以保護他的安全，因為他們不希望他落入智利人聞之色變、並稱之為「集中營」的酷刑室。

智利恢復民主體制後，拉戈斯被任命為「公共工程部」的部長。為了振興智利的經濟，他投入了數十億美元的經費興建公路和橋梁。由於智利的經濟仰賴各種原物料（包括纖維素、銅、魚粉和新鮮水果等）的出口，因此拉戈斯便大力推動各項基礎建設，包括擴大全國手機覆蓋範圍、興建現代化的機場、多車道的公路，以及方便貨櫃起卸的海港等。他知道觀光旅遊業也是智利經濟發展很重要的一環，畢竟有哪一個國家可以像智利一樣，讓遊客在全球最乾燥的沙漠裡看到間歇噴泉，並且在搭乘遊輪前往南極途中順道拜訪酒莊和復活節島（Easter Island）呢？

拉戈斯就任總統後，便將普馬林公園定位為「自然保護區」，賦予它法律上的保障。於是，在歷經強烈的反對、官僚的阻撓與超乎尋常的延宕後，普馬林公園終於成為一級保護區。在拉戈斯任內，從前對湯普金斯和克莉絲視若無睹的那些政府部門，終於慢慢地對他們敞開了大門。湯普金斯在他的律師的請求之下，也終於同意和智利商會的委員、旅遊局的官員，和政府內的反對人士見面，向他們進行不公開的簡報。

有一次，湯普金斯要去總統府和海軍總司令見面。依照禮儀，他必須打上領帶。「他實在不想這麼做，因為他向來不喜歡這類禮節。」他的助理岡薩雷茲笑道。「他不停地說：『為什麼我和這些人見面就一定要打領帶？我從來不打領帶的！』我記得他一直等到最後一刻才打上領帶，而且一離開會場就把它拿下來了。」

湯普金斯的律師回想那次會面的情景時表示：「湯普金斯向海軍部門的人員提出了設立國家公園的構想。會後有一個軍官向他致歉。他說：『我們之前聽了許多關於你的壞話，現在我們見到了你，才發現自己被騙了。』」

後來，湯普金斯又花了許多時間寫了一本書，記錄智利的森林遭到破壞的景況。

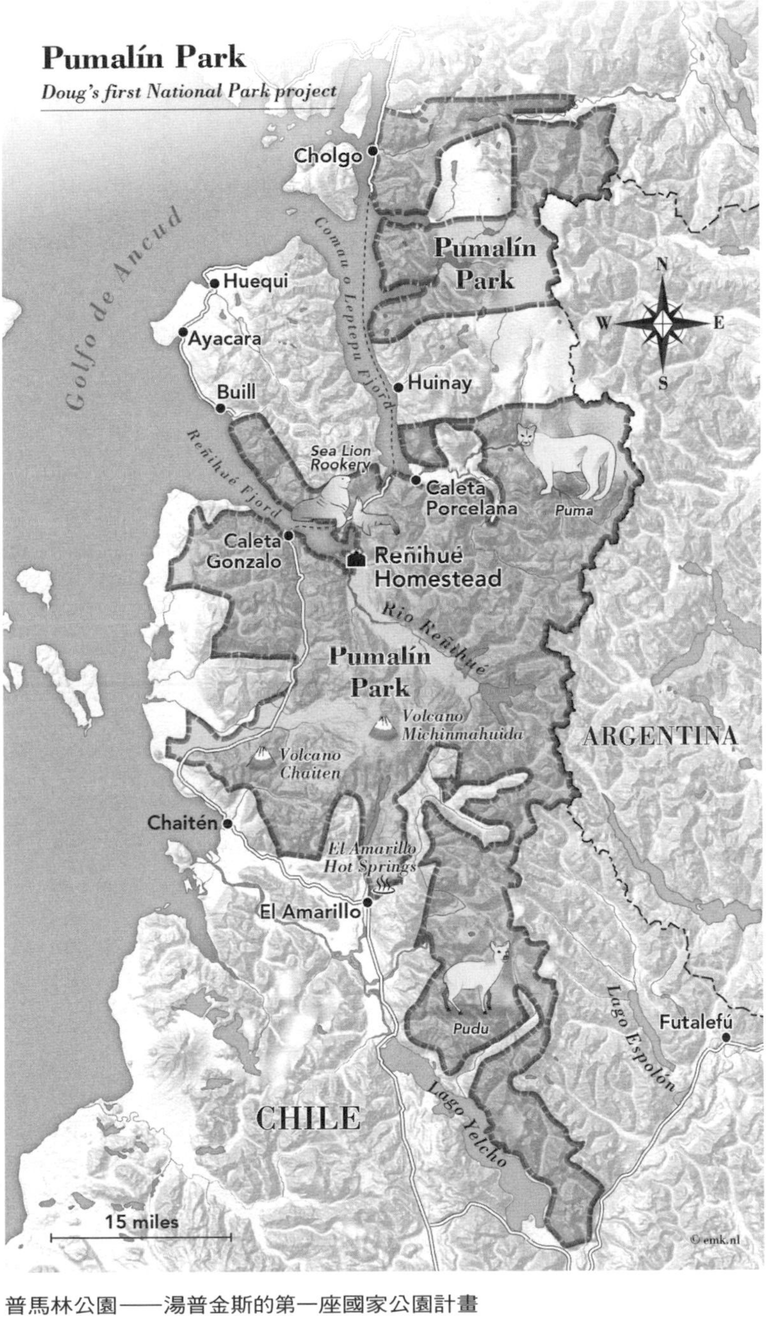
Pumalín Park
Doug's first National Park project
Cholgo
Golfo de Ancud
Comau o Leptepu Fjord
Pumalín Park
Huequi
Ayacara
Huinay
Buill
Reñihué Fjord
Sea Lion Rookery
Caleta Porcelana
Puma
Caleta Gonzalo
Reñihué Homestead
Rio Reñihué
Pumalín Park
Volcano Michinmahuida
Volcano Chaiten
ARGENTINA
Chaitén
El Amarillo Hot Springs
El Amarillo
Pudu
Futalefú
Lago Espolón
Lago Yelcho
CHILE
15 miles
© emk.nl
N
W
E
S

普馬林公園——湯普金斯的第一座國家公園計畫

基本上，這本名為《智利森林的悲劇》（*The Tragedy of the Chilean Forest*）的書，是他幾年前所出的《砍伐淨盡》一書的智利版，其內容包含他開著小飛機在巴塔哥尼亞上空飛行的幾百個小時當中所見到的景象。當時他白天開著飛機飛過一座座森林，拍攝它們的照片，晚上便研究其他尚未拍照的森林。有一天晚上，他在觀看照片時，突然發現一座名為「巴西雅地托」（Bahia Tic Toc）的海灣中，有一座罕見的海岸柏樹原始林。那裡由於陸路無法抵達，海上風浪又很大，因此大部分的林木都沒有遭到砍伐，而且之前被破壞的部分在經過好幾十年的休養生息後，也已經逐漸恢復原狀。於是，他開始四處搜尋：這塊地的主人是誰？

後來，他帶著他的朋友巴克禮再次飛過該區上空。湯普金斯告訴他有哪幾塊土地是要出售的，並說他們或許有機會將那裡設為保育區。他熱情洋溢、滔滔不絕地講著，以致巴克禮笑說，他感覺好像是在跟一個「攝取了過多咖啡因的房地產仲介」坐在同一架飛機裡。當他們飛過科可瓦多火山（Corcovado）上空時，巴克禮看到山下那水質清澈透明的巴西雅地托海灣，便被迷住了。「我一看到那個有點像是小型的糖麵包山（位於巴西里約熱內盧的一座山峰）的大石頭、那座美麗的海灣和那些花崗岩島嶼，以及從島上流入海灣的那條河流時，就跟他說：『如果這裡要賣，我會買。』」

一個星期後，湯普金斯告知巴克禮：那火山、海灣和周圍的森林都要出售，但比較複雜的是資金移轉的問題。他們需要買下列支敦斯登（Lichtenstein）的一家公司，再買下擁有這塊地的一家巴拿馬公司。「這就是皮諾契那一幫人掩蓋他們的財產和利益的方式。」巴克禮說。後來，這樁交易以創紀錄的速度搞定了。於是湯普金斯就突然擁有了他規劃中的「科可瓦多國家公園」（Corcovado National Park）中最關鍵的一塊地。

「當巴克禮同意砸一百七十五萬美元買下那一大片荒野和森林時，我充分感受到了他的心意。」湯普金斯在寫給他的朋友們的信中表示。「當我問他要不要買時，他立刻說好。那一刻，我真的非常感動。這件事讓我在當時有些沉悶的氣氛中，精神為之一振！」

在進一步研究地圖之後，湯普金斯發現巴克禮買的那塊地周遭，有許多土地都隸屬於智利的陸軍與海軍。事實上，當他聽管理人說那裡經常進行潛艇與海上作戰演習，以至於原本潔淨的海灘上佈滿砲彈殼時，他就已經心中有數了。

智利政府中的保守派人士形容巴西雅地托是「一座祕密潛艇基地」，但湯普金斯知道事實並非如此。那個區域並沒有任何戰略價值，只是一個生態豐富、位置偏遠的地方。他打算在那裡建立一座新的國家公園。他心想，如果他不能克服在設立普馬林公園時所遇到的障礙，或許在建立科可瓦多國家公園時他能有所突破。

後來，我慢慢就跟他變得很熟了。我發現他早餐時喝的是熱水。我問他：「你不放點檸檬嗎？」他回答：「不，我只喝熱水。」我心想：「早餐喝熱水？這傢伙可真奇怪。」他很有品味，卻穿著破破爛爛的牛仔褲。這是怎麼回事？他會從布宜諾斯艾利斯訂購高級家具，也是個絕對的唯美主義者，但對自己的服裝卻一點兒也不講究。他穿的鞋子非常破舊。我知道鞋子愈舊，穿起來愈舒服，但我絕對不會穿著那樣的鞋子到處行走。這該怎麼說呢？他很有品味，很有教養，而且能夠掌握時代的脈動。他總是滔滔不絕地告訴我他讀了哪些書，所以我也得跟進，否則他會認為我是個笨蛋，而我不習慣被人當成笨蛋。

——拉戈斯

二〇〇〇年至二〇〇六年智利總統

「我當上智利總統後，一直跟他保持著良好的關係。」拉戈斯表示。「起因是有一天他來拜訪我，對我說：『總統先生，我是來跟你談點事情的。』我說：『很好，什麼事？』他說：『我在科可瓦多有八萬公頃土地，陸軍有八萬公頃，你（指的是智利政府）有十萬公頃。我們來設立一座公園如何？我會把我的八萬公頃給你，你說服陸軍把他們的土地拿出來，同時再另外撥出十萬公頃，這樣就行了。』我回答他說：『那就這麼辦吧！』」

拉戈斯總統本能地相信了湯普金斯的誠意，而且由於軍方在皮諾契當政的初期曾經刑求他的一些政治夥伴，甚至將他們處死，因此他對他們始終心存疑慮。儘管他從不承認成立科可瓦多國家公園是為了要報復軍方，但他知道自從一九二〇年代以來，每位智利總統都會在任內設置一座國家公園，而他覺得把軍方的土地變為國家公園是一個很不錯的主意。

於是，事情就這樣敲定了，完全不像設立普馬林公園時那般處處受到掣肘。由於那一帶沒有居民，土地的產權也很清楚，而且那白雪皚皚的科可瓦多火山更是美得令人難以抗拒，於是拉戈斯便催促相關的部門加快腳步。當設置公園的計畫確定後，官方在蒙特港市舉行慶祝晚宴時，他特地邀請湯普金斯坐在他身旁。湯普金斯興奮極了。他在寫給巴克禮的一封信中描繪了當時的情景：

> 我和總統在海灘上散了很久的步，聊得很愉快。我們談了很多話題，但主要還是跟環境保護有關。後來，我提到另一座國家公園將會在他的第二個任期內就緒，他笑著說：「好啊！」我想或許我們付出的心血終究開始有了回報。雖然在

這個過程中，我的人格受到了侮辱，雖然那些心胸狹窄的官僚以各種齷齪低級的手段對付我，在細節上吹毛求疵，拖拖拉拉，讓我們付出了很大的代價，也讓我的脾氣日益急躁，甚至有時對我親愛的老婆也失去了耐性，但一切都是值得的。

科可瓦多國家公園的落成典禮結束後，湯普金斯將他所拍攝的一疊照片寄給巴克禮，其中有拉戈斯總統、軍艦和典禮的種種場面，但他並沒有意識到他忘了邀請巴克禮參加。巴克禮回憶他們當時的對話時表示：「我告訴他：『多謝你邀請我。』他說：『喔，抱歉，我想我把事情搞砸了。』我說：『我可沒那麼容易放過你。我希望拉戈斯寫一封信向我道謝。』他說：『我不能這麼做。』我說：『你可以的。我是說真的，我要一封拉戈斯親筆的謝函。你可以打電話向他要。』」於是，幾個月之後，當科可瓦多國家公園成立時，巴克禮便收到了智利總統署名的謝函。

第十四章
在巴塔哥尼亞中央

我們在南美的住所那一帶，人們仍然使用落後的方式耕作。他們會砍伐森林，將林地闢為耕地，而且這樣的現象正以極快的速度進行著，以致生物的棲地正逐漸消失！我們原本應該和其他生物共享地球，但如今它們的生存空間在哪裡呢？我們為什麼要在南極成立鯨魚保護區？因為我們要阻擋人類的入侵。

——湯普金斯

湯普金斯和克莉絲初次造訪查卡布科山谷牧場（the Valley Chacabuco ranch）時，這裡就像智利常見的流浪狗一樣，邋遢、骯髒、老舊。山谷裡的青草、灌木乃至樹苗，都被那裡畜養的兩萬五千多隻羊吃光了，因此毫無綠意可言。從前那些迎風搖擺的草兒、原生種的卡拉法特莓（calafate berry）、林仙（winter's bark）和野草莓都已不復可見。農場主人用幾百哩長的鐵絲網，把那些被自然主義作家艾比稱為「有蹄的蝗蟲」

的羊圈住，並雇用一群號稱「獅子人」（lion men）的獵人射殺、毒害那裡的美洲獅，或者設陷阱捕捉牠們。

在附近的高山湖泊中，成群的紅鶴在水中洗浴。黎明時，嘴喙又彎又長的黃頸朱鷺在草地上覓食，一看到人類到來，便開始尖聲叫喊，警告其他動物。體型小巧的南鵂鶹則蹲踞在圍籬樁上。當來自巴塔哥尼亞冰原的風吹在山側，形成一股上升氣流時，安第斯神鷹便乘勢飛到數千呎的高空上翱翔。從那裡的山毛櫸森林、三五成群的原駝（guanaco，南美洲一種野生的駱駝科動物），和二十座鳥類群集的高山湖泊，你不難想像這個地區昔日的盛況。但到了二〇〇四年時，查卡布科山谷牧場不僅出現了營運虧損的現象，生態也日益貧乏。「我第一次開車經過查卡布科山谷時，看到那裡最好的牧草地都被超高的柵欄圍了起來，以免那些可以跳得很高的原駝跑進去吃草。」克莉絲表示。「有幾萬隻綿羊正在山谷各處吃著草，但那些草長得很稀疏，而且似乎都已經乾枯了。野生動物根本沒有東西可吃。」

為了使查卡布科山谷恢復生機，克莉絲想出了一個規模龐大的計畫。她似乎很熱衷於這項挑戰，於是便開始和湯普金斯一起開著小飛機從空中勘查這座牧場，並拍了許多高解析度的照片，因此當那位名叫法蘭西斯科·德斯梅特（Francisco De Smet）的牧場老闆應邀前往雷尼韋造訪湯普金斯夫婦時，他發現他們已經畫出了牧場的詳細地圖。他們打算接管這座牧場，在那裡繁衍當地的原生植物並復育原有的動物，而喬伊納德和瑪琳達也很贊同，不僅捐贈了土地和金錢，還運用他們龐大的影響力幫忙推動這項計畫。

經過幾年的討價還價之後，牧場的買賣終於在二〇〇四年十月成交了。德斯梅特索取的價格是土地部分九百萬美元，那兩萬五千隻羊則為一百萬美元。克莉絲雖無意購買那些羊，但在力爭無效後，只得答應，因為德斯梅特也不想要那些羊。事實上，他們雙方都很清楚：如果把那麼多隻羊拿到市場上去賣，必然會使羊價暴跌，讓其他羊農受害，而且他們根本沒有足夠的冷凍設備或卡車，可以貯存並運送如此大量的羊肉。

當克莉絲透過她名下的「巴塔哥尼亞保育基金會」買下查卡布科山谷後，當地人士紛紛傳言：「那些環保人士要來把牧場關掉了！」他們已經聽說北邊幾百哩處的那座普馬林公園所引發的紛爭。現在這對「把智利砍成兩半」的美國佬夫婦，要來接管這座位於巴塔哥尼亞中心的重要牧場了。當地人的生活方式會不會因此而徹底改變？

他們的恐懼其來有自。當時，智利人逐漸發現那座名為「尊嚴殖民地」的德國莊園（湯普金斯在一九六八年曾經開車經過這裡，後來和 Esprit 的同事前往比奧比奧河泛舟時也曾路過），原來是智利軍方用來拷問犯人的祕密基地。在表面上，「尊嚴殖民地」提供免費的教育與醫療，但其實卻是由一群離群索居的德國人所管理的恐怖莊園。它是冷戰的產物，由於受到德國政府的保護，勢力甚為龐大。智利政府既無力管轄，也無法廢除他們那些奇特的習俗和殘暴的傳統，許多智利的政要都感覺它彷彿「國中之國」。因此之故，智利人民不免懷疑湯普金斯可能也會像「尊嚴殖民地」一般，利用查卡布科山谷來從事什麼不可告人的活動。

為了接收查卡布科山谷，克莉絲成立了一個移交小組，其成員共有三位，而且都是女性。她們的工作是負責制定規則。「我們到了查卡布科山谷，從地主的手中正式接收地產，並且和牧場的員工碰面。那裡總共有二十六個高卓人與兩個廚子。」克莉絲笑道。「那些高卓人都佩著槍、帶著刀。但莫佳朵所準備的員工手冊上卻寫著：『不可攜帶武器。』當她把這個規定念出來時，他們一個個都低下了頭，看著自己的腳，因為他們全都帶著手槍和步槍，褲子上也插著刀。接著她又說：『不可以養寵物！』可是他們每個人都有七到十二條狗。那場面還挺有趣的。」

幾個月之後，他們就面臨了一次危機：有好幾千頭的羔羊要出生了，因此他們除了得照料那些生病的羊，為那些瀕死的羊實施安樂死之外，還得為所有的小羊注射疫苗。這時，他們終於明白為何德斯梅特執意不肯把牠們帶走了。

牧場的管理工作是由克莉絲負責的。由於她的父親是蘇格蘭養羊人家的後代，因此她對這方面的事務並不陌生。其後，當湯普金斯投入數百萬美元，努力將阿根廷那座面積達一萬八千英畝的布蘭卡湖農場打造為有機農園，並埋首鑽研有機耕作的學問時，克莉絲便忙著找人研究查卡布科山谷的動物生態。喬伊納德和瑪琳達對她打算進行的野化和復育工作也深表認同。他們兩人都很清楚過去她對「巴塔哥尼亞公司」所做出的巨大貢獻，也都很支持她，於是他們便投入了許多時間和資源，協助她購買周邊的土地。當他們三人一邊買地、一邊研究查卡布科山谷的動物，並討論應該採取何種保育策略時，發現有一連串的問題必須釐清，其中包括：有哪些動物已經被獵殺殆盡了？牠們在現有的環境中能否存活？他們是否能把當地的特有物種重新引進這塊已經荒蕪的土地？無論如何，查卡布科山谷因位居巴塔哥尼亞高原的中央地帶，是若干物種遷徙時的必經之地，因此很適合進行野化與復育工作。

在買下查卡布科山谷後，克莉絲曾經和智利政府談判，表示她和湯普金斯願意遵循阿根廷的蒙特利昂國家公園的模式，把這些地捐給智利政府，以成立一座國家公園，由國家公園署來管理，但被智利政府拒絕了。他們因為擔心付不起昂貴的維護費用，也沒有財力可以興建必要的基礎設施，因此無法接受這項饋贈。

於是，湯普金斯和克莉絲只好接下了這項挑戰。他們開始思考他們是否能夠讓這座過度放牧的牧場恢復原貌，並重新建立這裡的生態體系。「這項計畫有一些理想主義的色彩，因為如果要從零開始做起，他們兩人就必須花很多的時間進行實地勘查。」埃斯皮諾薩表示。她不僅為湯普金斯夫婦工作，也和她的丈夫一起住在雷尼韋農場裡。「我們想讓這塊地回復到它原本的狀態，但剛開始時，我們面臨了一個難題：那裡有成千上萬隻羊要管理。」

初時，查卡布科山谷唯一可住人的地方，只有一間破舊的羊舍與供那些智利牧人使用的一間棚屋。於是，湯普金斯便帶著他手下的建築師，將那間羊舍改造成一棟簡單的寓所。不久後，他和克莉絲便每個星期都去那裡住上幾天，共同規劃他們將設立的國家公園所需要的基礎設施。

黃昏時，天色逐漸黯淡，天邊堆滿深紫色的雲朵。夜晚時，月色皎潔，因此當地人騎在馬背上時仍然得以辨認方向。入夜後，各種野生動物的叫聲不絕於耳，其中包括原駝在受到威脅時所發出的刺耳嘶鳴。「還有動物追逐獵物的聲音，以及獵物被吃掉時的尖叫聲。」克莉絲說道。儘管附近的美洲獅經常攻擊牲口，但湯普金斯和克莉絲仍然喜歡睡在湖邊的帳篷裡。由於當地沒有電話，他們便用無線電手機連絡，還給彼此取了呼叫用的代號。湯普金斯是「老鷹」或「小夥子」，克莉絲則是「蜂鳥」。

此時的克莉絲感覺自己比從前任何時候都更有活力。「清晨我出門時，天色還沒全亮，所以一有什麼風吹草動，我就會有些害怕。」克莉絲在描述她早晨在查卡布科山谷散步的經驗時表示。「但我還挺喜歡那種必須時刻留心的感覺，這讓我們意識到自己並非頂級掠食者……我走在那高低不平的草原上時，心裡會想：『喔，古代人的感覺大約就是這樣吧。』」

她經常在山谷裡四處探索，以便認識周遭的環境。每次出門時，她都喜歡和湯普金斯手牽著手。他們沒有電話，也不帶任何數位裝置，如果天氣許可，甚至不穿衣服。

此時，湯普金斯已經不再服用ＬＳＤ或其他致幻藥物，況且他不需要藉助那些藥物，就能充分欣賞周遭的美景。他屢屢表示：「只要人類不加干擾，大自然就會欣欣向榮。」他們在散步途中，經常會停下腳步，觀看那些專門在動物的死屍上方盤桓的安第斯神鷹。當他們找到牠們鎖定的目標時，有時會看到地上躺著幾十隻受傷的小羊。這是因為美洲獅媽媽雖然會教小獅子對準獵物的咽喉咬下去，讓牠們立刻斃命，但小獅子力有未逮，往往只能把小羊咬傷。有時一天晚上可能就有二、三十隻小羊遇害，而那些安第斯神鷹就在空中翱翔著，等待啄食牠們的屍體。

有一次，湯普金斯想離開南美洲到國外探險，而他的朋友費伊當時正好在中非的查德共和國（Chad）進行航空測量工作，需要一位有經驗的飛機駕駛幫忙，於是他便接受了這份工作。他的任務很單調：在面積達三千平方公里的沙漠上空來回飛行，並估算那裡的動物的數量。為了達成任務，他必須來來回回飛個幾百趟，好像在一張巨大的紙上畫格線似的。儘管湯普金斯每次都以目測的方式飛行，並不藉助任何儀器，但他卻鮮少偏離航線達十呎以上。「他真是太厲害了。」費伊表示。「從飛機飛得多直，你就可以看出一個駕駛的技術好壞，而湯普金斯永遠飛得很直。

「他喜歡這類挑戰，也經常在荒野上空飛來飛去，參加那裡的保育行動。」費伊說道。「但他很討厭非洲，因為他無法忍受混亂失序的狀態，而且他很在意細節，這和非洲人的作風很不相同。」

有一次，費伊乘坐湯普金斯的飛機在查德上空盤旋時，突然看到一群偷獵者正在某處持槍獵取象牙。於是，他便請湯普金斯先俯衝下去，再把飛機拉高，以便讓他得以把每個偷獵者的長相都拍攝下來。湯普金斯問他那夥人是否會朝他們開槍，但費伊向他保證偷獵者的「ＡＫ步槍從來都射不準」。

於是，湯普金斯便在偷獵者的營地上方低空飛了四圈，好讓費伊拍照。「我看到一個傢伙拿槍對準我們，而且肩膀正在抖動，就告訴湯普金斯：『嘿，他要朝我們開槍呢！』但他只是說了一聲：『哇，真的嗎？』就繼續繞圈子。他完全沒想到可能會有危險，而且我們當時距離那個人只有兩、三百呎遠，並不是在一千呎的高空上。克莉絲知道這件事後非常生氣。她說：『不行！你不可以那麼做。你會讓他送命的！』

我告訴她：『我不會害他的。』」

其後，湯普金斯和克莉絲便定期穿梭於雷尼韋農場、伊貝拉溼地和查卡布科山谷牧場之間。這座牧場位於距太平洋五十哩的一座景色優美的山谷中，俯瞰著海藍色的貝克河（Baker River），而且總是天色蔚藍、陽光普照，和灰暗、陰沉的普馬林大異其趣。

湯普金斯每次開著他的「賽斯納」小飛機飛往南方時，總是會選擇一條不同的路線，而且往往不使用任何儀器（此時的他已經累積了七千個小時的飛行經驗）。他經常告訴機上的乘客：目測飛行是有必要的，這樣萬一儀器故障或飛機沒油（這種情況他遇過好幾次）時，才不致發生不測。

湯普金斯夫婦的到來使得查卡布科當地的美洲獅獵人忐忑不安。他們是巴塔哥尼亞牧人文化中「高尚的拓荒者」的象徵，被稱為「獅子人」，是驍勇善戰的獵人，經常騎著馬前往高峻的安第斯山脈狩獵，有時甚至會進入鄰國阿根廷的境內。儘管他們的身上總是佩戴著小刀、手槍和獵槍，但他們最有效的武器卻是他們帶在身邊的一群狗。那些狗的顏色、體型和品種各不相同，彷彿是從街上找來的。牠們因為在城市裡打過滾，所以比純種狗精明。對於以遊牧為生、經常在原野上一待就是好個月的高卓人來說，這些狗不只是獵狗，也是他們的同伴。

相較於這些專門獵殺美洲獅的獵人，湯普金斯的心願卻是要保護那些美洲獅。他希望牠們能再次扮演頂級掠食者的角色，以便調節當地野生動物的數量，因此他要讓牠們能夠自由自在地獵食。於是，他的團隊便開始訓練牧場裡的那些獵獅人，讓他們擔任保育巡查員的角色，用標槍為牠們注射鎮靜劑，將牠們麻醉之後再抬到輪床上，讓獸醫在牠們脖子上安裝一個可用無線電發送訊號的項圈，以便追蹤。不過，有許多項圈在山谷的凹處會出現訊號接收不良的現象，所以克莉絲便請這些擅於追蹤的獵人，帶著她手下的生物學家去尋找美洲獅的主要棲地。這是因為山谷裡的美洲獅在經過一百年來的撲殺之後，都已遷離谷底，分散各處，而且很少露面。沒有人知道查卡布科山谷中究竟有多少美洲獅。

為了研究谷中美洲獅的棲地、數量和健康狀況，湯普金斯成立了一個跨領域的保育小組。他並且說服了聖地牙哥的一所動物園，請他們幫忙收集園裡的美洲獅的尿液，然後再把這一桶桶的尿液運到查卡布科山谷，裝進噴瓶裡，用來在地盤上做記號。他心想谷中的美洲獅聞到陌生的氣味，就會跑到別的地方去，不會到谷底獵食綿羊。

這段期間，湯普金斯夫婦不時往返於普馬林公園與查卡布科山谷（他們規劃中的

「巴塔哥尼亞國家公園」的所在地）之間，而且經常從黎明忙到晚上。湯普金斯一天的工作時間往往長達十二個小時，克莉絲則感覺自己彷彿又當上了總裁，只不過這次她所管理的不是「巴塔哥尼亞服裝公司」，而是在巴塔哥尼亞公園的生態系統。湯普金斯經常會寫情書給她，並且把它們塞進她的口袋、鞋子和衣服抽屜裡。有時他甚至會在飛機駕駛座的椅背上貼字條，讓她一坐下來就能看到。「那就像是在找復活節的彩蛋一樣。」克莉絲笑道。「當你擁有那樣的愛情時，你體內的每一個細胞都會產生變化。你的面部表情和接電話時的聲音都會變得和以前不同。你無論遇到什麼事，都會想到對方。我們對彼此有些迷戀，總覺得我們兩個人單獨相處的時候，是我們最快樂的時光。」

晚上時，湯普金斯會在燭光下研究該區——被稱為「艾森大區」（Aysén）——的地圖。他會把他所拍到的照片放在一起，拼出一幅完整的圖像。這些照片都是他在空中一手掌控方向盤、一手拿著照相機拍的，而且拍攝時飛機和地面的距離往往只有五十呎。當他需要對焦時，便用膝蓋來駕駛。透過這些照片，他看到了山谷中一些比較隱密的角落。他發現，有關艾森大區的資料少得可憐，而且其中大部分出自一位名叫阿爾韋托・德・阿戈斯蒂尼（Alberto De Agostini）的慈幼會（Salesian）教士。此人喜愛爬山，曾經花十年的時間帶著一台六乘六的中片幅相機走訪各地的高山。一九一二年時，他來到了艾森大區，並且拍攝了一些照片。這些照片就像亞當斯的作品一般，喚醒了更多人的環境意識。

慈幼會的領導人對德．阿戈斯蒂尼的發現印象深刻，於是便免除了他的教士職務，讓他自由自在地到處探索、拍照，擔任教會的荒野特使。湯普金斯很了解德．阿戈斯蒂尼喜愛流浪的天性，並且仔細閱讀了他當時的記述，以及其他一些探險家的文章。那些探險家因為經常在艾森大區的海岸邊遇到可怕的暴風雨，於是便將這個地區稱為「痛苦海灣」（The Gulf of Pain）。

巴塔哥尼亞地區由於風勢強勁，交通甚為不便。湯普金斯開著他的小飛機在天上飛行時，經常被強風吹得搖搖晃晃。人們在地面上開車時，也有可能會被風從一個車道吹到另外一個。在湖面上航行時如果遭遇強風就更加危險了。由於此區海港、海灣、河流與山脈縱橫交錯，因此人們仍然使用小型的渡船載運汽車與卡車，但有時一次只能載運兩、三輛，而且水溫往往都在零度以下，因此當浪高達到六呎時，即使這樣短暫的航程也充滿危險。於是，當早期的拓荒者發現卡雷拉將軍湖（Lake General Carrera）上有一個安全的港口時，便將它稱為「寧靜港」（Puerto Tranquilo）。

不過，真正讓湯普金斯感到好奇的是地圖上那些空白的區域。那裡有什麼？他是不是能夠發現一些沒有人到過的地方？後來，他如果在空中看到自己喜歡的地方，只要能買得到，他就會悄悄地將它買下來，尤其是那些沒有道路可通、人們無法抵達的地方。他堅信，我們不能為了滿足現代工業社會的需求，而任由各地的企業破壞大自然，也相信如果我們讓大自然有機會休養生息，它就能逐漸恢復原貌。他一直密切關注哈佛大學生物學家愛德華．威爾森（E. O. Wilson）的研究。威爾森主張：為了確保地球上的物種都能生存與繁衍，我們或許有必要把地球上百分之五十的土地都劃為自然保護區。當湯普金斯聽到這個說法時，不禁笑了起來，並說這是個「很好的開始」。

如果你開飛機的方式像我和湯普金斯一樣，那麼大部分時間你的飛機距離地面可能只有兩、三百呎，近到幾乎會碰得到的地步。如果你願意，還可以飛得更低一些，低到距地面只有五呎。是的，如果你想觀看某個東西，確實可以飛得這麼低。那是一個三度空間。你只要操控飛行的高度，就可以決定你觀看的視角和景物的大小。你可以沿著每一座河谷飛行，觀看每一座森林以及其中的野生動植物。

湯普金斯有將近五十年的飛行經驗，飛行時數高達幾千個小時。如果你像他一樣，就不會認為這樣飛會有什麼危險，於是你就會做一些別人不敢做的事情。湯普金斯就是這樣。基本上他就像一隻鳥一樣。他已經成為飛機的一部分。或者可以說，飛機已經成為他的一部分。他們已經融為一體了。他的飛機已經不是飛機，而是他的肢體的延伸，只要把開關打開，就可以像鳥兒一般自由自在地飛翔了。這個時候，你會覺得自己幾乎像個超人一樣，因為你可以做到只有極少數人才能做到的事。

——費伊

生態學家、野生動植物保護者、探險家

在探勘查卡布科山谷的地形時，湯普金斯發現這個地區的地貌，是由大約一萬年前的一條冰河所形成的。這條冰河移動時擠壓下面的岩床，使得地面上出現了凹陷，而這些凹陷蓄積了雨水之後，便形成了數十座湖泊和池塘，也使得該區成為溼地，吸引了紅鶴、黑頸天鵝和銅翅鴨等生物前來棲息。此外，由於這裡有許多兔子、鳥類和犰狳可供捕食，因此灰狐和紅狐的數量也很豐富。

在西班牙的征服者到來之前的數百年間，這裡生活著一個名叫「奧尼肯克」（Oanikenk）的部族。他們在山谷裡以狩獵原駝為生，因為攝取了豐富的蛋白質與熱量，平均身高達到五呎十一吋（約一八〇公分），比後來入侵的西班牙人（平均五呎四吋）高出許多。探險家麥哲倫（Ferdinand Magellan）到來時，看到這些原住民身材高大、肌肉發達，頗為訝異，便稱他們為「巴塔哥尼斯」（Patagones），即西班牙語中「大腳」之意，於是這個地區便被命名為「巴塔哥尼亞」，即「大腳之地」。

然而，西班牙的殖民統治結束後，此區的生態系統便被羊群搞得一團混亂。一九〇八年時，一位名為盧卡斯．布利吉斯（Lucas Bridges）的英國探險家獲得了智利政府的特許，在查卡布科山谷養羊，想要藉此發財，卻始終未能如願。在此之前，這座山谷原本是原駝的棲地。牠們成群（每群在三十到六十隻之間）在谷中覓食，一個地方的青草吃完後就到另外一個地方去吃，使得這個脆弱的生態體系得以保持平衡。但自從這裡養了幾萬隻羊後，草原上的草便被啃食精光，只剩下遍地的岩石與不及膝蓋高的矮小灌木叢。幾年過後，這座牧場始終沒有盈利，但大地的財富卻隨著羊兒不斷的啃食而流失了。由於地上草木稀少，表土裸露在外，大雨過後，土壤很容易遭到沖蝕。如此這般，年復一年，沖蝕現象不斷加劇，以致附近的溪流與河川滿是淤泥，降低了水中的含氧量，也導致魚群的數量大幅減少。

除此之外，智利政府所採取的政策，也使得此區的硬木林遭到了大規模的破壞。他們告訴那些前來此地經營牧場的德國、英國或智利拓殖者：只要他們將土地上的一半林木加以砍除，以供放牧牛羊或種植作物，便可獲得那塊土地的所有權，而最簡單的伐林方式莫過於放火焚燒。「他們告訴那些拓殖者：『如果你想要三百公頃的土地，就得焚燒一百五十公頃的林地。』林木被焚燒後，火勢便隨風蔓延。艾森大區有七百萬英畝的森林就這樣被焚毀了。」環保學家歐瑞戈表示。「有些地區的森林大火燃燒了十幾年，連永凍層都被融化了。」

克莉絲認為，復育工作所面臨的第一個障礙便是牧場上的那些網籬，因為它們擋住了原駝遷徙的路線。一般來說，原駝跳躍的高度可達八呎，因此牠們在遇上鐵絲網時，為了越過山谷，還是會努力跳過去，以致被網上的鐵刺刺穿，流血而死。這樣死去的原駝數量達好幾百隻之多。因此，只要有這些鐵絲網存在，谷中的動物就不可能依照牠們原來的路線遷徙。

為了讓那些原駝得以下山，讓美洲獅能夠獵殺牠們，也讓那些形似鴕鳥的美洲小鴕得以自由自在地在草原上奔跑，捕食青蛙、老鼠和植物，克莉絲必須將那些長達四百哩的鐵絲網移除，於是她便和喬伊納德與瑪琳達商量，請他們給「巴塔哥尼亞公司」的員工一些假期，讓他們可以到查卡布科山谷來當志工。這些員工到來後，便戴上厚厚的手套，把鐵絲網的樁子一根根挖起來，並且把那些鐵絲網捲成一大球，看起來有如鍍了鋅的風滾草。

除此之外，他們也幫忙把成千上萬株外來種植物連根拔起，送走或燒掉。湯普金

Saving the Heart of Patagonia
Plans for Patagonia National Park
Puerto Ingeniero Ibáñez
CHILE
Avellano Valley
Lago General Carrera
Rescue Boats, Chilean Navy Base
Chile Chico
Puerto Sanchez
Rhea
Condor
Mount Kristine
Puerto Guadal
Patagonia National Park
Lago Bertrand
Puerto Bertrand
Rio Chacabuco
Valle Chacabuco
Lago Gutierrez
Cemetery
Park HQ
Guanaco
planned Hydroelectric dam
Lago Cochrane
Rio Baker
Cochrane
Lago Pueyrredón
CHILE
N
W
E
S
ARGENTINA
Mount San Lorenzo
10 miles
© emk.nl

搶救巴塔哥尼亞的中心區域——巴塔哥尼亞國家公園計畫

斯長年的登山夥伴弗羅瑞斯也在附近買了一塊地。他表示：「當地人看到那些圍籬被移除時，他們的反應很有趣。我想他們大概從來沒有看過那麼大的一個地方是沒有圍籬的。有些農夫甚至還特地跑過來看。」

克莉絲和湯普金斯的一些朋友前來造訪時，愛上了這個地方，於是便在附近買了地產。其中一位便是湯普金斯在舊金山的好友鮑伊爾斯夫婦。他們在瓜達爾港（Puerto Guadal）買了一塊地，讓他們的兒子魏斯頓（Weston）能探索附近的河流與荒野，並陪他們去參加湯普金斯家的熱鬧晚宴。魏斯頓從十歲起就一直聽著他的「湯普金斯叔叔」念叨：不要念大學了，直接去探索人生吧。

湯普金斯的外孫佳德納．伊姆霍夫（Gardner Imhoff）放假時也會去查卡布科山谷小住，在那裡從事健行和泛舟等活動。湯普金斯向來不相信學校教育，因此時常告訴佳德納：「哈佛大學的學費太貴了，根本就是敲竹槓，應該用便宜的三夾板把他們的門窗封住才對。」克莉絲雖然行事委婉，但有時也很堅持自己的立場。他們經常在公開場合甚或吃晚餐的時候唇槍舌劍，駁斥對方的想法，挑出對方的漏洞，但事後卻總是若無其事，照舊相敬如賓。朋友們都認為，他們能在公開場合針鋒相對，並不代表他們之間有什麼問題，反而足以證明他們的婚姻足夠穩固。

湯普金斯和克莉絲經常一邊打理查卡布科山谷牧場，一邊忙著接待絡繹不絕的朋友和來自國外的訪客。偶爾，他們也會花幾天的時間去健行、爬山或飛行。有一次，湯普金斯看到一座他好像沒有爬過的無名山峰，便躍躍欲試，想成為第一個登頂的人。後來，他真的和喬伊納德一起去了。那座山海拔六、二一一呎，並不特別難爬，但他們初次攀登時，卻因為太過疲累而到不了山頂。喬伊納德甚至爬得連靴子都裂開了。他開玩笑說：「我們應該管這座山叫『老頭峰』才對。」

他們下了山，回到小屋後，湯普金斯便當眾宣佈：為了向他的太太表示敬意，他已經把這座山取名為「克莉絲山」。由於他確信那座山峰迄今仍沒有名字，因此他可以幫它命名，後來也得到了智利官員的認可。在湯普金斯送給克莉絲的諸多禮物中，「克莉絲山」是她最寶貝的一個。「他把我放在地圖上了。」她笑道。

我們在智利和阿根廷時，如果需要出門，十次有九次都是搭飛機。無論去哪裡、做什麼事，都是如此。

這改變了我們看待陸地的方式。更重要的是，它也改變了我們對土地——尤其是智利南部的複雜地形——的看法。透過飛行，我們學會如何觀看海岸線、島嶼以及它們和大陸的關係。如果不曾在伊貝拉溼地的上空盤旋好幾百個小時，我們恐怕永遠也無法了解它的生態。在我們所捐贈的那幾座國家公園當中，每一座山峰、山谷裡的每一處坑窪、每一座池塘、湖泊和每一個流域，我們幾乎都曾經開著飛機勘查過。唯有在空中，我們才可以看清一個地方的全貌。也唯有透過飛行期間的觀察，我們才能向政治人物、社區居民與那些持著懷疑論調的人，說明某個地區為何如此重要，並親眼目睹它對附近的居民所產生的影響。

毫無疑問地，在南美洲生活期間，除了我們之間的愛情之外，對我的世界觀、審美觀與自我認知影響最大的，莫過於我和湯普金斯一起飛行的時光。那段期間，我們有兩次差點送命，而且也覺得自己必死無疑。其中一次是在開飛機的時候，另外一次則是在嚴冬裡沿著智利海岸航行時。這些經驗對我們產生的影響是無可比擬的。我們甚至連去採買食品雜貨時都開飛機。

湯普金斯很愛我，但我想如果我們的床夠大，他一定會讓他那架「哈士奇」跟我們一起睡。

——克莉絲

管理牧場是一件很令人頭痛的事。湯普金斯和克莉絲花了好幾年的時間，才把所有的羊都賣掉，但隨著羊群的數量逐漸減少，牧場上的青草便日益繁盛，景色也愈來愈美。曾經長期協助湯普金斯編輯書籍的《荒野之地》雜誌編輯巴特勒表示：「那裡的草地再生與生態復原的速度都比我們預期的快。當然，完全恢復原貌可能是幾百年以後的事，但那裡的生態確實很快就復原了。你開車經過巴塔哥尼亞高原的時候，可能看不到什麼青草，但一旦進入查卡布科山谷，你就會看到一整片綠油油、迎風招展的草兒，以及大群的原駝。你會覺得那才是該有的景觀。那種感覺既奇妙又神聖。由此可見，當大自然有機會休養生息的時候，它就會展現出令人驚嘆的力量。」

第十五章　河流殺手

這是一個被犧牲掉的國家，無論在社會或環境方面都是如此。智利已經扼殺了它大多數的河流。洛阿河（The Loa）已經不再流入海中，現在河裡都是汙水和工業廢料。阿空加瓜河（The Aconcagua）已經形同死水。邁波河（The Maipo）也已失去生機。由此可見：智利人是主張開發的。那麼，這個美國佬幹嘛來告訴我們智利必須成立國家公園呢？

——歐瑞戈
智利環境學家

當一個記者打電話來問克莉絲：「你們才剛開始設立這座新的公園，他們卻要在貝克河上建水壩。請問妳對此有何感想？」時，她根本不知道他在說什麼，直到後來她看到了相關的新聞。

原來，有一個企業集團宣佈他們將斥資三十二億美元，在巴塔哥尼亞的中心地帶興建十二座水壩，以便用來發電，其中最大的一座高達二四〇呎，要耗時九年才能完成。屆時巴塔哥尼亞將會是電線縱橫、電廠林立的景象，同時在這九年嘈雜、髒亂的施工期間，將會有六千名臨時工聚集在此，住在簡陋的棚屋中，尋花問柳，製造大量的垃圾，破壞巴塔哥尼亞寧靜的鄉村生活。這項計畫被稱為「艾森水利計畫」（HidroAysén），將是智利史上規模最大的能源工程。

這項計畫是由馬特（Matte）家族（智利最富有的家族之一）名下的「科本」（Colbun）公司，和已經公開上市的西班牙跨國能源集團「恩德薩」聯手進行的，而且他們打算建造的水壩中，有一座距查卡布科山谷只有幾哩遠。這些水壩將會攔截貝克河——查卡布科河（Chacabuco River）所注入的河流——的水流，這意味著整個流域都將會受到影響。

克莉絲和湯普金斯大感震驚。先前恩德薩已經利用手段擊敗他們，買下了位於普馬林公園中心地段的惠奈林區，現在又打算在他們的農場附近建造一系列的水壩，利用當地十幾條河的水力來發電。

恩德薩和科本公司表示：他們將聯合投資建造這幾座巨大的水壩，並宣稱這項計畫將會為當地經濟帶來長達二十年的榮景，同時還預測這些水壩每年將可有一千兩百億的收益。他們指出，一旦這些水壩建造完成，電力傳輸線也裝設妥當，它們所生產的電力就會先送到考科藍鎮附近的一座電廠，然後經由遍佈全國的五千座輸電塔送到各地，而且輸電線路全長共一千哩，相當於每四分之一哩就有一座輸電塔。他們預估這些水壩每年可以生產三千百萬瓦特的電力，相當於智利全國用電量的五分之一。智利政府更讚揚水力發電是「造福大眾的清潔能源」，並認為這兩家公司所規劃的配電系統是一項令人讚嘆的盛大工程，將造出「全世界最長的輸電線路」。

為了取得建造水壩所需要的土地，兩家公司將數十名地主手中所持有的土地都買了下來。他們打算建造一座人工湖，而這座湖將會把查卡布科山谷入口處對面的那座山谷完全淹沒。根據這兩家公司的說法，水力發電乃是可永續、可再生的「綠色能源」。

他們要建造的水壩中，有三座位於貝克河，有兩座位於帕斯夸河（Pascua River）。由於智利的水利法和一九八〇年的憲法已經將智利的水權私有化，因此在智利，河水是可以買賣和交易的商品。皮諾契政府已經授與恩德薩公司特許權，並訂定對他們頗為優惠的條件，使得他們可以擁有水源並從中謀利。

恩德薩和科本在訂定這項計畫時，有充分理由相信他們已經勝券在握，因為民意調查顯示，智利大多數民眾對水力發電都持正面的看法，而且有百分之五十七的人贊同這項發電計畫。

面對此事，湯普金斯請教了各國盟友的看法，其中之一便是曾在幾年前協助創辦「護水者聯盟」（Waterkeeper Alliance）的小羅伯特．甘迺迪。他對這項造壩計畫感到震驚。「每一條河流都是大自然的傑作。」他說。「世上的大多數人可能永遠無法親眼目睹這個有如《蒙娜麗莎》般的傑作，但如果它被摧毀了，將是所有人的損失。」

智利的政客和權力掮客都很清楚：這項計畫在宣佈之前已經過長期的協商，也得到了政府明確的支持。雙方已經達成默契，政府將會排除環境影響評估可能造成的所有障礙，而由於合約金額高達三十億美元，主事者也會有足夠的油水籠絡中央和地方官員。再加上工程規模浩大，需要數千輛卡車的水泥、幾百名供應商、五千間短期出租房，以及一個完整的供應鏈，因此各政黨都可以利益均霑。此外，那些會因為建造水壩而遭到淹沒的山谷無人居住，但將來那座人工湖旁邊的房地產反而卻有可能會增值。

在此之前，科本和恩德薩就已經獲得了智利的水權，全國有大約三分之二的電力都掌握在他們手中。「艾森水利計畫」完成後，更將成為他們的搖錢樹。

事實上，這並不是他們第一次在智利建造水壩。數年前，弗雷總統曾經支持恩德薩在智利中部的大河比奧比奧河（就是湯普金斯在一九八〇年代和他的家人與 Eprit 員工一起去泛舟的那條河流）上建造水壩。當時，地方環保團體雖然表達了強烈反對，但他們的抗爭並未成功。這是因為當時智利尚未恢復民主，而且在經過軍政府長達十七年的嚴酷統治後，智利的社運人士還不習慣公開批評政府，再加上那些反對興建水壩的環保人士組織鬆散，因此抗爭起來非常困難。儘管他們向歐洲各國、聯合國，乃至位於華府的「國際貨幣基金會」總部陳情，而且幾乎成功了，但最終智利政府還是核准了該項計畫。

這回，恩德薩公司對巴塔哥尼亞地區的這項造壩計畫更有十拿九穩的把握，因為艾森大區並沒有什麼原住民，而且人口稀疏、生活窮困。他們只要花幾百萬美元就能買下那裡的土地，然後再花幾百萬美元，就可以說服那些大多從未聽過貝克河、甚至不知道有巴塔哥尼亞這個地區的官員，讓他們同意這項計畫。在比奧比奧河一役大獲全勝後，他們認為那些環保人士只不過是一群嬉皮，頂多只能做些無謂的抗爭、稍微延遲計畫的時程，但終究無法成事。

湯普金斯告訴與他合作的那些人士：如果「艾森水利計畫」通過了，「開發」的閘門就會開啟，讓巴塔哥尼亞被淹沒在名為「進步」、實為破壞的洪濤中。他表示，他和克莉絲已經擬定了一項長期的計畫，要讓查卡布科山谷回復到荒野狀態，並使當地的經濟不再仰賴資源的開採，而轉型為以保育和生態旅遊為主的經濟模式。但如果那幾條河流上面建了水壩，這項計畫將永無實現之日。

在幾乎所有的情況下，建造水壩都是毫無意義的舉動。從經濟學的角度來看，建造水壩就等於是將河流私有化，把原本屬於大眾的河流竊為己有，而且幾乎總是要靠著政府大量的補貼才得以完成。水壩建造完成後，河流就失去了生命，河谷也會遭到淹沒，迫使谷內的居民遷離，破壞他們的生活。如果建造水壩確實符合公眾利益，那倒還無話可說，但實際上，如果我們加以檢視，就會發現這些利益是虛幻的。在一個真正的自由市場中，人們會珍惜自然資源。如果我們不重視這些資源，就會造成浪費。因此，建造水壩只是用納稅人的錢將公共資源私有化，而且幾乎都是少數富豪用來圖利自己的幌子。這些富豪為了讓自己更加富有，不惜使別人變得更加窮困。他們逃避自由市場的監督機制，迫使大眾為他們的生產成本買單，藉此提升自己的生活水準，但卻因此降低了別人的生活品質。那些汙染環境的企業因為具有政治影響力，都得到了政府的補貼。湯普金斯明白：當前我們所面對的問題並非自由市場式的資本主義，而是企業集團運用其關係為自己謀利的裙帶式資本主義。

——小羅伯特・甘迺迪

既然恩德薩已經把火燒到他們的後院了，湯普金斯和克莉絲自然不得不還擊。多年來他們一直和智利的環保人士並肩作戰，已經和後者建立了一些關係，現在該是動員這些人的時候了。「湯普金斯打電話給我們，要我們大家去查卡布科開會討論對策。」智利的激進環保人士彼得．哈特曼（Peter Hartmann）回憶當時的情景時表示。「他說：『我們不能容許這種事情發生。這個計畫太可怕了。我們得做點什麼，而且我會幫助你們。讓我們來發起一場智利有史以來最大規模的環保運動吧！』」

湯普金斯請之前曾帶頭對抗比奧比奧河的水壩計畫、也是非政府組織「生態系統」（EcoSistemas）的主管的歐瑞戈負責擬定策略。於是，歐瑞戈便和一群智利環保人士準備了一份長達一一六頁的報告，建議集結環保團體、旅遊業者、地方人士與支持他們理念的政治人物，共同成立一個名為「巴塔哥尼亞保衛理事會」（Patagonia Defense Council）的法人實體。「有許多非政府組織反對讓政治人物加入，他們說這樣做會讓整件事變得不純粹。」同為理事會成員的哈特曼表示。「但如果我們顧慮到每個純粹主義者的想法，那就什麼事都做不成了。」

湯普金斯對在巴塔哥尼亞地區興建水壩的做法感到非常憤慨。他告訴與會的環保人士：他們必須盡可能拖延政府核准該計畫的時間，因為他確信未來將是替代性能源的天下，而且由於新科技的出現，太陽能板和風力發電機的成本，已經有開始下降的趨勢，因此這些非傳統的可再生能源的價格勢必會愈來愈低。不久，替代性能源就會成為主流。「湯普金斯的世界觀比我們開闊。」哈特曼表示。「他給了我們很大的啟發。」

當全國各地的環保人士紛紛對這場智利史上最大規模的環保抗爭表示支持時，湯普金斯也親自督軍，負責發佈訊息，塑造反水壩運動在媒體上的形象。他知道無論在拉丁美洲的任何一個地方，在河流上築壩發電都是一個很有爭議性的話題，在智利，支持與反對的兩派更是勢同水火。智利許多年輕一代的環保人士，都是從捍衛比奧比奧河一役起家的。那次的失敗讓他們很難受，於是便想藉此機會扳回一城。一位在「生態系統」工作的環保人士為他們的運動想出了一句標語：「沒有水壩的巴塔哥尼亞」，以凸顯巴塔哥尼亞的荒野樂園形象，儘管大多數民眾在智利地圖上都看不到這個地名。

「艾森水利計畫」是智利史上規模最大的能源方案，要如何號召全國人民反對這項計畫乃是一大挑戰。如果直接反對建造水壩，將會被視為對智利的經濟發展模式的一種冒犯，因為智利的經濟向來採取自由市場模式，以出口木漿、魚粉和銅原礦等原物料為主，並不重視那些能夠讓原物料產生附加價值的加工業（例如把木材加工變成家具、把魚做成魚排，或把銅製成銅管等），而且在皮諾契下台後，繼任的政府也已再三宣示他們將持續採取出口免稅的策略。如果他們抗議這種經濟發展模式，將會被扣上「反投資」和「反智利」的帽子。

後來，湯普金斯想出了一個點子：或許他們可以把批評的重點放在電線而非水壩上。他認為那些長達一千兩百哩的電力傳輸線很像是大地上的疤痕，就像那些被砍伐殆盡的森林一般醜陋，而且有過之而無不及。於是，他便打算以這樣的影像做為廣告的基礎，把智利各地的景觀被輸電線糟蹋的模樣，拼貼成一幅駭人的畫面。當計畫開始實施後，他便雇用當地的一家廣告公司合成了一張照片，上面顯示百內公園（Torres del Paine，巴塔哥尼亞最著名的一座國家公園）那幾座著名的山峰被一條條輸電線劃過的景象。由於那些輸電線實際上並不會經過百內國家公園，因此他的許多盟友都對這種做法提出了質疑：「這不是事實呀！」但湯普金斯卻咧嘴笑道：「別擔心！」他認為這樣令人反感的畫面將會激發智利人對美的嚮往。

他們把這幅廣告掛在聖地牙哥國際機場的牆壁上，也做成廣告看板，掛在瓦爾帕萊索的智利國會大樓附近。這自然引起了智利權貴的矚目，也引發了一場激辯。恩德薩的主管氣得跳腳，堅稱這是子虛烏有的事，並指責湯普金斯的言語令人匪夷所思，對他們也不公平。但如此一來，他們正好中了湯普金斯的圈套。後來，「巴塔哥尼亞保衛理事會」立刻回應說：「如果在那裡不行，那麼在巴塔哥尼亞的任何一個地方都不行。」當時負責發佈訊息的歐瑞戈表示：「那個廣告很成功，讓恩德薩的人有了反應。湯普金斯真是厲害。透過那個廣告，他讓人們想到輸電線對當地的風景可能產生的影響。」

湯普金斯既不談水壩，也不談人們每月可能省下的電費，而是訴諸大眾的美感。接著，他又提議再做一幅廣告，上面顯示一條條輸電線穿過復活節島的那些雕像前面的情景，並加上一句口號：「在百內，這是令人無法接受的。在艾森亦然。」

湯普金斯很高興他訴諸美感的做法奏效了，於是又投入數十萬美元再推出一系列的廣告，強調「艾森水利計畫」會損害智利的國際形象。同樣參與了這項運動的社會學家馬拉迪尼克表示：「我們針對的目標並非一般大眾，所以我們才會花錢製作大型看板掛在機場的入、出境大廳。那些出入機場的人才是我們想要影響的對象。」

恩德薩公司一向擅於和智利的政治權貴打交道，他們會拉攏這些人，甚至直接出錢請他們辦事。皮諾契下台後，恩德薩給了繼任的中間偏左政府不少政治獻金，其金額甚至名列智利所有公司的前十大。為了和極左翼黨派保持密切的關係，他們雇用了皮諾契的律師帕布羅・葛瑞茲（Pablo Rodriguez Grez）擔任法律總顧問。面對反水壩陣營所發動的廣告攻勢，身為恩德薩法律顧問的葛瑞茲立刻指控那些環保人士是野蠻的狂熱份子。他宣稱：「他們根本是生態恐怖主義者。」由於他長期擔任夙負聲望的智利大學法學院的教授，因此他的意見自然很有分量。但事實上，他自己可能才是恐怖份子。在皮諾契上台前，他所創立的准軍事團體「祖國與自由」（Patria y Libertad）曾經暗中與ＣＩＡ的祕密作戰單位聯手，以「意外殺人」等方式顛覆薩爾瓦多・阿葉德（Salvador Allende）的政權。事隔三十五年，他雖然已經不再從事街頭破壞活動，但必要時，他仍然可以打電話給那些法西斯份子，請他們出面辦事。

儘管皮諾契下台後，智利政府已經不再使用暗殺和酷刑等鎮壓手段，但暴力威脅仍是嚇阻社運人士的有效手段。歐瑞戈描述他們在試圖拯救比奧比奧河時所發生的一個事件：「他們洗劫了我們的辦公室。那是一棟老房子，有一扇厚厚的木門，後來屋主在上面安裝了一扇鐵格子門，還附上一把大大的掛鎖，但那天我們發現那個鎖被扯掉了。我猜想他們應該是用類似大型的四輪傳動卡車的車子來把它拉斷的。辦公室裡的東西全都不見了。所有的電腦、電話和傳真機等等都被他們拿走了。第二天早上我們到辦公室後，看到他們用噴漆在牆上塗滿了＄符號，並寫著：『混蛋，別再搗亂了！』」

和湯普金斯一起擬定活動策略的非政府組織「智利環境」（Chile Ambiente）的負責人羅德里戈的辦公室也一度遭到槍擊。他說：「我接到了幾則可怕的電話留言。對方揚言：『小心！我們會讓你們消失！』」此外，當恩德薩開始極力反撲後，巴塔哥尼亞地區有許多皮卡車和礦場砂石車的保險桿上，都貼上了寫著「巴塔哥尼亞不要湯普金斯！」字樣的貼紙。

正當湯普金斯所承受的壓力愈來愈大時，在二〇〇八年四月三十日，又遭逢了一場規模五．四的地震。地震的震央就在普馬林公園預定地的正中央，但因為只搖晃了六秒鐘就停了，因此他的員工或阿馬里洛村（El Amarillo）和附近的柴滕鎮（Chaiten）的居民都沒有很在意。事實上，智利人已經習慣了強烈的地震。一九六〇年時，智利南部還曾經發生有史以來全球最強烈的一次地震，當時科學家所測量到的強度為芮氏九．二級。

然而，令阿馬里洛、柴滕鎮、蒙特港市與阿根廷邊境的居民感到困惑的是，那次地震停止後，隔了五、六個小時，大地又「轟！」地一聲開始震動了，而且地底還傳出「嗡嗡嗡」的聲響，有些居民甚至聽到了嘈雜怪異尖銳的聲音。那天晚上，狗兒們一直叫個不停，以致居民們根本無法入眠。後來，餘震更加頻繁，以致大家都開始覺得那不是餘震，而是前兆。五月一日那天，公園一帶與湯普金斯的總部所在之處發生了十一次短暫的地震，地震警報徹夜響個不停，地底下也持續傳來轟隆聲。有人後來形容那種聲音就像是「一群馬兒正一邊奔騰、一邊嘶鳴」。

五月二日清晨，地震的頻率高達每小時二十次。當地居民愈來愈害怕。由於搖晃的程度如此猛烈，他們甚至擔心腳底下的地可能會裂開，把整座城鎮吞沒。無論智利政府或巴塔哥尼亞地區的居民，幾乎沒有人知道在西元前七四二〇年時，那裡附近的一座火山曾經爆發，以致位於現今柴滕鎮中央的那個地區，與其中的四千六百位居民都被埋在熔岩和灰燼之下，更沒有人想到，普馬林自然保護區中央的一座火山在經過九千四百年的休眠後，已經開始甦醒了。

二〇〇八年五月二日凌晨三點四十分，一聲爆炸般的巨響傳來，兩千八百呎高的柴滕山山壁破了一個大洞，噴出了一大股夾雜著火山渣、石塊和數百萬公噸微粒的灰燼，蓋住了周遭的土地，而且覆蓋範圍逐漸擴大，從一萬呎、兩萬呎，一直到五萬呎。黎明時，村民們聽到省長透過電視新聞宣佈：明欽馬維達火山（Volcano Michinmahuida）已經爆發了。

當時湯普金斯和克莉絲正在布宜諾斯艾利斯。他聽到新聞，看了一下電視畫面，立刻就知道省長和新聞記者都說錯了。他因為曾在巴塔哥尼亞地區低空飛行過幾千個小時，對那裡瞭如指掌，可以根據那些比較醒目的水灣、峽灣和火山辨認自己所在的位置。明欽馬維達火山就在他的土地上，有著很典型的火山錐，但他在電視上看到的卻是一座形狀古怪的山坡。因此，他告訴他的員工，那絕不是明欽馬維達火山。

由於柴滕鎮距離那座爆發的火山很近，因此那裡的居民還以為他們可能會被熔岩活活烤熟。此外，火山噴出的熱氣融化了冰雪，沉積物也流入了柴滕鎮邊緣的里奧布蘭科河（Rio Blanco）。不到幾個小時之後，河裡便堆滿了火山灰、溼泥、翻騰的沙子、被連根拔起的樹木，以及大小相當於一輛皮卡車且不停滾動的巨大石塊，以致河水都改了道，沿著山坡奔湧而下，流過柴滕鎮的中央，淹沒了那裡的大街。湯普金斯透過他在柴滕辦公室裝設的網路監視器，看到水流進了辦公室，然後很快便匯聚成池。當水淹到他的皮卡車輪胎的一半高時，他知道事情不妙了。

這時，村民們開始緊急疏散，也來不及帶行李或寵物就一窩蜂跑到漁船上。不久後，碼頭上便擠滿了不停吠叫的狗、嚎啕大哭的孩童與手忙腳亂的民眾。城鎮中央的幾排房屋，被一條濃稠得有如水泥一般的灰色河流沖走了。許多房子都被埋在重達幾公噸的砂石與灰燼之下。在當天所拍到的畫面中，湯普金斯看了一眼從火山口裊裊上升的煙雲，便立刻對噴發高度做了準確的判斷。「看來足足有兩萬公尺高呢！」他說。「看起來好像核子彈爆炸了一樣。」

就這樣，湯普金斯的辦公室被水淹沒了，遊客中心也毀了。他花了十七年的時間努力建設的普馬林公園尚未完成，就已經受到了重創。這使他極度震驚，心想：難道這項計畫註定無法成功嗎？回想四個月之前，普馬林的遊客中心才剛剛落成，如今公園裡的基礎設施卻已大半被埋在灰燼之下。

過後那幾天，巴塔哥尼亞的上空飄散著濃濃的火山灰，連烏拉圭的航班都因而停駛。在此之前，從各地前來普馬林公園旅遊的背包客、計劃承辦生態旅遊的業者，與有意捐款的人士已經愈來愈多。但火山爆發後，一切都改變了。公園裡有數萬英畝的森林都受到了火山爆炸的影響，好幾棟建築都被埋在火山灰下面，原本綠油油的草地變得灰撲撲的，彷彿被倒上了一層水泥似的。

火山還在冒煙時，湯普金斯便開著他的小飛機在公園上空勘查災情。他承認火山爆發「給我們帶來了各式各樣的麻煩與巨大的財物損失，也改變了我們的計畫。有些項目我們只得暫時擱置或乾脆取消，才能彌補這些損失」。

在忙著抗議「艾森水利計畫」的同時，湯普金斯也加緊重建那座位於公園預定地新的入口處的阿馬里洛村，因為他有許多員工都住在這座小村莊裡。於是，他和克莉絲待在雷尼韋農場的時間就愈來愈少，住在阿馬里洛村的時間也愈來愈長了。為了進一步了解村民的感受，並收集相關的資料，看看他應該如何重建普馬林公園，他便答應了居民的請求，擔任「阿馬里洛社區委員會」的副會長。

火山爆發事件打亂了湯普金斯精心擬定的計畫。普馬林公園裡那些已經復原、開墾和整理過的地區都被摧毀了。他必須重新開始。

他的壓力愈來愈大，挫折感愈來愈深，需要轉換一下環境。之前那幾年，他原本有意加入華特森的「海洋守護者」艦隊，和其他環保人士一起對抗日本的捕鯨船，但巴塔哥尼亞和伊貝拉兩地的保育工作卻讓他一直無暇他顧。現在，克莉絲鼓勵他實現這個心願。她說他應該加入他們的行列，否則他將會後悔。當他終於同意時，克莉絲不禁鬆了一口氣。那次守護鯨魚的行動被華特森稱為「武藏行動」（Operation Musashi）。「武藏」指的是日本著名的劍客與哲學家宮本武藏，他以使用兩把劍同時與眾多對手搏鬥而留名後世。

第十六章 武藏行動

我們置身於世界的盡頭。這裡只有我們和那些捕鯨船。雙方爆發了幾場嚴重的衝突。我們用撞角撞擊那些船，向他們丟擲臭彈和漆彈，並且用高壓水砲把水噴進那些船隻的排氣管裡面。這樣的場面想必讓湯普金斯非常興奮。他的臉上有一種惡作劇的表情。

——威特塞・范德沃夫（Wietse Van Der Werf）
荷蘭海洋保育團體「海上巡守隊」（Sea Rangers）創辦人

二〇〇八年十二月，湯普金斯揹著一個圓筒旅行包，走上了停泊在澳洲荷巴特市（Hobart）港口的一艘老舊船隻，要前往南極海擔任八個星期的志工，協助華特森的「海洋守護者」艦隊對抗日本的捕鯨船。當時，湯普金斯已經六十五歲了，是志工小組中年紀較長的一位。其他人員包括一位荷蘭的小提琴工匠、一個退休的美國海軍軍官，以及大鬍子船長華特森。這十年來，湯普金斯持續贊助華特森的反捕鯨行動，但這是他們首次一起出任務。

武藏行動的目標是干擾日本的捕鯨船隊，讓他們無法捕殺小鬚鯨和長鬚鯨。事實上，由於鯨魚的數量銳減，「國際捕鯨委員會」（International Whaling Commission）已經明確管制捕鯨的數量。二〇〇九年的限額是七三二隻。日本政府以「科學研究」的名義核發捕鯨許可，但在香港和東京的餐館裡總是可以吃到新鮮的鯨魚排，而且人們喝清酒時，配菜往往是一碟鯨脂。對那些環保人士來說，他們就算只捕一隻，都嫌太多。於是，在二〇〇八至二〇〇九年的捕鯨季開始時，湯普金斯便自願到反捕鯨船隊上擔任義工，並且捐了二十五萬美元，以供他們購買這次長達數月的行動所需要的柴油燃料。

華特森船長鎖定的目標是日本的加工船「日新丸號」（Nisshin Maru），它是日本捕鯨船隊的指揮中心。如果他能追蹤到這艘船，就可以派遣突擊小組乘坐充氣船干擾他們用魚叉捕鯨的作業、破壞他們的魚網並纏住船隻的螺旋槳。這是一項危險的任務，而且成功的機率很低。「我們必須乘著一艘船，在超過一百萬平方哩的水域上找到一支由六艘船組成的船隊。」他們的大副彼得．哈默斯泰德特（Peter Hammerstedt）表示。「那就像是騎著一輛腳踏車，試著在美國境內找到一個露營車車隊一般，而且沒有一條道路可以直達。」

湯普金斯上船後，發現船上的扶手欄杆已經搖搖晃晃，機艙的地板上有油汙，船上的ＶＨＳ收音機則是用手動曲柄操作的。這艘船名為「史蒂夫・厄文號」（Steve Irwin），是一艘一九〇呎長的漁船，當初設計的目的是用來在蘇格蘭海岸外那波濤洶湧的海域巡邏。它的船殼無法承受冰塊的撞擊，因此如果不慎撞到位於水線之下的大塊海冰，可能幾分鐘內就會沉沒，但離他們最近的救援船——像「北極星號」（Polar Star）那樣的正宗破冰船——卻停泊在雪梨港，就算天氣好，也需要五天的航程才能抵達。

船上的環保人士沒幾個聽說過湯普金斯的名字，而他也很少透露自己的身分。當時，船上有探索（Discovery）頻道的一個攝影小組，正在拍攝由莉茲・布朗斯坦（Liz Bronstein）所製作的紀錄實境秀《鯨魚戰爭》的第二季節目。當攝影小組的成員在船上四處尋找他們可以採訪的人物時，湯普金斯並沒有理會他們，也盡量避免接受採訪，因為他之所以要參加這次任務，是為了和年輕一代的環保人士見面，並且保護那些鯨魚，所以並不想受到媒體的關注。況且，他之前在陸地上所受到的關注已經夠多了。

不過，華特森卻很擅於和媒體打交道。他之所以會讓探索頻道隨船跟拍自有其用意。他所創辦的「海洋守護者保育學會」（The Sea Shepherd Conservation Society）總部位於加州的聖塔莫尼卡，距離好萊塢很近，因此獲得了許多名人的捐款，其中包括史恩・康納萊（Sean Connery）、威廉・薛特納（William Shatner）、克里斯汀・貝爾（Christian Bale）和皮爾斯・布洛斯南（Pierce Brosnan），女星黛瑞・漢娜（Darryl Hannah）更曾經親自登船參與任務。華特森船長一心要制定一個長期性的策略，藉以保護海洋生態的多樣性。他認為日本捕鯨業者鑽國際捕鯨條約的漏洞，打著科學的旗幟持續屠殺鯨魚是一種犯罪的行為。

「史帝夫・厄文號」從荷巴特港出發往南行駛後，一路都在四十呎高的大浪中顛簸搖晃。他們所遇到的第一個風暴的範圍便相當於澳洲那麼大，讓迴轉儀都失靈了。船上的人個個都感覺有些反胃，有好幾個志工甚至已經開始嘔吐。接著，冰山就出現了。一位曾經當過船長、但自願在「史帝夫・厄文號」上擔任普通水手的志工梅爾・賀蘭（Mal Holland）描述了當時他們所面臨的危險：「海浪像山一樣高，我們的人手訓練不足，而且又遇到了冰山。」

那次任務，湯普金斯被指派擔任舵手，每天凌晨四點到八點要在駕駛台上值班，負責拿著望遠鏡偵測地平線上的動靜，如果發現任何危險狀況便要向船長報告。船隻愈往南行駛，夜晚就變得愈短，到最後就一整天都可以看到太陽了。湯普金斯值班時必須留心察看是否有潛藏在海底的冰山，但一路上冰山非常稀少，倒是野生動物很多。有一次，他甚至看到一隻翼展達八呎的烏黑信天翁，在船邊動也不動地漂浮了好幾個小時，然後才隨著一波大浪往上飛起，距海浪只有幾吋。除此之外，海面上也不時可以看到成群的座頭鯨、長鬚鯨、小鬚鯨和虎鯨。船上的另一名普通水手莫莉・肯德爾（Molly Kendall）表示：「那裡有太多令人讚嘆的美麗鯨魚了。牠們距離我們的船很近。如果我們開的是一艘捕鯨船，很容易就可以抓到牠們。」

在南極海上，縱使浪高達三十呎、船身搖晃得很厲害，湯普金斯在不需要值班的時候，仍舊埋首於他的筆記型電腦。賀蘭表示：「風浪大的時候每個人都難免會不舒服。就算沒有暈船，你也會變得沒什麼力氣。這個時候你最不該做的事情，就是注視電腦螢幕或閱讀電子郵件，但他卻經常這麼做。」湯普金斯之所以如此，是要透過那微弱的衛星連線，把他所畫的建築草圖寄給他在阿根廷的團隊，並和他們討論該如何重建普馬林公園的遊客中心。有時他也會寫些情書給他親愛的「蜂鳥」克莉絲。這時，他已經決定放棄他最喜愛的有機農場計畫，因為二〇〇八年的火山爆發事件使他蒙受了巨大的財務損失，讓他再也無法繼續進行那些需要投入大筆資金的計畫，因此他雖然並不情願，也只好停止他在佔地一萬八千英畝的布蘭卡湖農場上所進行的有機農作實驗。唯有如此，他才能保留足夠的資金，以便進行那些比較核心的計畫。但他心中暗自希望自己只有二十五歲，還能有半個世紀的時間可以投入他所重視的那些農業計畫。

在船上，網路的連線出奇地慢，有時光是下載一張照片就要花一個小時。湯普金斯為此付出了很大的代價。在那次航程中，光是網路連線的費用，他就花了兩萬五千美元。

歷經十天艱苦的航程，他們終於抵達南極洲海岸附近。華特森船長命令小組成員要設法找到「日新丸號」，於是他們便試圖透過網路駭進「日新丸號」的電子郵件，以追蹤它的GPS定位，並從船上的成員在網路發表的貼文中尋找蛛絲馬跡。除此之外，他們這次還有一個新的武器：一架「貝爾」（Bell）直升機。由於那裡風勢強勁、天氣酷寒，雲霧瀰漫、溼度也高，因此開飛機的風險頗高，但直升機在十分鐘之內所能偵查的範圍，可以抵得上「史蒂夫．厄文號」一整天的搜索。由於清晨時能見度最佳，因此最初兩天，飛機駕駛都是利用上午的時間進行大約兩小時的偵查任務。到了第三天，他飛了一個小時之後，便看到了船隻航行的痕跡，接著就發現了那支日本船隊。

當時，「史蒂夫．厄文號」和「日新丸號」相距一百哩。在未結凍的海面上，若以平均時速十五哩計算，「史蒂夫．厄文號」只需花大約七個小時就能趕上「日新丸號」。然而，在南極海上船隻無法直線行駛，因此所花的時間必須加倍，而且航程也更加艱鉅。儘管這裡的海水都已經結凍，但當時是夏天，海上的冰層會裂開，出現一些隙縫，讓船隻可以快速通過，但是當那些巨大的浮冰被洋流攪動時，它們中間的裂縫也可能會因為受到擠壓而閉合，而那些日本捕鯨船便是利用這些冰層來阻隔「史蒂夫・厄文號」。因此，當「日新丸號」眼見他們已經被直升機發現後，便更進一步駛進浮冰群中。

直升機駕駛在飛回「史蒂夫・厄文號」的途中發現冰層中有一條通道，但要穿過其中並不容易。後來，「史蒂夫・厄文號」的駕駛因為急著追趕那些捕鯨船，忘了轉彎，錯過了可以進入不結冰海域的機會，於是華特森船長便決定穿越已經結冰的海面，繼續追趕。

後來，船隻四周的浮冰愈來愈密，以致船上的雷達根本無法分辨哪裡是冰、哪裡是水。於是，他們只好請志工們用望遠鏡偵測，以避免撞到那些往往潛伏在海面下的冰山。當時一位船員傑夫・韓森（Jeff Hansen）在接受電視台攝影小組的採訪時表示：「現在的局面非常危險。只要我們撞到一座看不見的冰山，船身破裂，我們就會在幾秒鐘之內下沉，而且從此就回不來了。」

幾個小時之後，韓森所擔心的事真的發生了。他們的船撞到了一座冰山，船尾遭到重擊，發出了一陣尖銳刺耳的金屬聲。由於船身並沒有防撞設計，因此被撞之後，立刻向內凹陷。原本船隻是由二副駕駛，但是當風速高達四十節時，華特森船長便親自掌舵，把船開到一座巨大的冰山後面避風。到了第二天早上，情勢愈發惡化了。一塊塊的浮冰被風吹了過來，使他們被困在冰山旁。華特森只好開著船不斷地兜著圈子，努力清出一片沒有浮冰的海面。儘管如此，隨著周遭的浮冰逐漸聚攏，這個無冰區仍然不斷縮小。如果這些浮冰之間的裂縫閉合了，他們就會被困在廣達一百哩的浮冰群中，因此他們只能往後退。儘管船隻倒退時，螺旋槳可能會被浮冰折斷或毀損，但華特森還是決定這麼做。然而，當四周的浮冰愈來愈多時，他便下令船員準備救生筏。

這時，二副對著電視台的攝影機說道：「我們可能會在這裡沉沒。」那些攝影人員非常緊張。當他們的主管命令他們去貨艙中拍攝時，他們拒絕了，並且準備登上救生筏。後來，有兩名志工下去檢查船身的狀況，結果看到了一幕可怕的場景：船身的鋼板因為被堅硬的浮冰來回撞擊，不停地發出尖銳的聲響，上面的漆也出現了裂痕，連船壁和橫梁都鼓了起來，彷彿可能會爆炸似的。於是，他們便匆匆回到了甲板上。這時，華特森也告訴輪機組的人員：「如果水開始流進來，你們要留在這裡，設法將它止住。」

華特森命直升機駕駛員飛到空中去尋找逃生的路徑，並說只要船能開得出去，無論哪個方向都行。情勢愈來愈緊張。此時，湯普金斯正在駕駛台上值班，負責觀察地平線上的動靜，並檢視雷達和航海圖。當船身遭到幾座巨大的冰山刮擦時，華特森船長再度親自掌舵。「我們得慢慢地駛進浮冰群，要保持引擎的壓力，以便把那些浮冰推開，然後再從它們中間穿過。」他直接對著攝影小組說道。「只是得有些耐心。」

直升機飛在冰層上方，緩緩引導「史蒂夫．厄文號」前進，終於把它帶到了無冰的海域。然後，他們便開始追逐那些捕鯨船，並著手準備他們所帶來的武器，包括臭彈、高壓水砲和兩艘充氣船。那些充氣船可以迅速移動，把日本捕鯨船的螺旋槳用繩子纏住。

不久，第一艘充氣船下水了，試圖要接近那些捕鯨船，但當時它們已經在好幾哩之外了。後來，由於霧氣影響了能見度，那艘充氣船便走錯了方向，無法以無線電和「史蒂夫．厄文號」連絡。美國海軍退役的志工珍．泰勒（Jane Taylor）描述了當時的狀況：「船上的成員都是志工，第一次出任務，而當時能見度卻只有兩百公尺。」在直升機的引導下，那艘充氣船終於回到了母船，並決定等到第二天再採取行動，然後泰勒便開始對充氣船小組成員說明，他們在靠近日本船艦時應該如何行事。

後來的那個星期，雙方的衝突不斷升高。當一艘日本捕鯨船試圖將一隻鯨魚的屍體移送到另外一艘船上時，「史蒂夫．厄文號」便駛進它們中間，雙方發生了碰撞。日方宣稱那是「一次蓄意的衝撞」，華特森則說那是一次「無可避免的互撞」。他告訴美聯社，當時的情勢「非常非常混亂，火藥味也很濃」。

每一次衝突過後，華特森仍舊會帶領「海洋守護者」的成員繼續追逐那些日本捕鯨船。雖然日本船隊的行駛速度較快，但「海洋守護者」有直升機相助，因此可以更有效地找到日本船隻所在的位置與通往那裡的路線。志工們把充氣船放入海裡時，技術也更加純熟。在後來的一次攻擊中，他們甚至成功地用繩子把一艘鏢魚船的螺旋槳纏住。他們也努力追趕那艘負責加工鯨魚肉的「日新丸號」，以便將它的螺旋槳纏住，讓他們無法繼續捕鯨，但卻始終追不上。面對「海洋守護者」的攻勢，那幾艘捕鯨船也已經有所防範。每次「史蒂夫．厄文號」追上來時，他們就會在甲板上掛起網子，讓對方很難以臭彈攻擊。此外，他們也準備了高壓水砲。

追逐行動持續著，直到「史蒂夫．厄文號」的燃料已經嚴重不足，難以為繼時，華特森船長才下令船隻轉向北邊，朝著澳洲開始漫長且依然危險的返航之旅。

這時，湯普金斯已經和船上的成員都見了面，甚至已經為他們每個人都拍了照。不久，有關他的事情就傳開了。船上的好幾位成員也發現他就是那位保育界的名人湯普金斯，而他也很認同這些年輕的環保人士，因為他們願意為自己的信念採取行動。

為了減緩大自然受到破壞與鯨魚被屠殺的速度，他們不惜冒著入獄和被判處鉅額罰鍰的風險，參與了這次刺激而危險的行動。

當電視台的攝影小組在船上四處尋找有趣的對話、感人的場景，與船員發生爭執的畫面時，湯普金斯始終躲著他們。他和那些跟他一同守望的夥伴閒聊時也很低調，有時甚至一連好幾個小時都不開口，只是靜靜地注視著海裡的鯨魚和海豹。慢慢地，大家都知道那個戴著羊毛帽子在駕駛台上值班的老人，就是「『北面』的創辦人湯普金斯」。

賀蘭看到機會來了，便問湯普金斯願不願意在值完班後和船上的人員說說話，分享他的理念，而湯普金斯也同意了。於是後來他便花了一個多小時向眾人講述環保行動主義人士所面臨的挑戰。這時他們才明白他不僅是「北面」和 Esprit 的創辦人，也是荒野保護運動的領軍人物。「那時我已經在船上待了一年多了，但直到湯普金斯上船後，大家才真正坐下來討論我們所做的事。他是一個很深刻的思想家，而且無論做生意或推動計畫都很有一套。」荷蘭環境行動主義人士范德沃夫表示。「我們在海上待了好幾個星期，因此聊了很多事情。他對藝術很有概念，也給我們看了他蓋的那些農場的照片，真的很漂亮！所以他除了是一個思想家、行動家，也是一個藝術家。」

「要展開革命，我們就必須跨出第一步。」湯普金斯告訴那些環保人士。「除此之外，沒有別的辦法。我們必須開始採取行動。世上那些大規模的社會革命往往都源自某個人的想法。」他熱切地指出，要保護大自然，就要恢復大家對美的感受力。「生活在一個美麗、健全的世界裡，會讓人心生喜悅並感受到樂趣。在我看來，沒有什麼事比這個更有意思、更值得去做了。」

湯普金斯的演講大受歡迎。大夥兒都熱切地期待著下一次的會面，而他也像從前和朋友們圍坐在營火旁時一般，跟他們開玩笑、講故事。「他經常在駕駛台的後面發表大約一個小時半的演講，而我們就坐在那兒一邊錄影一邊聽。」泰勒表示。「我們這些比較年輕的一代都想知道自己還可以做什麼、過去的情況如何、他在舊金山和他的朋友們舉行論壇時都在談些什麼，以及他現在有何打算等等，他都會一一地解答。」

湯普金斯相信環保人士永遠處於弱勢。「我們必須很厲害才行，因為我們要對抗的是一個怪獸。」他說。「就像《聖經》中大衛與巨人歌利亞的故事。我們的力量雖然很微小，但卻站在正義的一方，只是我們的人數、手段、人力和資金都比不上那些主張開發的勢力。就拿這次行動來說吧，光是這一季，日本捕鯨船就投資了七千萬美元，但我們的經費卻只有一百萬美元。他們有雄厚的財力，而我們卻只是一群敢打敢拚的環保人士。所以，我們得比他們聰明許多才行。他們因為在道德上站不住腳，所以只好花比我們多七十倍的錢來對付我們。」

儘管「史蒂夫・厄文號」的行動，並未能阻止日本人在二〇〇八年到二〇〇九年的捕鯨作業，但已經減緩了他們屠殺鯨魚的速度。那一季，他們原本計劃捕殺九八五條鯨魚，但後來只殺了三二五條。因此，有六百多條鯨魚得以免於被害。湯普金斯在這次行動中所投入的金錢，勢必將對南極海的生態系統有著長遠的影響。

當湯普金斯在澳洲的荷巴特港下船時，身上帶了船上所有環保志工的連絡資料。一個月之後，他們每一個人都收到了他寄來的一張海報。那是一幅用他們所有人的照片所做成的拼貼畫。其中有好幾個人後來都向他募款，請他支持他們所進行的保育計畫。賀蘭甚至特地飛到伊貝拉溼地去訪問他，向他請益。

武藏行動結束後，范德沃夫便著手創辦一個他稱之為「海上巡守服務隊」（the Sea Rangers Service）的組織，打算利用幾艘經過整修的帆船與專業的團隊，為荷蘭政府與私人企業提供低成本的海洋監測服務。幾個月後，他在阿姆斯特丹又見到了湯普金斯。

他表示：「當時湯普金斯要到荷蘭來拜訪我們的女王，但因為他的護照有點問題，好像是再過幾個月就要失效什麼的，所以海關不讓他入境。」湯普金斯告訴移民局的官員他此行是要來和女王見面的，但他們不相信。直到女王的一個私人助理打電話來，他們才允許他入境。等到湯普金斯和女王見了面之後，范德沃夫便邀湯普金斯一起共進午餐。他回憶那時的情景時表示：「當時我得了一個獎，有五萬歐元的獎金。我心想：如果能再拿到三萬歐元，我們就有足夠的預算可以創辦『海上巡守服務隊』了。於是，飯吃到一半時，我就決定要問他：『你是否願意捐獻一點錢呢？』」

結果湯普金斯向他道歉，說他很不好意思，因為今年他的預算嚴重超支，所以無法捐很多，只能給他五萬歐元，並問這樣對他是否有幫助。「有了他捐的那筆錢，再加上我的獎金，我們就創辦了『海上巡守服務隊』。」范德沃夫表示。「他認為我們的做法很切合實際，理由也很正當，而且他向來願意冒些風險，所以當時他只是說了一聲：『那你們就去做吧！』」

第十七章 河流守護者

我們愈是擁抱科技，並繼續抱持「人類至上」的危險世界觀，就愈難以回到以地方生態為重的經濟發展模式。我們目前所遵循的模式已經徹底失敗了，因為它已經造成了過去這六千五百萬年來最大的環保危機，並且毀掉了地球的氣候。這是殘酷無情的事實。

——湯普金斯

令人振奮的鯨魚戰爭結束後，湯普金斯便回到了智利，並立刻面臨另一場戰爭：恩德薩和科本公司仍然試圖向智利民眾推銷他們那三十億美元的「艾森水利計畫」。

他們放出假消息，聲稱由於用電量大幅增加，智利的電力已經不敷使用，可能很快就會面臨停電危機。他們還推出了電視廣告，不斷放送足球場因停電而變得一片漆黑的畫面。同時，這段期間，智利各地還數度發生斷電現象，以致許多智利人都懷疑這是電力公司為了要爭取民眾對「艾森水利計畫」的支持，而使出的可惡伎倆。

湯普金斯駁斥這兩家公司的說法，並嘲諷他們就像恐龍一樣，跟不上時代的進步。他指出，國內生產毛額（GDP）的數字，已經不再和用電量的多寡具有高度相關性，而且可再生的能源正在崛起，可做為替代性能源。因此，即使經濟蓬勃發展，用電量也不必然會增加。他並且以不屑的口氣表示：「水力發電？那已經是上個世紀的概念了。」

事實上，恩德薩對智利的用電量所做的預測並不準確。由於二〇〇八年時美國發生了金融危機，智利的經濟遭受重創，主要的出口品（包括銅、纖維素和魚粉）的價格都大幅下跌。於是，恩德薩和科本公司便藉機推銷「艾森水利計畫」。他們宣稱，要解決GDP成長遲緩的問題，最好的方式便是挹注幾十億美元的資金於公共工程中，企圖藉著這項工程所提供的成千上萬個工作機會引誘民眾，並消弭智利環保人士反對建造水壩的聲浪。

當他們意識到湯普金斯的媒體策略非常成功時，便開始將他描繪成一個激進的環保份子，與智利人民為敵。他們刻意忽略智利本國的環保人士，將湯普金斯塑造為反水壩運動的代表性人物，而湯普金斯那強硬的姿態，也使得他們很容易找到攻擊他的機會。

恩德薩宣稱，他們建造水壩的目的是為了國家的發展，並且表示：「難道智利不應該擁有經濟發展的自主權嗎？」他們形容湯普金斯是一個任性的外國佬，自己一天到晚開著飛機到處跑，卻要讓智利人沒有電可以看電視或用洗衣機洗衣服。為了更進一步對付他，他們甚至雇用了因為經常替汙染環境的企業辯護，而被稱為「廣告界的黑武士」（Darth Vader of Advertising）的「博雅公關公司」（Burson-Marsteller）。

博雅公關公司曾經有過一些聲名狼藉的客戶，包括曾發生核洩漏事故的三哩島核電廠（Three Mile Island Nuclear Generating Station），以及因波帕爾（Bhopal）的農藥廠發生氣體洩漏事件，而造成三千八百名印度人死亡、數千人的肺部永久受損的美國聯合碳化物公司（Union Carbide）。在南美洲，博雅公關公司也曾經以一年一百二十萬美元的價格，為一九七〇年代中期被控下令殺害三萬個平民的阿根廷獨裁者豪爾赫．魏地拉（Jorge Videla）製作形象廣告。他們推出了各種有利魏地拉的文宣，甚至還在《商業週刊》（*Business Week*）的廣告副刊上，發表一份長達三十一頁的報告，宣揚魏地拉所創造的各種經濟機會。在文中，他們洋洋得意地宣稱：「歷史上很少有任何一個政府如此大力地鼓勵民間投資……我們正在進行一場真正的社會革命，需要有更多的夥伴加入。我們正在擺脫國有制度，並堅信民營企業在國家的經濟發展中扮演了極其重要的角色。」

當恩德薩陣營推出新的口號：「艾森水利計畫屬於全國人民」時，反水壩陣營便立刻刊登全版廣告加以反擊。他們指出，這種說法不僅過時，而且危險，因為這數十億美元的計畫只會為相關的企業創造利潤，卻不見得對全國人民有好處。

湯普金斯更嚴厲批評「艾森水利計畫」與博雅公關公司的關係。他說：「如果『艾森水利計畫』這麼了不起，他們為何不憑著真本事來說服民眾，而要雇用一個以捍衛那些站不住腳的企業而聞名的公關公司呢？」

有鑑於總統大選即將到來，反水壩的陣營便要求每位候選人，都要表態是否支持「艾森水利計畫」。但隨著智利億萬富豪塞瓦斯蒂安．皮涅拉（Sebastian Piñera，他在《富比世》（*Forbes*）雜誌二〇〇九年全球最富有人物的名單中排名第七六五位）的政治勢力日益強大，「艾森水利計畫」通過的希望似乎也愈來愈大。

湯普金斯無法預測皮涅拉對該計畫將採取何種態度。一方面他是湯普金斯經常在公開場合批評的那種有錢的生意人，但另一方面不善交際、經常在直播節目中說錯話的他，也有一種遠比智利典型的僵化官僚更現代化的色彩。他能說一口流利的英語，曾經在波士頓求學，也曾在智利的大學教過幾年書，同時還酷愛閱讀。除此之外，他也熱衷探險，會開飛機，而且就像湯普金斯一樣，每當飛機快要沒油時，他就會降落在海灘、別人家的後院或高速公路上。

皮涅拉曾經造訪雷尼韋牧場，聆聽湯普金斯講述企業界人士可以從事哪些保育工作，於是後來他便開始尋找值得保存的荒野。湯普金斯和克莉絲告訴他，奇洛埃島最南端的三分之一的土地要出售，那裡不僅適合設立公園，而且由於面積很大（二十八萬五千英畝），將可使他在智利的保育歷史上佔有一席之地。於是，皮涅拉便飛到奇洛埃島，買下了那塊地，並成立了「坦道哥公園」（Tantauco Park），由他名下的基金會管理，並將開放給大眾參觀。坦道哥公園裡的設施都是普馬林公園的翻版，皮涅拉甚至還聘請了湯普金斯的一位重要盟友庫埃瓦斯負責該項計畫。

儘管大多數智利人都不太認識皮涅拉，但智利的商界領袖都知道他為了達到目的，會不惜使出各種卑鄙的手段。有一位作家曾經花兩年的時間撰寫他的傳記，書中提到：「最討厭皮涅拉的人莫過於他從前的事業夥伴。」曾經和他共事過的一些主管形容他是那種會竊取別人點子的人，其中好幾位甚至毫不避諱地說道：「皮涅拉就算不是個騙子，也跟騙子差不多。」

皮涅拉在很年輕的時候就當上了一家銀行的主管，但後來卻捲入了一樁銀行詐騙案。不過，他利用他和皮諾契政權的關係，逃過了審判與可能的牢獄之災。為了怕被警方追捕，他東躲西藏了將近一個月。在此同時，他熟識的一些政治人物則設法讓他不致被抓到，以便讓他有足夠的時間可以了結這場官司。到了一九九〇年代，當湯普金斯正在打造他的雷尼韋農場時，精明的皮涅拉卻看上了當時智利剛剛開放民營的電信產業，並且在上面投入了數千萬美元的資金。同時，他還買下了「銅山航空公司」（LADECO）的許多股份，並使它成為一家頗為賺錢的區域性航空公司。他擅於投資、眼光精準、勤奮不懈，一天當中往往有十四個小時都在工作，而且他聘請了一群從智利天主教大學畢業、很有頭腦，且會講兩種語言的企管碩士為他工作。此外，他非常崇尚自由市場制度，甚至聲稱：「凡是政府可以做到的事情，自由市場都可以做得更好。」

二〇〇九年十月，皮涅拉在智利總統大選中打敗了其他候選人，取得了勝利。在一個崇尚自由市場制度的億萬富豪總統即位後，要阻止「艾森水利計畫」通過似乎希望渺茫。然而，二〇一〇年二月二十七日凌晨（也就是皮涅拉就職前的一個星期）發生了一場芮氏八．八級的大地震，使得智利南部康塞普巡附近的海岸城鎮遭到重創，智利的中部地區也遭到波及。地震過後，餘震頻仍。當即將卸任的巴舍萊（Bachelet）政府發出姍姍來遲的警告時，海嘯已然來襲，導致岸上的一五〇人喪生。皮涅拉忙著重建在地震中被毀的醫院、學校與成千上萬戶的民宅，已經無暇他顧，而恩德薩與科本公司則趁亂尋求致勝的策略。

恩德薩母公司的總裁帕布羅．雅拉薩瓦爾（Pablo Yrarrázaval）以公司的名義，捐贈了一千萬美元賑災。為了避免讓股東們質疑這筆捐款的價值，他把捐款儀式變成了一場對「艾森水利計畫」有利的公關秀。他先是拿著一張有如茶几般大小的象徵性支票跑到總統府，然後又公開請求政府「以更客觀的方式」處理「艾森水利計畫」案，不要以環保法規中的「過分要求」加以為難。

除了捐錢給中央政府並為艾森大區的各個鄉村提供獎學金、裝設鞦韆和翹翹板之外，恩德薩也雇用了許多退休的部長和公務員為他們進行遊說，但這些人都抵不過湯普金斯的攻勢。於是，恩德薩便提供可觀的月薪（據說超過兩萬五千美元），聘請智利最大的公共電視台「智利國家電視台」（Television Nacional de Chile）的主管丹尼爾．費南狄茲（Daniel Fernández）為他們工作。費南狄茲手段圓滑，很擅於自我推銷，而且因為長期和企業界與政府各派系的人馬打交道，頗有智利人所謂的「政治手腕」，能夠八面玲瓏、面面俱到。有了他在幕後運籌帷幄，恩德薩陣營確信他們必定能夠贏得民眾的支持。

在費南狄茲的操盤下，他們開始對智利媒體放出假消息，說湯普金斯在智利南部的鄉下有私生子。湯普金斯則親自指導反水壩陣營製作廣告，把目標對準財團背後的那些有力人士，指控他們為了短期的利潤而破壞該國河流，使河水無法自由流動。「這個主題是湯普金斯想出來的。」為他們製作廣告的一位設計師伊莉莎白．柯魯莎特（Elizabeth Cruzat）表示。「我們必須揭穿這些人的真面目。」湯普金斯告訴他的媒體團隊：「我們必須揭發『艾森水利計畫』背後的真正動機，讓大家知道他們為什麼要建造那些水壩。」

於是，柯魯莎特和她的丈夫帕崔西歐．巴狄內拉（Patricio Badinella）聯手設計了一系列廣告，以科本公司的最高主管埃里奧多羅．馬特（Eliodoro Matte）的臉為主題。他們把馬特的一張照片加以修改，使他看起來像是一隻狼，然後再把狼的臉用羊毛包起來，和綿羊的身體連在一起。馬特的兒子伯納多（Bernardo）也被他們用同樣的手法加以處理。這幅全版廣告被刊登在智利各家報紙上，旁邊還印著一行字：「披著羊皮的狼」。

這個廣告引起了智利那些保守的菁英份子的注意。過去他們從未像這樣被指名道姓地批評過。那一系列廣告的藝術指導巴狄內拉表示：「湯普金斯的看法很正確。像馬特家族這類人士很看重聲望或名譽這類東西。恩德薩只是一家大公司，但科本則和智利一個知名的家族有關連。湯普金斯認為我們必須試著和他們建立連結，讓他們明白他們所做的事情會損害家族的名聲。」

湯普金斯本人對馬特家族始終畢恭畢敬，甚至曾經和馬特父子見過面。這是因為他從未忘記自己在智利只是一個外來客，所以一直小心翼翼，避免無端樹敵。他曾邀請馬特父子去參觀普馬林公園，也曾經打電話給他們，和他們進行熱烈的討論，並向他們講述他如何保護大自然。有一次，他甚至問他們：「你們希望你們在後人的心目中，是一個破壞巴塔哥尼亞地區的家族嗎？」

智利有幾家大報為了維護那些有錢的上流階級，都拒絕刊登反水壩陣營所推出的許多廣告。於是，湯普金斯便仿效「綠色和平」所用的一個招數：他召開了一場記者會，出示那些被禁的廣告，例如：「當狐狸看守雞舍時」與「巴塔哥尼亞——非賣品」等等。其中有一幅還把恩德薩的公關顧問費南狄茲畫成了一個紅魔鬼，頭上長著兩個形狀像是高壓電塔的邪惡尖角，屁股後面還伸著一條延長線。這些廣告引發了一場媒體風暴，大家紛紛討論到底應不應該加以刊登。

「艾森水利計畫」的團隊對此大感震驚，因為這些廣告使他們顯得荒謬可笑。同時，全國性的民意調查也顯示，反對興建水壩的人數已經大幅增加。原本有百分之五十七的民眾贊成興建水壩，如今卻只剩下三分之一。

後來，皮涅拉加入了戰局。他指控那些環保人士「不負責任，事事反對」。他甚至在對建築業發表演講時向智利人民提出了警告：「如果我們現在不做決定，我們的國家未來十年註定要飽受停電之苦。」不過這番談話引發了學術界人士、報章專欄作家和歷史學家的強烈撻伐。他們認為皮涅拉和皮諾契將軍不相上下，因為後者曾經說過：如果沒有他，智利政府將會變得一團混亂。

其後，恩德薩陣營又暗指智利的自然資源受到了外國人的侵害。他們利用民眾的仇外心理，宣稱那些反對興建水壩的環保人士都是冒牌貨，說他們只不過是外國電力公司用來從恩德薩手中竊取可觀商機的幌子。「巴塔哥尼亞保衛理事會」的成員莎拉．拉倫（Sara Larrain）表示：「費南狄茲急了。他們付他錢，要他辦事，但他卻沒有交出什麼成績單，所以他已經氣急敗壞了。」

在此同時，湯普金斯仍舊不斷發動攻勢。每當智利或國際的媒體請他發表評論時，他總是毫不留情地抨擊那些擁有水壩的企業家，說他們短視近利，不珍惜國家的資產。當支持水壩的陣營批評他不是智利人、卻干涉智利的內政時，他說：「護照根本不代表什麼。你是否愛國，要看你的行為而定。如果你糟蹋自己的國家，破壞它的土地，汙染它的水源和空氣，砍伐樹木，過度捕撈湖泊、河流和海洋中的魚貨，你就不是一個愛國的人。有許多國家主義者一邊大聲宣稱自己有多麼愛國、一邊卻在糟蹋自己的國家！」

他甚至跨海在倫敦的報紙和雙層巴士上刊登廣告，指責智利政府試圖掠奪巴塔哥尼亞的資源。柯魯莎特指出：「這些廣告針對的是那些政治人物，目的是要譴責他們，並告訴世人：『你看！這就是他們所做的事。』讓他們覺得難為情。對智利人來說，像這樣被暴露在大眾的面前是一件很丟臉的事。」

智利的其他環保團體眼見他們有機會可以拯救那些河流，也開始在各地發起抗爭活動。有一次，有許多牧人騎著馬、手持印有「巴塔哥尼亞不要水壩」字樣的旗幟，舉行大規模的示威遊行，受到了媒體的廣泛報導。智利許多知名的環保人士與成千上百名熱心的志工，也都加入了抗爭活動。在這場運動中，湯普金斯使出了他在 Esprit 期間所用到的許多行銷技巧。他曾經把 Esprit 的型錄拍攝工作變成一件刺激的、令人興奮的盛事，讓顧客很有參與感。如今，他再度利用這些技能點燃了千萬個智利人心中的火花，只不過現在他所行銷的已經不是穿完即丟的衣物和短暫的時尚，而是大自然。

他在創辦「北面」時所強調的就是山巒之美與大自然的吸引力，如今他再度訴諸人們對美的感受。曾經擔任湯普金斯和克莉絲的執行助理的雷娜表示：「他之所以如此強調美感，固然和他的審美眼光有關，但也是因為他的心思很敏銳，能夠看出人們會被什麼樣的東西所吸引，也知道該如何創造出人們想要的品牌或感覺。」

此外，湯普金斯也知道如何動員年輕人。他有本事讓成千上百人願意排隊參加 Esprit 型錄的拍攝工作，也能吸引眾多志工利用閒暇的時間，到巴塔哥尼亞公園幫忙拔除野草和籬柱。如今，他透過幕後的出資和謀劃，也成功地讓各界人士團結起來，共同拯救巴塔哥尼亞的河流。

為了讓巴塔哥尼亞人了解「艾森水利計畫」對他們的影響，有一群志工特意沿著電塔預定分佈的路線，挨家挨戶地拜訪當地的居民，告訴他們如果他們的後院出現一座巨大的電塔將會有什麼後果。「我們花了很多時間和力氣做這件事。」柯魯莎特表示。「我們派了很多人去告訴當地居民：『如果電力公司在這裡造一座電塔，你們的土地就會貶值，房子也會賣不出去，因為你家前面有一座高壓電塔。你也不能搬到別的地方去住，因為無論你搬到哪裡，都有電塔。』」

智利的一些國會議員在情急之下，提出了一項為「艾森水利計畫」量身訂做的法規，企圖使該計畫能以能源安全的名義快速通過，無須經過環境影響評估。湯普金斯和他的團隊得知後簡直氣壞了。他們立刻撰寫廣告文案，並連夜進行編輯和設計工作，然後便發動了另外一波廣告攻勢，將那些企業家畫成肥胖的粉紅豬，有著一雙邪惡的藍眼睛，嘴巴裡還含著一堆面額一百元的美鈔。

這些廣告在智利社會中引發了一場騷動。馬特開始和他的兒子（也是他的繼承人）討論：他們是否該冒著敗壞家族名聲、玷汙家族姓氏的危險來投資這項計畫？這樣做值得嗎？湯普金斯所說的話有沒有可能是真的？馬特家族這次是否選錯了邊？

相關的討論愈來愈熱烈。在此同時，巴塔哥尼亞地區爆發了一場又一場的示威遊行，智利南部各地反對興建水壩的人也愈來愈多。就連一度非常討厭湯普金斯、經常嚴厲抨擊他的鮭魚養殖業者，也因為擔心水壩可能會對湖泊與河流造成損害，而加入了反對的行列。於是反水壩陣營的聲勢陡然看漲。環保人士哈特曼表示：「湯普金斯愈來愈清楚他該怎麼做，而且他所延攬的那些人都知道，在智利你要怎麼玩政治遊戲。他知道有時你得耐著性子靜觀其變。」

當恩德薩集團派遣一個皮卡車隊前往巴塔哥尼亞鄉間挨家挨戶地拜訪，進行公關活動時，湯普金斯的團隊也迅速做出了回應。恩德薩的員工告訴那些鄉下地主：水壩是進步的象徵，而且還能讓他們發財。他們甚至保證：新建的人工湖不僅不會礙眼，反而能夠吸引遊客，還說那些輸電塔不僅對智利的經濟有益，而且會讓那些願意率先簽約的人很快就拿到一筆錢。他們告訴那些鄉下地主：他們很幸運，因為原本他們什麼也拿不到，但現在只要他們願意讓恩德薩集團在他們家附近蓋一座簡單的電塔，就可以拿到一大筆錢。

為了反制恩德薩集團的這項攻勢，湯普金斯陣營的藝術指導巴狄內拉便打電話到該集團的辦公室，並模仿智利鄉下牧人慢吞吞的腔調，問他們的秘書：「你們公司的卡車長什麼樣子？我要等它們來。」對方告訴他那些卡車是白色的，車門上還有一個藍色的標識。

於是，巴狄內拉和湯普金斯便透過該區廣播電台的插播節目，告訴當地的農夫與牧人：那些開著白色皮卡車的人，是要來破壞巴塔哥尼亞人的生活方式的，並呼籲他們起而捍衛自己的土地，同時建議他們：「連門都不要開！不要讓那些人進入你家裡！」透過這種方式，他們成功地在那些鄉下人心中播下了反對的種子。

在此同時，他們也聘請音樂家創作智利人口中的「paya」，嘲諷「艾森水利計畫」。「paya」是智利鄉村音樂的一種形式，以辛辣諷刺的押韻詩為主，有點像是罵人的饒舌歌。在競賽中，兩個 paya 歌手會彼此鬥嘴，逗觀眾開心。巴狄內拉解釋說：「paya 有好幾種，有些可以用來罵人，有些則不行。」

「巴塔哥尼亞保衛理事會」甚至設計了一些像是漫畫的廣告。漫畫的主角是巴塔哥尼亞地區一個名叫唐．埃皮法尼歐（Don Epifanio）、長得乾癟瘦削、白髮蒼蒼的牧人。他會不時和他的馬對話，討論各種有關水壩的空話。漫畫旁邊還有兩行字：「破壞不能解決問題」以及「智利人不要艾森水利計畫」。

儘管如此，恩德薩集團仍然取得了進展。艾森大區的環境委員會以十一比〇的票數通過了「艾森水利計畫」，理由是：根據該集團所提出的長達一萬零五百頁的環境影響評估報告，他們已經從各個角度都做了研究，並且考量了各方面的問題。於是，恩德薩集團的主管終於放心了。他們補助當地經濟發展、提供獎學金和允諾補助該區電費的做法，終於得到了回報。但這項勝利只是曇花一現，因為九天後智利就爆發了十餘年來最大規模的公眾示威活動。

當時，有大約七萬名群眾走上了聖地牙哥市中心區的街頭，舉行示威。遊行隊伍浩浩蕩蕩，長達一哩。他們平和地從「義大利廣場」走到總統府，向皮涅拉總統遞交請願書。這場遊行點燃了智利社會運動的火種。智利人民在隱忍了將近三十年之後，內心積壓已久的怨氣終於一古腦宣洩了出來。不久後，各種社會運動便如火如荼地展開了。人們要求公平正義，也要求政府聆聽他們的心聲。其後爆發的一場由高中學生發起的民主抗爭，更進一步削弱了皮涅拉政權的勢力。

這場抗爭之所以爆發，是因為皮涅拉公然宣稱公共教育是「市場上的一種商品」，應該據以制定價格。此話一出，立刻群情譁然。在卡米拉・瓦勒侯（Camila Vallejo）和喬其奧・傑克森（Giorgio Jackson）這兩位大學生的領導下，成千上萬名高中生開始靜坐、遊行，使得學校有將近一年的時間無法運作。此外，還有成千上萬名學生佔領他們所就讀的高中，住在校園裡，並靠著販賣由支持他們的樂團所免費提供的現場音樂會的門票籌募款項。這讓皮涅拉和那些政商菁英驚愕不已：智利的社會秩序怎會到了這步田地？青少年怎麼會變成革命份子？

事實上，這些出生於一九八〇年以後的青少年和他們的父母那一代大不相同。他們不曾經歷皮諾契將軍的酷刑小組和祕密警察的血腥鎮壓，也沒有體驗過數十年前那段窮困的歲月，因此儘管政府所採取的經濟發展模式，確實讓數百萬民眾脫離了貧困，他們也不一定認同，而他們的抗爭無疑更助長了反水壩運動的聲勢。

智利人素來相信：人們如果能夠走上街頭表達自己的意見，就能創造出更加公平合理的民主體制，而反水壩聯盟所舉辦的這些喧鬧但平和的街頭示威遊行，更加深了他們的這種信念。自古以來，智利人民為了爭取社會正義，就曾經多次抗爭，況且到了二〇一〇年時，參與遊行抗議的人士最壞的下場，頂多只是被發射催淚瓦斯、遭棍棒毆打或短暫的拘留，不會再遭到酷刑，也不會再無緣無故地失蹤，因此智利人民的膽子便愈來愈大，而抗爭的火花也就一發不可收拾了。

到後來，有些不屬於「巴塔哥尼亞保衛理事會」的組織，也發起了他們自己的反水壩示威活動。智利社會學家馬拉迪尼克表示：「有許多人跑來問我們：『蒙特港市的示威遊行什麼時候舉辦？』我說：『我不知道耶，不是我辦的。』那時我們就知道這股風潮已經蔓延到全國各地，而且勢不可擋。」

於是，政府不再大力支持「艾森水利計畫」，相關的官員也知道勢不可為，便悄悄地將它打入冷宮。那些被恩德薩集團打點過的官員，也因為政治風向改變而完全使不上力。

「湯普金斯為了這項運動可是拚了老命，但他玩得挺開心的。」反水壩聯盟的藝術指導巴迪內拉表示。「我曾經為許多公司工作過。那些客戶都見多識廣，很懂得如何溝通，但很少人像湯普金斯這麼有能力，知道你在講什麼，懂得如何讓媒體替你完成你的目標，並且信任身邊的人，給他們空間，讓他們能夠發揮創意。如果你問我：在我和湯普金斯共事的這七年當中，他有沒有把事情搞砸過，我會說應該沒有，而從事廣告業的人都知道：當客戶管太多的時候，通常都會把事情搞砸。」

其後幾年間，儘管恩德薩集團仍舊在背後推動「艾森水利計畫」，卻一直被卡在永無休止的環境影響評估程序中，再也得不到政治人物的支持。到了二〇一四年時，這項計畫就停擺了，幾年後，原來的支持者也放棄了。柯魯莎特表示：「反水壩運動在文化上也產生了一些影響。之前你如果問一個智利人他是從哪裡來的，他可能會說：『從南部來的。』但現在他們會說：『從巴塔哥尼亞來的。』如今，智利各地都可以看到巴塔哥尼亞餐廳、巴塔哥尼亞食物，和巴塔哥尼亞的工藝品，而這一切改變不到十年就出現了。」

湯普金斯夫婦為此感到非常欣慰。這場反水壩運動共花了六百萬美元。對於任何一位環保人士來說，這都是一大筆數目，可以拿來修築許多健行步道，維護成千上百英畝的有機農場，或種下成千上萬株智利柏苗木，但湯普金斯卻覺得這筆錢花得很值得，因為他們只用六百萬美元，就阻止了一項預算高達三十二億美元的計畫，而且只用了七年的時間就讓它失去了民意的支持。

第四部

第十八章 供鸚鵡觀賞的木偶劇

人類的來日已經無多，除非我們能學會和所有其他生物共享地球。這意味著我們必須要求政府將生物多樣性的保存視為當務之急。要做到這一點，最重要的方法就是設置更多的保護區，而且最好設立更多的國家公園。

——湯普金斯

湯普金斯飛行在距伊貝拉溼地一百呎高的上空，勘查著他所擁有的這塊廣闊的土地。看到那一群群在亞熱帶潮溼的氣溫中晒太陽的凱門鱷，以及在浮島的林中空地上走動的水豚（世界上體型最大的齧齒類動物，體重可達一百磅），他不禁為之讚嘆。除此之外，此區的鳥類也極其豐富，以致在這裡開飛機具有一定程度的危險性，因為只要有一隻鸛或其他鳥類飛進他的小飛機唯一的引擎裡面，他就有可能墜毀在溼地上。

無論是開著飛機低空飛行或划著皮艇穿越蘆葦叢，湯普金斯總是以一個博物學家的眼光觀看那些野生動植物。他很想把他所看到的那些荒野地帶通通買下來，加以維護，讓它們得以恢復原本的自然面貌。他之前為了伊貝拉溼地而提出的幾十件訴訟案，已經漸漸有了結果。法院已經做出四十七項的裁決，而且每一項都對環境的保護有所裨益。如今，伊貝拉溼地已經逐漸恢復原貌，不僅其中的水已經開始得以自由流動，野生動植物的數量也增加了。

凡此種種都讓湯普金斯備感欣慰，但他知道如果不設法永續經營，這些都有可能只是曇花一現。於是，克莉絲便開始和海諾南及羅佩茲兩人討論：要如何培養一批人，讓他們在伊貝拉的周邊守護這塊溼地呢？在科連特斯省，除了沼澤以外的土地，大多屬於少數菁英和富人。當地居民大半都很窮困，是經濟上的邊緣人。他們聚居於十來個小鎮上，而且人才流失的現象頗為嚴重。那些受過教育的年輕人紛紛離開家鄉，前往布宜諾斯艾利斯和羅薩里奧（Rosario）等大城市去尋求就業機會，因此當地的文化正日益凋零。

湯普金斯和克莉絲在智利和強大的財團奮戰了十年之後，已經明白團隊建設的重要性。他們和伊貝拉地區的居民聊得愈多，就愈發意識到科連特斯人可以說是政治上的孤兒。他們就像智利雨林中的移民一般，感覺自己被置於政治決策過程之外。由於政治人物不會因為忽視他們的需求而付出任何政治代價，自然不會刻意拉攏他們，也不重視他們的意見。「有些小鎮幾乎沒有任何預算，甚至無法參與決策的制定。科連特斯省原本就很窮，這些鄉鎮更窮，因此那裡的居民都很訝異我們居然會和他們連絡並且去拜訪他們。」阿根廷專門研究野生動植物的學者海諾南表示。「我們邀請了所有的鎮長和他們的太太到普馬林公園來作客。」湯普金斯親自下廚，烹製傳統的智利菜餚「古蘭多」（curanto）招待他們，並領著他們四處參觀、照顧他們，甚至還開飛機載著他們飛過公園上空。「湯普金斯告訴他們：『我們的構想就是這樣。』那些鎮長看得目瞪口呆，然後他們就開始談到未來的事情。」

連那位經常和湯普金斯發生衝突的科連特斯省議員弗林塔，也成了湯普金斯的座上賓。他接到邀請後，起先有些猶豫不決，不知該不該去，因為他擔心如果大家知道他和「敵人」往來，可能會引發一場政治風波。但湯普金斯給了他一些好處。他說如果弗林塔願意飛到普馬林，在那裡待上一個星期，到處走走看看，他就會買下「科洛尼亞卡洛斯佩萊格里尼」鎮上一塊濱海的土地，加以整理後再捐給該鎮做為社區的露營場。這樣一來，弗林塔就有理由可以反駁那些認為他和湯普金斯見面毫無好處的人。對於湯普金斯和克莉絲來說，此舉也可增強他們和當地居民與土地的關係。之前一直有人批評他們只不過是一對貪婪的夫婦，要來掠奪智利人的財產。因此，如果他們買下那塊地、並將它整建為露營場後再捐出去，就可以堵住那些人的嘴巴。此外，有鑑於當地民眾長久以來一直沒有交通工具可以前往伊貝拉溼地，湯普金斯還打算在那露營場上建造一座碼頭，讓民眾可以從那裡搭船前往伊貝拉。

弗林塔抵達雷尼韋後，湯普金斯便讓這位身材魁梧的議員坐上他那架小飛機的後座，為他綁上安全帶，然後便開始發動引擎，沿著前院那條崎嶇不平的跑道滑行，並飛上了天空。那是他很熟悉的一個世界，沒有人比他更能像這樣讓訪客來一趟驚心動魄、可以俯瞰全景的空中之旅，並且做詳盡的解說。他們開著飛機在那清新潔淨的有機蔬果園上空盤旋，飛過那座已經整修完的渡船口，拍攝了好幾十隻海獅在牠們的群棲地嬉戲的情景，期間還險些擦過一座瀑布。入夜後，他們兩人坐在營火旁喝酒、抬槓、說說笑笑。然而深夜時分，他們兩人之間產生了一些言語上的誤會。湯普金斯說他要成立的是一座「國家公園」，而非地區性公園，請弗林塔支持，但弗林塔說地方人士並不想受到中央政府管轄，所以他們不要什麼「國家公園」，於是兩人就開始朝著彼此大吼。第二天早上，他們幾乎都不講話。當他們飛到查卡布科山谷去參觀那裡的保育作業時，弗林塔感覺很難受。「從普馬林飛到查卡布科山谷時，我們經過智利境內的安第斯山上空。我從來沒有看過這麼令人讚嘆的風景。那簡直是全球獨一無二的景觀，可是因為和湯普金斯吵架的緣故，我卻完全沒有心情欣賞，只希望旅程能快點結束。」

他們在查卡布科山谷降落時，克莉絲已經準備好食物，在那裡熱烈地歡迎他們了，讓弗林塔感到非常訝異。她雖然已經聽說他們吵架的事，卻佯裝不知，只是若無其事地招呼著他。後來，她和湯普金斯帶著弗林塔參觀了有機蔬果園，又和他一起在有如布宜諾斯艾利斯的歌劇院般的精美鍍銅燈具下吃著烤羊肉。「克莉絲不聲不響就把所有事情打點好了。為了逗我開心，她甚至還想辦法讓我在她家做菜。」弗林塔表示。「她的溫暖、真誠和愛心，讓我們的心情都變好了，所以我總是說，你提到湯普金斯的時候不能不談到克莉絲。」

弗林塔忘掉了爭吵時的不快。他回到阿根廷後，仍想著他在普馬林公園和查卡布科農場所看到的一切。他心想這樣的國家公園不僅可以和地方工藝與民俗文化結合在一起，也不會有那些裝潢廉價的連鎖旅館進駐，是很不錯的點子。此外，在他看來，無論此行的成果如何，他至少為他的選民爭取到了那座海濱露營場。

在湯普金斯和克莉絲的眼中，保護伊貝拉溼地只是第一步。他們真正的目標是要進行野化工作，將那些已經消失的動物再度引進這處溼地。儘管這項工作可能要花好幾十年的時間，他們在有生之年或許無法完成，但是他們很清楚自己要的是什麼，也有了初步的構想。

湯普金斯希望從復育美洲豹開始，因為牠們莊嚴威武，具有一種不可思議的力量，也是大自然食物鏈中的頂級掠食者，對穩定整個地區的生態具有很重要的作用。但克莉絲並不贊同，認為復育美洲豹的時機還沒到。他們在阿根廷的團隊則建議他們：為何不從大食蟻獸開始呢？克莉絲和湯普金斯同意了。於是他們便透過基金會編了數萬美元的預算，打算興建一個大食蟻獸復育中心，並招募相關的工作人員。

大食蟻獸具有像吸塵器管子一般的長鼻子、伸縮自如的舌頭、長達三呎的毛茸茸的尾巴，以及恐龍般的腳爪，而且牠們的舌頭不僅有倒刺，還會分泌黏稠的液體，讓牠們可以用來捕捉螞蟻。牠們雖然模樣古怪，在生態系統中卻具有很重要的地位；雖然看起來很溫和，卻能致人於死；雖然嗅覺靈敏，視力卻不太好，因此很容易遇害；而母獸死掉後，往往會留下一群無人照管的孤兒。「來到伊貝拉溼地的大食蟻獸絕大部分都是孤兒。牠們的媽媽有些是被車子撞死，有些是被獵人射殺，有些則是被狗咬死。」負責食蟻獸野化計畫的生物學家艾莉西亞・德爾加多（Alicia Delgado）表示。「這裡的人發現了食蟻獸寶寶後，往往會把牠們帶回家。」

這些食蟻獸寶寶是很可愛的寵物。牠們很需要人家撫摸擁抱，而且需要照顧的時間長達八個月。但是成年之後，牠們就變得既難搞又有危險性，不適合養在家裡了。「牠們很適合復育，因為牠們雖然長得怪，看起來有些可怕，但大致上是無害的，除非你把牠們逼得走投無路。」克莉絲說道。「牠們真的好可愛。我們讓那些已經失去媽媽的小食蟻獸從前門進來，進行一段時間的隔離檢疫後，再從後門把牠們放出去。每隻食蟻獸都有個名字，而且大家都跟著牠們跑。牠們後來都變得很有名，還上過木偶秀和電視節目，成了大明星！」

在成功復育了大食蟻獸之後，湯普金斯夫婦的野化團隊的負責人葛斯塔佛・索利斯（Gustavo Solis）開始考慮要復育其他物種，其中包括草原鹿和湯普金斯最初想要復育的美洲豹。於是，身為獸醫的索利斯開始投入許多時間和精力研究如何復育野生的美洲豹。他知道伊貝拉有遼闊的沼澤、溼地和草原，是美洲豹的理想棲地。事實上，過去這數百年間，美洲豹一直是當地的瓜拉尼人很敬重的動物。「Jaguar」（美洲豹）這個字就是源自瓜拉尼語中的「yaguarete」一字，而這也是大多數阿根廷人對美洲豹的稱呼，但現在牠們已經瀕臨滅絕了。「阿根廷境內只有三個分散在不同地方的美洲豹族群。根據我們估計，總數大約有兩百隻。一個地方如果沒有了美洲豹，當地的所有物種都會受到威脅。」生物學家邁特・諾亞（Maite Ríos Noya）表示。「美洲豹如果消失了，將是一個很大的災難。我甚至不敢想像有朝一日牠們可能會像恐龍一樣滅絕。」

有一次一個學生來找吉梅內茲，請求他讓她研究美洲豹，但他很客氣地告訴她這是不可能的，因為美洲豹的數量不足，研究起來有難度，因此他建議她換個題目，去研究一般人對美洲豹的態度。這是因為吉梅內茲明白，他們如果要將美洲豹重新引進伊貝拉溼地，必須先得到當地民眾的廣泛支持才行。為了收集資料，他便派那名學生去做意見調查。後來，她一共訪問了四三二個當地居民。當他們統計並分析了她訪談的結果時，所有人都嚇了一跳。

原來當地人其實很喜歡美洲豹，認為牠們象徵他們的尚武文化與反抗威權的性格。湯普金斯對此感到欣慰。現在他終於可以開始採取行動，不必擔心像在智利時那般飽受地方人士的誤解了。於是，他便授權他的野化團隊聘請當地的工匠，建造供美洲豹居住的巨大圍欄。然而，他們動工後卻大雨不斷，滿地泥濘，施工困難，以致他們足足花了兩年時間才完成。這段期間，為了學習繁殖美洲豹的複雜技術，野化團隊中的生物學家、獸醫和其他成員也相繼訪問印度、巴西、南非和西班牙等地。

除了美洲豹之外，湯普金斯的野化團隊也希望能夠重新引進綠翅金剛鸚鵡，因為伊貝拉一帶的綠翅金剛鸚鵡早在一百年前，就因為遭到獵捕而消失殆盡了，只剩下一些被人當成寵物的鸚鵡。當附近的居民聽說新來的美國老闆要收養這些鸚鵡時，便紛紛把家裡的鸚鵡送過來。「那些鸚鵡不太像鳥，反而比較像人。」湯普金斯團隊中的一名獸醫笑道。「我們還得教牠們怎麼飛。」

湯普金斯和克莉絲雖然心存疑慮，但最後還是答應了。於是，他們便雇人餵食、照顧這些鸚鵡，並重新訓練牠們，讓牠們能夠在野外生活。但這項計畫並未成功，因為那些鸚鵡雖然已經學會如何飛行，但速度有限，因此被放出去之後很快就被當地的掠食者吃掉了，只有一隻活了下來。野化團隊中的獸醫尼可拉斯・卡羅（Nicolas Carro）指出：「由於鳥類具有很強的領域性，因此牠們被放出去之後就被其他鳥類攻擊。像異尾霸鶲這類的小鳥會把牠們當成入侵者，於是牠們後來只好躲進低地的多刺植物之間，然後就被狐狸和鱷魚咬死了。這些鸚鵡被放到野外後，就像上班族被放進職業足球比賽的賽場裡，很快就被搞死了。」

有了這次失敗的經驗，野化小組的成員便到處請益。他們心想：既然好萊塢的馴獸師能夠訓練動物，讓牠們拍電影，或許他們也能找個馴獸師來幫忙訓練那些金剛鸚鵡，讓牠們有能力在野外生活？於是，湯普金斯便透過他的人脈找到了一位專門訓練鳥的達人。他名叫法比恩・賈貝利（Fabian Gabelli），是個阿根廷人，據說是電影界一流的訓練師，但一直以來他的工作都是馴化鸚鵡，讓牠們能在鏡頭前表演，卻從未有過訓練鳥兒在野外求生的經驗。不過，當「土地保護信託基金會」（Conservation Land Trust）的人問他是否能夠試著訓練那些被豢養的金剛鸚鵡，讓牠們適應野外的生活時，他還是接受了這項挑戰。

他很快就明白了湯普金斯的野化團隊之所以失敗的原因：伊貝拉溼地是一個龐大

的生態體系，裡面的小島上有森林或樹木可供那些鸚鵡覓食並築巢，但牠們因為之前一直生活在籠子裡，沒有機會飛翔，因此胸肌並不發達，很容易疲倦。於是，牠們降落在沼澤地上時，很容易就會被其他動物獵食。剛開始時，「土地保護信託基金會」的人員因為不明白賈貝利的意思，便和他發生了幾次爭執。海諾南對他說：「賈貝利，鳥是喜歡飛的。」但賈貝利向她解釋：「不！鳥類之所以要飛，是因為牠們沒有其他辦法可以解決自己的問題！我們人類因為自己想飛，就以為鳥類也喜歡飛行，但這純粹是人類的觀點。在大自然中，鳥類之所以要飛行是為了尋找食物。牠們要有食物才能生存，而飛行只是牠們覓食的方式。」

於是，賈貝利便開始嚴格控制那些金剛鸚鵡的飲食，並為牠們安排了一套訓練課程。團隊成員還為牠們建造了一個訓練中心，其中包括一個八十呎長的封閉式跑道，兩端設有餵鳥器。鳥兒們飛完一圈後就可以吃到食物。賈貝利在評估之前的失敗經驗時發現：那些鳥吃的都是同一個餵鳥器的食物，但比較強勢的鳥兒會把所有的果實都吃掉，而弱勢的鳥兒就只能吃剩下的，以致兩者的飲食都不均衡。於是，這次他們便將鳥兒分成幾組，每隻都有一份屬於自己的飼料。結果不到三個星期後，所有鳥兒的胸肌都變得發達了。這是牠們要做長時間的飛行所必備的條件。

負責設計人工鳥巢給這些金剛鸚鵡住的，是由生物學家瑪莉雅內拉・瑪薩特

（Marianella Masat）所率領的一個小組。他們最初是用塑膠來製作，但做出來的鳥巢太重了。然而，當她改用木質來做時，那些鳥巢就先後被蜜蜂和貓頭鷹佔據了，讓她很傷腦筋。

由於金剛鸚鵡喜歡吃各種水果和種子，而且牠們在空中飛行和排便時，會把那些種子散佈到方圓數百哩的土地上，有助重建生態系統，因此生物學家吉梅內茲稱牠們為「森林建築師」。

當那些鸚鵡變得更有力氣、飛得更快時，野化團隊中的阿根廷生物學家諾埃莉雅・佛爾佩（Noelia Volpe）便在跑道上增加了更多的障礙，並設計更多問題讓牠們去解決。她說：「因為牠們之前只有在動物園飛行過，所以我們要訓練牠們的肌肉，使牠們在飛行時更有耐力。」為了增強牠們的握力，工作人員還用不同粗細的桿子來訓練牠們的肌肉，並為每隻鸚鵡調配不同的飲食，包括水果、種子和各色植物。此外，他們也將訓練路線上兩個餵食器之間的距離愈拉愈遠，並在沿途設置各種障礙，使牠們更不容易找到。同時，他們還記錄鸚鵡們飛完一圈所需的時間與牠們所攝取的熱量，以評估牠們進步的狀況。

賈貝利表示：「那些鸚鵡所受到的訓練簡直可以媲美頂尖的運動員。牠們每天都必須得到足夠的熱量，並完成牠們該做的練習，而且我們也會把牠們各方面的表現都記錄下來並加以研究。訓練動物讓牠們能在野外生活，而不是做些和人類有關的事情，這種感覺真是太棒了。」

其後，賈貝利又開始訓練那些鸚鵡辨識掠食者。他為牠們建造了一座露天的圓形劇場，並在那裡上演一齣木偶劇，讓牠們明白在野外生活時可能會遇到的危險。然而，那些鸚鵡看到老鷹木偶出場時，根本毫無反應，因為牠們從來不曾在野外生活過，所以根本不懂得害怕，甚至可能不知道老鷹是牠們主要的掠食者。於是，賈貝利又嘗試了一個新的招數：在那隻老鷹攻擊一隻鸚鵡時播放金剛鸚鵡的警示叫聲。果然，這一招奏效了。他說：「我們上演了一個攻擊的場面，結果那些鸚鵡全都驚慌失措，趕緊飛走，彷彿看到了真實的掠食場面。」後來，他強迫那些鸚鵡反覆觀看這一幕。有一次，他正在排演時，海諾南突然來訪。他結束後，她便對他說：「你們在演戲耶！我真不敢相信我們在為鸚鵡表演木偶劇呢！」

過了幾個月之後，那些金剛鸚鵡終於可以被放到野外了。牠們當中有幾隻被裝上了無線電追蹤裝置。克莉絲表示：「我們把那些鸚鵡放走前，做了一個很盛大的廣告，並公佈了一個電話號碼，呼籲當地人：『如果你看到任何一隻金剛鸚鵡，請打電話告訴我們。這是金剛鸚鵡熱線。』結果他們紛紛打電話來，說他們拍了照片，並且告訴我們那隻鸚鵡『大約這麼大，就在我們家後院』。還有人說：『牠就坐在這種樹上面！』民眾的反應熱烈極了。」

曾在伊貝拉從事多年野化工作的吉梅內茲表示：「你必須說服社會大眾，使他們相信：重新引進類似野牛、野狼、老虎、美洲獅或美洲豹等等已經絕跡的大型動物，讓大自然的生態系統保持完整，是一個明智的做法。你要盡量運用各種傳說、軼事和神話來說服他們。光是講一些只有保育團體能懂的理由和論點是沒有用的。人們真正關心的是工作、榮譽、希望、文化和愛國心。」

當巴西和巴拉圭兩地的非營利環保組織表示，願意提供公的美洲豹讓他們育種後，湯普金斯和克莉絲便授權他們的野化團隊，興建了一座規模相當於都市裡的動物園的「美洲豹復育中心」（Jaguar Reintroduction Center），其面積廣達數百英畝，裡面設有許多精心製作的圍欄，讓美洲豹可以從小小的獸醫箱遷移到小育種欄、初放欄，最後再進入廣達七十英畝的巨大圍欄。由於圍欄太多，當它們被空運到聖阿朗索島、放在地上時，竟然有好幾哩那麼長。

生物學家塞巴斯欽．德馬提諾（Sebastian di Martino）知道重新引進美洲豹，對伊貝拉溼地的整體健康有著關鍵性的影響。「就像灰狼回到黃石國家公園後，改變了那裡已經失衡的生態系統一樣，美洲豹也能讓伊貝拉溼地的生態恢復平衡。」他說。

「另外，野化成功後，我們也可以利用野生動植物觀賞活動與相關的服務，來振興科連特斯省各地的經濟。事實上，現在世界各地有不少小鎮的經濟，都是以生態旅遊和野生動植物觀賞為主。」

德馬提諾明白：在將那些美洲豹放到野外時，要以母豹優先，因為牠們的「地盤較小，而且比較不會太過分散」。他要建立一個健康的、有著不同基因的族群，不過由於許多狀況他們還未能掌握，所以他會盡量讓那些美洲豹留在伊貝拉溼地裡面，並且盡量遠離人類。他知道只要發生一次意外，或者有任何一隻美洲豹或任何一個人死亡，他們的野化計畫就會遭到挫敗，並因而倒退好幾年。

湯普金斯和克莉絲在伊貝拉待久了之後，發現科連特斯人非常尊重當地的野生動植物。他們每年的狂歡節遊行與慶祝會，大多以動物的羽毛與濃烈絢麗的色彩來裝飾。「高卓人喜歡炫耀，有點像孔雀一樣。」海諾南表示。她經常和克莉絲一起去探索當地的文化，以便根據他們的傳統進行野化工作。

後來，湯普金斯設計了一系列（共五十張）的海報，上面印著他自己發想的口號：「重現往日科連特斯的面貌」（Let Corrientes Become Corrientes Again）。海報上印著當地需要保育的各種動物，包括鬃狼、凱門鱷和美洲豹等，但完全沒有和湯普金斯有關的任何標識或非本土的東西。這些海報被分送到各個售貨亭、超市、郵局、旅館

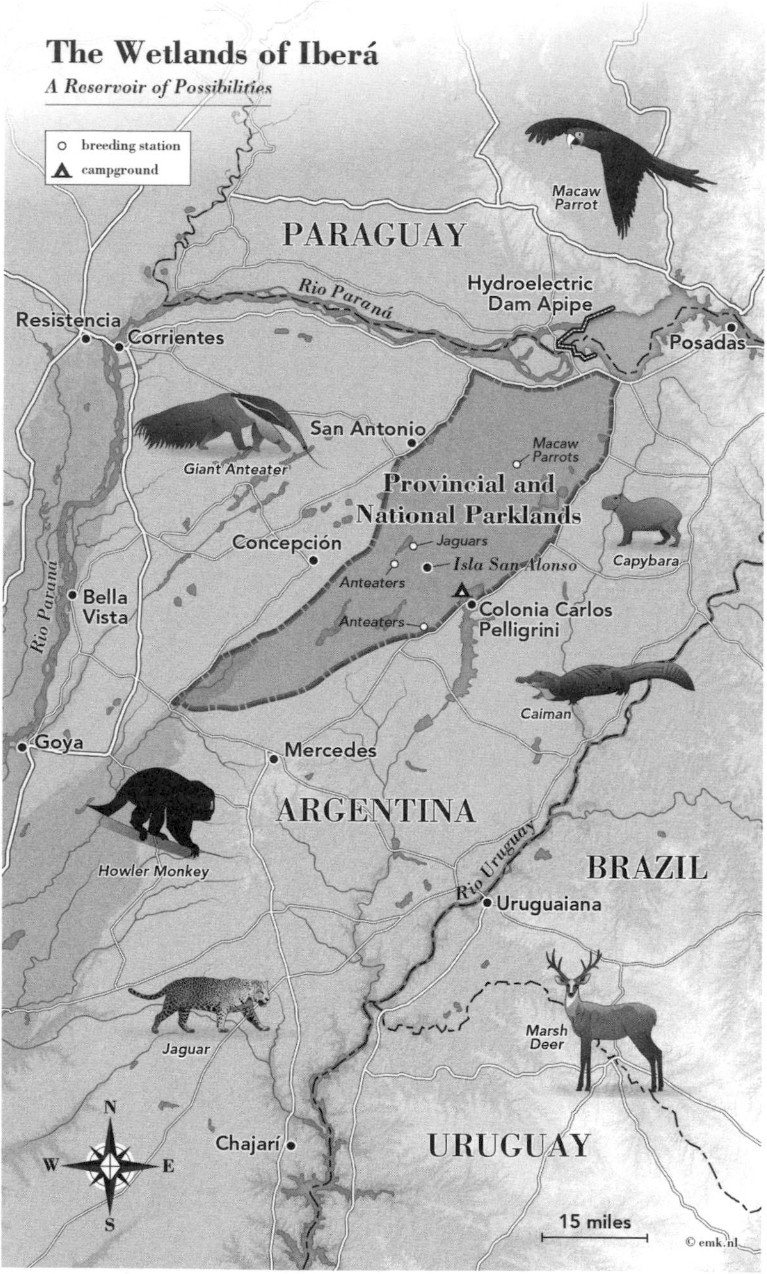
The Wetlands of Iberá
A Reservoir of Possibilities
breeding station
campground
Macaw Parrot
PARAGUAY
Rio Paraná
Hydroelectric Dam Apipe
Resistencia
Corrientes
Posadas
San Antonio
Giant Anteater
Macaw Parrots
Provincial and National Parklands
Capybara
Concepción
Jaguars
Isla San Alonso
Anteaters
Bella Vista
Rio Paraná
Colonia Carlos Pelligrini
Anteaters
Caiman
Goya
Mercedes
ARGENTINA
Howler Monkey
Rio Uruguay
BRAZIL
Uruguaiana
Jaguar
Marsh Deer
N
W
E
S
Chajarí
URUGUAY
15 miles
© emk.nl

伊貝拉溼地野生動物復育分佈圖

和酒吧，供民眾免費拿取，結果不只大人捧場，學生也很喜歡。同時，「土地保育基金會」也提供有關那些保育動物的學習資源和課堂教材給當地的學校。於是過了一段時間後，那些保育動物不僅再次出現在伊貝拉溼地上，也成了學校的課程之一，當地的學童們開始學習如何珍愛自己的土地與這塊土地上的動物。湯普金斯和克莉絲相信，再過十年，這裡的居民將會和野生動物建立起更緊密的連結。

湯普金斯就像希臘神話裡的擎天神阿特拉斯（Atlas）一樣，承擔了整個世界的壓力。這點從他的言談就可以看得出來，而且對他的心情也產生了影響。他有時會很憤怒，並且感到挫折，但不可思議的是，他的生命中竟然有這麼多美麗的事物。他對這個世界感到悲觀，而且他寄給我們的電子郵件裡面，總是那些有關地球災難與末日的報導，讓我看了簡直想一槍把自己打死算了，因為你會覺得很沮喪，感覺自己無路可逃。所以，他確實吸收了很多負面的東西，但不知為什麼，他卻能夠把那些負面的能量加以轉化，用來解決問題、提出可行的方案，所以才創造出了那些美麗的農場、公園、書籍和照片。他一方面感到悲觀，覺得世界末日將要到來，但另一方面卻創造出這麼多美麗的事物。

——魏斯頓．鮑伊爾斯（Weston Boyles）

湯普金斯夫婦相信：如果得不到當地人士的支持，他們計畫中的伊貝拉溼地公園將撐不到一百年。為了替這座公園打下更穩固的基礎，他們為該區擬定了一項以「大自然的產品」為主的經濟復甦方案，因為他們認為實施保育能夠帶來永續性的經濟發展。

科連特斯省的人長年以來對外來者一直心存疑慮，再加上聯邦政府並未致力開發，因此他們並未意識到伊貝拉溼地是一座生態寶庫，可以招徠遊客，帶動泛舟、賞鳥、生態旅遊與非洲式的野生動物觀賞之旅等觀光活動，建立能夠永續的經濟模式。海諾南表示：「我們希望能夠幫助當地的經濟轉型，讓伊貝拉附近的十個城鎮，都有機會透過野生動植物旅遊發展他們的經濟。那裡的居民都知道我們的構想很有建設性，因為我們想用大自然所提供的產品來幫助他們發展經濟。而我們之所以有這種想法，是因為看到了當地居民的生活方式。要知道，科連特斯省是一個非常貧窮的省分，這裡的人是不會去遠足或健行的，因此他們無法透過休閒活動與大自然連結，但他們可以透過工作與它連結，所以我們必須為他們製造工作機會。這將會大大改善他們的生活。」

為了說服當地的反對派人士，湯普金斯提議帶各鄉鎮的官員去參觀非洲的國家公園。弗林塔議員也去了。「到了非洲後，我了解到利用野生動植物來發展經濟是怎麼一回事。」他說。「看到克魯格國家公園（Kruger National Park）讓我得到了很大的啟示，因為這座公園既是地方性的保護區，也屬於全國人民。這樣的架構也適用於我們。我們的伊貝拉溼地在許多方面很像南非的國家公園，因為那裡也正在進行物種的復育。在許多方面它也像哥斯大黎加的國家公園一樣，和本地的居民與經濟發展有密切的關係。」

當地人原本不太相信會有觀光客飛到阿根廷來，花錢看那些食蟻獸、水豚或凱門鱷。然而，當遊客的人數逐漸增加，而且愈來愈多人租船遊覽、參加野生動物攝影團、購買餐飲和必需品，並且下榻在當地的旅社時，他們終於相信了。生物學家吉姆內茲表示：「要讓當地人明白，像美洲豹這樣的猛獸能夠為他們帶來工作機會，最簡單的方式就是帶他們去其他地方參觀。一旦他們看到那些地方的人因為生態旅遊而改善了生活，他們就會說：『好吧，我們也來試試看。』」

湯普金斯認為，要保護伊貝拉溼地，也必須讓民眾得以進入其中。他確信一旦當地人開始明白伊貝拉溼地可以吸引遊客前來觀光，他們就會將它視為大家共有的資財，也才會因為溼地生態的健康與否攸關他們的生計，而努力保護那些野生動植物。十年前，他在設立普馬林公園時曾經反對所有的開發計畫，但如今他不僅建造了一座公用碼頭，還呼籲當地人一同去探索伊貝拉溼地，讓他們共同照看這塊土地，並藉著發展觀光旅遊來鼓勵他們站出來，為保護大自然而努力。

後來，阿根廷的觀光旅遊部也注意到了湯普金斯夫婦在科連特斯省所做的努力。他們明白發展永續性旅遊經濟的重要性。於是，當他們看出了伊貝拉溼地在這方面所具有的潛能後，便投入了數百萬美元的資金開闢連絡道路、興建露營場、設置公園警衛隊，並開始推廣伊貝拉溼地的觀光旅遊，而弗林塔議員也成了政治人物、當地企業家和政治掮客爭相拉攏的對象，因為他們突然發現十年前湯普金斯對當地村民所說的話並非虛言。

當伊貝拉溼地確立了它在生態旅遊的地位時，它便逐漸得到了當地民眾、全國人民，乃至國際人士的認可，後來甚至出現了一種奇特的現象：人人都想參與其中。弗林塔議員指出：「原本持反對立場、甚至還把公園的出入口堵住的人，現在居然願意捐出一塊地來興建道路。原本堅決反對讓民眾進入伊貝拉溼地的人，現在也閉嘴了。」

第十九章 公園路線

美國有七十七座國家公園，其中沒有一座在成立的過程中不曾有過衝突、激辯或對立。你得設法處理這些問題。相較於有些國家公園費時六十年才成立，我必須說我們做得還挺不錯的。

——湯普金斯

二〇一三年時，快要七十歲的湯普金斯突然有了危機感。儘管他在鄉間健行時仍然能夠走上六個小時，儘管他那位已經九十六歲高齡的母親費絲身體仍然硬朗，但他擔心他的時間已經快要不夠用了。他在一封私人信函中表示：「在生命走到盡頭之前，我還有許多事情想做。儘管我很清楚，世界末日必將來臨，但我心裡一直有一股幾乎深植於我的基因中的力量，驅策我不斷為了創造美感而努力。」

他深信人類有必要保存更多的荒野。他知道在全球人口已經超過七十億的現在，要購買一塊生態完整的土地並用來設立新的國家公園，已經愈來愈不可能了。曾經和湯普金斯共事的風景攝影師凌迪．韋德霍夫（Linde Waidhofer）指出：「他的會議行程從早上八點一直排到晚餐後，有時甚至更晚，真是太不可思議了。」除了開會之外，他還要接待那些捐款人，帶他們四處參觀，並向他們報告他正在進行的各項保育方案，因此更加忙碌。在經過幾年的努力後，他終於促成了延德蓋亞灣國家公園（Yendegaia National Park）的設立，讓火地島的生態免於遭到破壞，而成立普馬林公園的方案雖然尚未被智利政府所接納，卻也出現了轉機。

不過，他們雖然已經取得了破天荒的成就，卻始終處於資金不足的困境。儘管來自「巴塔哥尼亞公司」與其創辦人喬伊納德夫婦所捐的大筆捐贈，補足了一大部分的資金缺口，但他們仍然必須不停地募款。湯普金斯的私人助理莫佳朵表示：「有許多對民間保育工作有興趣的有錢人跑來問我們：『你們是怎麼做的？我們可不可以見個面？類似這樣的工作該怎麼進行？我要如何保護我喜歡的某個地區？』而湯普金斯總是很隆重地接待他們。這些人到了我們這兒之後總是不停地讚嘆，覺得我們做得很棒。他們會說：『湯普金斯做得可真多呀！』或者：『克莉絲太了不起了。』他們在這裡的時候，總是充滿了理想，想做出一番事業來，但一旦踏出房門，就開始想要製造產品、想賺錢。這種心態已經根深蒂固，很難改變。」

儘管湯普金斯和克莉絲兩人的財產加起來有數千萬美元，但由於資金不足，他們所能做的仍然有限。除了花在保育計畫上的錢之外，他們還必須支付智利的一百名員工與阿根廷的數十名員工的薪水。於是，他們便設法尋求一些富豪的支援。有一次，湯普金斯半開玩笑地對那位靠著創辦智利的「沃爾瑪公司」（Walmart）而成為億萬富豪的尼可拉斯・伊巴內茲（Nicolas Ibañez）表示：「告訴我，伊巴內茲，你死了以後墓碑上會寫些什麼呢？是『智利最大超市的老闆』嗎？」幸好伊巴內茲不僅沒有生氣，反而把他的話聽了進去。

少數幾個有心致力環保的「高淨值人士」飛到南美洲與湯普金斯和克莉絲見面後，也都各有收穫。「他們家幾乎每天晚上都有客人。」信奉環保行動主義的自然主義作家喬治・伍爾頓納（George Wuerthner）表示。「湯普金斯經常和政治領袖、科學家、慈善家、保育人士和知名的作家與藝術家碰面，有時一些世界級的攀岩高手或探險家也會加入。他們的討論往往都很熱烈。」

即使面對作家大衛・逵曼（David Quammen）或ＣＮＮ的創辦人透納等名流，湯普金斯也不忘諄諄叮囑：「除非我們學會和其他生物共享地球的資源，否則人類必將很快滅亡。」他說。「我們必須教導我們的子孫：每個人生活在地球上，都必須支付房租。這意味著我們必須要求政府將保存生物多樣性視為當務之急。」

在成功地設立了阿根廷的蒙特利昂國家公園與智利的科可瓦多國家公園之後，湯普金斯和克莉絲更有勇氣了。他們開始擬定一個破天荒的新方案，打算把他們所有的土地拿出來，和智利政府談一樁交易。湯普金斯明白這是一項大膽的提案，必然會引發智利政府高層的討論。

我曾經和他一起飛過普馬林公園上空三次。最後一天時，風很大。我告訴他在這種天氣飛行太危險了，他說：「放心！這就像是在河上泛舟一樣，只要小心一點就行了。」於是我把我那台大大的哈蘇（Hasselblad）相機放進背包裡，又用一個小袋子裝著一台尼康（Nikon）FM2 經典相機，然後就跟著他走了。我們起飛時，他要我把安全帶綁好，因為機身會晃動。飛到空中後，我們就像置身在攪拌機裡面一樣晃來晃去，根本無法拍照。我們飛過了南北向的柯馬峽灣（Comau Fjord）當中的一段，又到了形狀近乎垂直的卡胡耶莫峽灣（Cahuelmo Fjord）。那裡的風從東邊吹過來，形成了一種風洞效應，以致風速非常地快，吹得我們的飛機上下跳動，非常顛簸。我們兩個都沒有說話。我們原本一直戴著頭戴式耳機，但由於飛機晃得厲害，他的耳機就掉了下來，所以我們就無法再交談了。我心想，風這麼大，飛機可能要掉下去了，但幸好沒有。

降落後，我把我那台哈蘇相機拿下飛機，接著又去找那台尼康相機。但這時我突然看到飛機那透明的壓克力艙頂上有一個洞，形狀正好是一台相機的輪廓。

——帕布羅．瓦倫瑞拉（Pablo Valenzuela）
智利風景攝影師

二〇一四年時，智利政府啟用了一條渡船航線，行經巴塔哥尼亞南部眾多的岸邊小島。這樣一來，那些開車前往巴塔哥尼亞的旅客到了「南方公路」的終點托爾特爾（Tortel，是一座位於海邊的漁村）後，就可以在那裡把車開上往南行駛的渡船，參觀那些壯觀的小島，等到抵達納塔萊斯港（Puerto Natales）後，再開車進入巴塔哥尼亞最知名的景點：百內國家公園。

這條「陸路—海路—陸路」的路線會經過全巴塔哥尼亞最蠻荒的地區。在地圖上，該區的形狀看起來支離破碎，彷彿被一個巨人拿著鋤頭敲過了一般，無法透過陸路往來，只能經由海路。當湯普金斯得知這條新的渡船航線將可連結巴塔哥尼亞南部的諸多小島，以及「南方公路」沿線的各個國家公園時，他突然興起了一個異想天開的念頭，而且這有可能是他這輩子最瘋狂的一個點子。

他原本認為那條「南方公路」像是一道橫亙在風景線上的醜陋疤痕，但現在他卻發現它也可以成為一條脊髓，因為這種「陸路＋海路」結合的方式，可以把巴塔哥尼亞從北到南綿延數千哩長的十二座國家公園——包括最北邊的智利柏安第斯公園與最南邊的火地島——都串連起來。他心想他可以把這幾個各有特色的生態系統結合在一起，成為一個國家公園群。

於是，他便請來了一位平面設計師與幾個專門研究野生動植物的生物學家，和他的助理組成了一個小組開始籌劃。他們夜以繼日地會商，擬出了一項提案，準備呈交給智利總統皮涅拉。湯普金斯反覆琢磨後，感到非常滿意。這將是他繼「北面」和Esprit之後所打造的第三個品牌，而且這個品牌可以經得起時間的考驗，不會退流行。雖然他這一生中收藏過許多珍品（包括織工精巧的拼布被和設計完美的木頭椅子），但在他看來，這個提案才是他最滿意的作品。他稱之為「公園路線」（Route of Parks）。

人們如果循著這條路線旅遊，將可經過十二座生態豐富、且未曾受到人為的開發與汙染的國家公園，其中包括被冰川覆蓋的安第斯山脈、海岸潟湖，以及枝葉繁茂、苔蘚與蕨類密佈的叢林。即使大多數旅客頂多只會參觀其中幾座，但有了這條路線後，他們就可以像吃自助餐一樣，有琳琅滿目的品項可以挑選。負責代表湯普金斯和智利政府對話的馬拉迪尼克表示：「湯普金斯對旅遊業完全沒有興趣。雖然我們的公園也有小屋和步道，但那只是基本設施，不是為了招徠遊客。湯普金斯認為，根據他在阿根廷的經驗，旅遊業和生態保育是可以相輔相成的。」

於是，湯普金斯和克莉絲便向全球各地的保育人士宣佈：他們將把名下的所有土地都捐給智利的國家公園署，但有一個交換條件：智利政府必須成立五個新的國家公園，並且擴大現有的三座。

湯普金斯的團隊準備了一份簡報，說明將巴塔哥尼亞打造為旅遊勝地會為智利帶來哪些好處，以及它對智利的國家形象所產生的正面影響。湯普金斯指出，智利如果能宣佈設立新的國家公園並且發展永續旅遊，將會提升它的現代化形象。

湯普金斯已經下定決心要改造巴塔哥尼亞地區與它的形象。當他和智利的部會首長乃至總統見面時，他往往是在場的人當中最了解智利地理的那一位。他經常指著狹長的智利地形，不假思索地念出各區國家公園的名字，包括他認為應該成立的那幾座。他告訴他們，如果智利政府願意將一千萬英畝的國有地劃為國家公園用地，他將捐贈大約一百萬英畝的土地給他們。用一百萬英畝換一千萬英畝，是一個大膽的提案。但就算只成功了一半，它也能讓智利增加好幾百萬英畝的公園。

湯普金斯向來勇於談判。他具有戶外探險家的親和力，也有辯論高手的氣勢，而且他就像伊恩・道格拉斯・漢密爾頓（Iain Douglas Hamilton）、費伊和珍古德（Jane

Goodall）等環保領袖一般，是少數真正生活在他們所熱烈捍衛的土地上、並且與他們所致力保護的動物在一起的人。「如果你想花五十萬美元買地，那你最好把這筆錢交給湯普金斯，因為他一定會讓你的每一分錢都花得很值得。」巴克禮表示。「無論是達官顯貴，還是村夫田婦，他都能和他們打交道。」

然而，儘管湯普金斯向皮涅拉政府多次提案，雙方卻從未達成協議。二〇一四年時，由於皮涅拉的任期即將屆滿，智利的總統大選舉行在即，湯普金斯便轉而爭取當時最有勝算的一位候選人蜜雪兒·巴舍萊（Michelle Bachelet）的支持。巴舍萊是個已經離婚的單親媽媽，也不是天主教徒，因此並非智利菁英份子心目中理想的總統人選，但她之前曾經當過四年的總統，而且卸任時民意支持度幾乎高達百分之八十。儘管湯普金斯在她的第一個任期內並未與她接觸，甚至從未和她見過面，但他心想：隨著智利民眾愈來愈關心環保議題，政治人物如果能設立新的國家公園並保護荒野地區，將有助提高自己的政治聲望。

於是，湯普金斯便指示他的團隊整理了一張圖表，上面顯示智利的每一位總統任內所設置的國家公園面積。事實上，自從一九二六年智利的第一座國家公園成立以來，每一位做滿任期的總統都曾經設立國家公園。根據這張圖表，只要巴舍萊核可湯普金斯的這項捐贈案，她所設置的國家公園面積將在智利所有的總統中排名第二。湯普金斯告訴他很信任的一位林業工程師埃思皮諾莎說：「這樣她應該就會答應了。」

埃思皮諾莎回想他們當時所擬定的那份提案時表示：「我們在裡面強調了地方經濟的重要性，並說明只要保育工作做得好，旅遊業自然就能蓬勃發展。這就是那份新提案的內容。我們除了談到公園捐贈案之外，也談到巴塔哥尼亞地區的經濟發展模式，並指出我們可以促成這樣的發展。」

他帶著我們參觀未來的巴塔哥尼亞國家公園，並且告訴我們：「嗯，等到我們把它捐給政府的時候……」當時我心想：「你怎麼放得了手呢？難道你就這麼把它捐出去了嗎？」我的意思是，他甚至還沒有把這座公園完成呢，而且他又是這麼一個控制狂，他的標準之高是其他人做不到的。我記得我和他一起沿著小路走過那座溫室時，他告訴我：「只能這樣了。非這樣不可。我們最終的目標就是要有一座國家公園，所以只能放手了。」當時我心想：這聽起來一點也不像他呢。

——昆西・湯普金斯

二〇一五年十月，湯普金斯邀請探險家暨環保工作者費伊探訪巴塔哥尼亞。費伊抵達後，湯普金斯便開著小飛機帶他飛上天。飛著飛著，湯普金斯便將機翼與地平線呈四十五度角，開始斜飛，然後盤旋下降，一個翼尖朝著一座又長又深又陰暗的峽谷，另一個翼尖朝天。他一圈又一圈地做螺旋式的飛行，逐漸深入那峽谷之中，有時飛機的翼尖距峽谷兩側的石壁只有幾呎之遙。費伊綁著安全帶坐在駕駛座後面，心想不知道他們是否可以出得來。在經過幾分鐘（但感覺極其漫長）的下降後，峽谷就變得豁然開朗了，露出了一座被叢林所環繞的美麗瀑布，看起來就像電影《侏羅紀公園》的海報上的畫面一樣。湯普金斯咧嘴笑了起來，費伊臉上也露出了笑容，心想：「這種事只有湯普金斯辦得到！」

後來，湯普金斯又去接攀岩家艾力克斯・霍諾德（Alex Honnold）——一位自由攀登家，奧斯卡得獎的紀錄片《赤手登峰》（*Free Solo*）中，就是描述他攀登優勝美地國家公園中的酋長岩的過程——並和費伊一起帶他去參觀一些隱密的山谷、沒人爬過的岩壁，以及仍在冒煙的火山。一路上，湯普金斯眉飛色舞地講述他這二十五年來買地的經過，並細數他的地產、公園、農場與他的奮鬥與挫敗等。「和湯普金斯一起飛越巴塔哥尼亞上空，就像搭乘一部旅遊巴士一樣。」費伊說道。「我們一直聊個不停，但大部分時間都是湯普金斯在向我講解眼前的景物。他帶我飛近地面去看那些養殖鮭魚的籠子，還和我一起數算籠子的數目。然後他又飛過一座山隘，讓我看看之前爆發的那座火山與被它摧毀的那座森林，接著他又飛過他正在整修的一座農場，讓我看看他們剛剛改建完成的兩、三棟房子，之後又給我看河流被火山灰侵蝕並改道的地方。他一邊駕駛、一邊講解我們看到的景物，並且在腦中把那些東西做一番整理。」

他在解說那些森林、農場、步道和景觀時，也熱切地談到了他所規劃的那條「公園路線」。這條路線就像他幾十年前賣掉的那些藝術收藏品一般，具有很高的經濟價值。儘管他屢次宣示要把他名下的土地都捐給政府，但他和智利政府的協商卻因官僚作業而進展緩慢，令他頗為沮喪。他雖然很想早點達成協議，但當時巴舍萊總統卻因為她的兒子賽巴斯欽・達瓦洛斯（Sebastian Dávalos）的緣故而陷入了政治危機，民意支持度從原本的百分之七十驟降為百分之三十。由於保育工作並非她當時要優先處理的議題，所以湯普金斯的提案便再度遭到擱置。多年來，他為了購置那些土地，歷經了許多困頓、挫折，但現在他要把它們捐出去時，也面臨了同樣的困難。

這段期間，他把他的精力都用來設計巴塔哥尼亞國家公園的遊客中心，裡面的一切都展現了他之所以要成立國家公園與保護大自然的原因。建造的經費共六百萬歐元，是由他從前的歐洲 Esprit 公司的合夥人費德里希所捐贈的。湯普金斯建造這座遊客中心的目的，並非透過裡面的展示讓遊客了解公園的歷史或生態，而是要促請他們採取行動。克莉絲表示：「他要讓他們對國家公園的概念有深刻的理解，讓他們明白為何一定要設立國家公園，以及當前環境生態所面臨的狀況，讓他們體認到設立國家公園的必要性。」

他所採取的策略很明顯：先讓遊客感到震驚，然後告知他們當前地球環境的現況，最後再促請他們採取行動。他打算在他們參觀完畢後，把他們帶到一面超大的鏡子前面，鏡子上寫著：「你會怎麼做？」

二〇一五年十二月，當遊客中心仍在施工時，湯普金斯的朋友瑞吉威和艾立森帶著一群參加「企業生態論壇」（Corporate Eco Forum）的企業領袖來訪。他們都是《財富》雜誌全球五百大企業——包括惠普科技公司（Hewlett-Packard）和迪士尼樂園——的主管，也是湯普金斯從前大力抨擊的對象。但艾立森採取了一種比較圓滑的做法。他認為與其譴責這些人，不如教育他們，況且他知道這些大企業多半都明白他們對環境所造成的汙染，也意識到他們必須立刻改弦易轍。以「沃爾瑪」連鎖超市的所有人華頓（Walton）家族為例，在艾立森所開設的「藍天」（Blu Skye）顧問公司的說服之下，他們已經將「沃爾瑪」超市的包裝材料減量了百分之三十五，使得掩埋場的垃圾少了好幾千噸之多。他之所以帶著這些企業領袖前來參觀，為的就是讓他們對環保有更深切的體認。

湯普金斯一邊帶著那些企業領袖參觀那座才蓋到一半的遊客中心，一邊向他們解釋人類必須更加努力推動保育工作的理由。他的老友瑞吉威聽著他的這番談話，簡直不敢相信自己的耳朵。他說：「儘管遊客中心裡面空蕩蕩的，沒有任何展示品，但湯普金斯還是帶著他們逐一參觀所有房間，並向他們描述完工後的面貌。之後，我聽到他開始使用一個具有合作意味的字眼：『我們』，例如『我們的問題』、『我們的挑戰』，以及『我們可以共同合作』等等。我從來不曾聽他說過這樣的話，因為太特別了，所以印象很深刻。當時我忍不住竊笑，心想：『湯普金斯自從和克莉絲結婚之後就變得不太一樣了。』」

第二十章 在巴塔哥尼亞遇險

他整天都像著了魔似地坐在電腦前面，不停地和全球各地的環保人士對話，並處理有關土地的問題。他身上背負著沉重的擔子。他對保育工作有遠大的理想，而且認為無論就地球或他自己而言，時間都已經不多了。他經常提到這一點，而且總是說：「我就只有這麼點時間來完成這項工作了。」

——愛德加·鮑伊爾斯

飛行員、攝影師、湯普金斯的老友

七十二歲的湯普金斯一天有十四個小時都待在辦公室裡，而且一個星期上班七天。由於工作過度，他經常感到很煩躁。於是，春天時，他的朋友們便建議再辦一次「行動男孩」的探險活動，讓他的身心得以充電。他們打算花五天的時間，悠閒地划著海上皮艇橫渡地處偏遠的卡雷拉湖（Lake Carrera）北岸。通知發出去後，艾立森、瑞吉威和喬伊納德都表示要參加，再加上湯普金斯，一共就有四個人了。後來，二十九歲的魏斯頓和一位名叫羅倫佐·阿爾瓦瑞茲（Lorenzo Alvarez）、評價很高的嚮導也加入了，讓他們此行更增添了年輕人的活力與安全上的保障。

這六個人划皮艇和泛舟的經驗加起來至少有一百年。阿爾瓦瑞茲曾經和美國的國家泛舟隊交手。魏斯頓曾經在第五級的激流上泛舟，艾立森則曾經在西伯利亞擔任泛舟旅行團的嚮導。瑞吉威能一邊划著皮艇越過激流、一邊拿著相機拍照。身為「巴塔哥尼亞服裝公司」副總裁的他，在長達二十年的職業生涯中曾經為ＥＳＰＮ、《國家地理雜誌》以及「巴塔哥尼亞公司」製作過探險紀錄片。喬伊納德在划皮艇方面雖然不是他們當中最厲害的一個，但面對一天十哩的行程也毫無懼色，更何況他們將會沿著湖岸前進。他比較在意的倒是哪一種飛蠅餌比較管用，因為他是他們當中公認最厲害的釣魚高手。湯普金斯在接受一位記者訪問時表示，他希望藉著這次旅行和朋友們見見面，並且藉機「鍛鍊一下身手」。

他們六人將分別乘坐四艘皮艇出航，其中包括兩艘雙人皮艇和兩艘單人皮艇。湯普金斯和瑞吉威同船，艾立森和喬伊納德一組，魏斯頓和阿爾瓦瑞茲則划單人皮艇，並負責載運蔬菜、盒裝的燕麥片、麵包和幾箱紅酒。他們的行程很悠閒，划兩天，休息一天，最後再花兩天的時間划到湖東岸的伊瓦涅斯港（Puerto Ibáñez）和他們的夥伴與朋友們會合。他們用 Google Earth App 找到了預定路線上的幾個露營地，也發現了幾座很適合健行的山谷。卡雷拉湖的北岸盡是陡峭的懸崖，既沒有道路、圍籬，也沒有人煙。根據天氣預報，那裡夜晚的氣溫最低可達攝氏四度左右，白天的最高溫則是十六度左右，而且由於地處赤道以南四十六度線，緯度比地球上任何陸塊（紐西蘭除外）都低，因此太陽到了晚上十點才下山，也就是說：他們在夜裡升起營火時還看得到陽光。

喬伊納德從加州飛來和他們會合。他和湯普金斯雖然是至交，兩人經常彼此通信，偶爾出差到同一個地方時也會見個面，但自從兩年前湯普金斯的七十歲生日派對後，他們就再也不曾一同遠遊了。外人很難理解他們的關係。他們可以在一起待好幾天都不太說話，因為長達五十八年的交情讓他們就像許多婚姻美滿的夫妻一般，彼此非常了解，不需要過多言語就可以了解對方的心意。當然，他們還是會彼此較量，就像從前他們一起攀岩或做生意時那樣。比方說，他們一起攀岩或划皮艇時，湯普金斯總是會試著超過喬伊納德，但那是一種快活、友好的競爭。有時，他們甚至會偷偷地在對方的背包裡放一塊重達五磅的石頭，希望他等到辛辛苦苦地登頂之後才發現。

啟程前夕，他們六對夫婦和一小群朋友在卡雷拉湖畔的艾爾米雷多德瓜達爾飯店

（El Mirador de Guadal）共進晚餐。當時在巴塔哥尼亞地區正是十二月份，白天天氣晴朗，夜晚繁星燦爛，而且旅遊旺季尚未到來，是很適合出遊的時節。

阿爾瓦瑞茲坐在桌旁看著他的同伴們，仔細地聆聽他們說話。這些人都是皮艇界和攀岩界的傳奇人物。湯普金斯是第一個完成在智利的六條河流上泛舟的紀錄的人，除此之外，他也是首位在尚比亞（Zambia）的尚比西河（Zambezi River）上划皮艇的人（當時他曾經遇到一群身長十呎、正在瀑布下面等候獵物的鱷魚）。坐在他對面的瑞吉威曾和湯普金斯一起進行六次的壯遊，也曾經在不用氧氣的情況下登上喜馬拉雅山的K２峰。

當晚，湯普金斯和喬伊納德回想他們年輕時衝浪的那股猛勁，嘲笑自己現在已經年老體衰，只能稱為「動不了的男孩」了，但這句話後來很快就被改成「絕不會動不了的男孩」。「我們即將花四、五天的時間乘著皮艇划行一百公里，但那一整頓飯的時間，他們甚至沒有談到這件事。」阿爾瓦瑞茲事後表示。「當時那種氣氛不太像是：『好吧，我們把地圖拿出來，看看我們一天要走多遠以及天氣的狀況如何。』等等，反而比較像是：『嘿，太棒了！我們又可以見面了！』」

活動開始時，我們在維多利亞瀑布（Victoria Falls）的瞭望台舉行了一場隆重的儀式，尚比亞的總統與其他一干人都到場了。我們順河而下。湯普金斯和另外一個人划著皮艇，其他人則乘坐橡皮艇。我也在一艘橡皮艇上進行拍攝工作。後來我們抵達了維多利亞瀑布底下，那裡的風景美得好像仙境一般。之後我們繼續順流而下，經過了一處處激流，激流過後，便到了平靜的水面。那種感覺真是太棒了！索貝克公司的嚮導告訴我們：「如果有鱷魚從水裡跑出來，你只要朝著牠們丟石頭，牠們就會跑開了。」

那些鱷魚會守在激流下方的水池裡，等著捕捉大魚。有一天，一隻鱷魚擒住了我們的一艘橡皮艇，戳破了它的一個部分。於是，索貝克公司的吉姆·史萊德（Jim Slade）便拿著一根木槳，拚命地敲打牠的頭，好讓牠放開。這幕景象全都被我拍攝了下來，但湯普金斯卻照舊划著他的皮艇。他真是天不怕地不怕！

夜裡我們便露宿在沙地上。那有點像是在猶他州的沙漠裡旅行的感覺，因為我們不必睡在帳篷裡，而且那裡也沒什麼蚊蟲，感覺非常美好。有一天早上，我們醒來，把睡袋捲起，把東西收好之後，竟看到不遠處的沙地上有幾個大腳印，而且是一隻鱷魚留下來的。牠可能是剛從水裡上岸，也可能是正要下水，而牠經過我們身邊的時候，我們正裹著睡袋在沙地上睡覺。
——愛德加．鮑伊爾斯

在那天長達三個小時的晚餐中，大夥只討論了少數的細節，其中之一便是：清晨起來時大家都必須穿上風雨裝，因為從附近的冰原吹來的風寒冷刺骨。當地人甚至開玩笑說，巴塔哥尼亞的遊客可以在一天之內體驗到春、夏、秋、冬四個季節。阿爾瓦瑞茲表示：「我有幾個玩皮艇的好友告訴我：『在卡雷拉湖上要非常小心。』因為它雖然看起來波平如鏡，但是風一吹就有可能會變得波濤洶湧。」

二〇一五年十二月五日清晨五點四十五分，他們六人穿著雨衣爬上了一艘小船，準備開始在因風寒效應而接近零度的氣溫，以及飛濺的水花中開始一趟顛簸的航程。湯普金斯穿著棉質長褲和一件扣領羊毛衣，腳趿一雙樂福鞋，頭上戴著一頂像是高爾夫球帽的貝雷帽。阿爾瓦雷茲描述當時的情景時表示：「我們的反應是：『呃，你的風雨裝呢？』有個太太說：『你們當中怎麼有一個人穿得和別人都不一樣。』湯普金斯聽了以後便環顧四周，答道：『呃，有關係嗎？』」

在喧鬧的送別聲中，克莉絲塞了一支衛星電話給艾立森，叫他不要讓湯普金斯知道，因為他不喜歡這類高科技的玩意兒。這支電話是向來致力於土地保育工作的波士

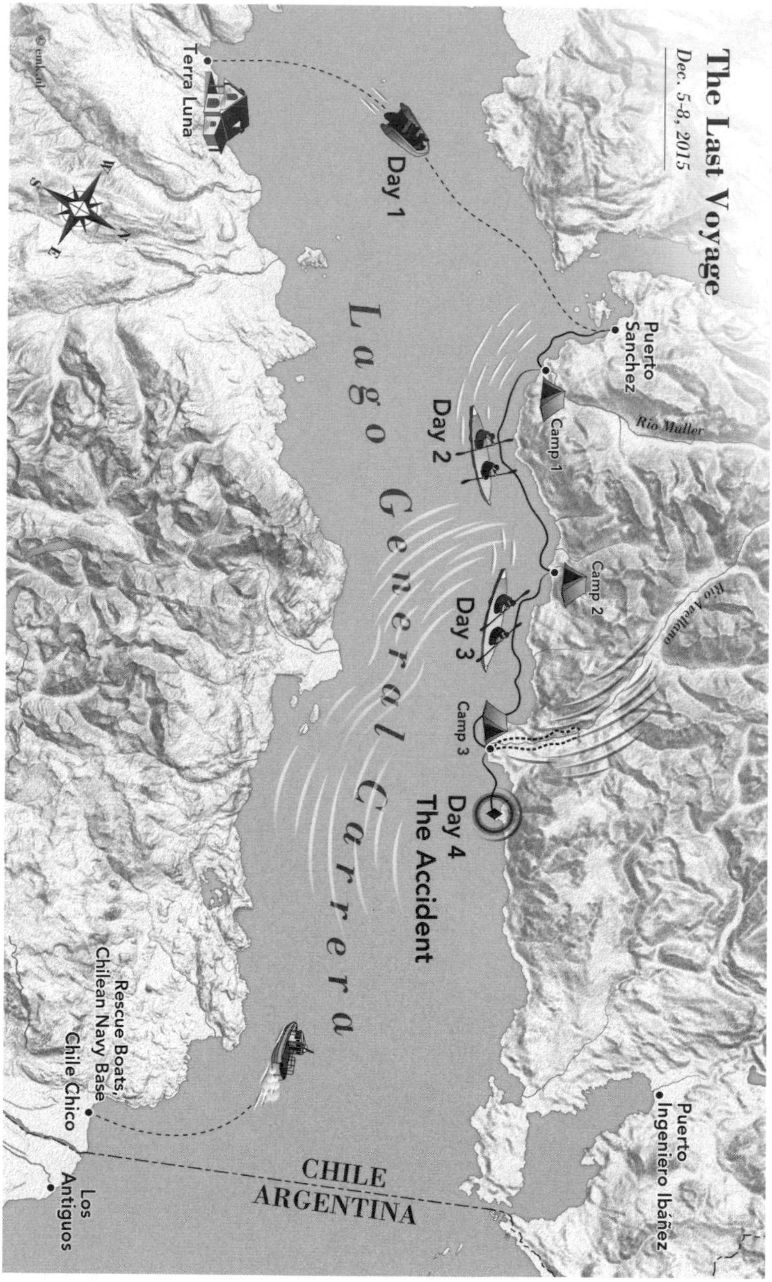

最後的旅程，2015年12月5日至8日

頓慈善家福瑞斯特．柏克萊（Forrest Berkley）給克莉絲的。她在套子的內側寫下了幾個遇到緊急狀況時可以連絡的電話號碼，包括當地警察局、湯普金斯的保育辦公室、她的首席助理莫佳朵，以及負責管轄卡雷拉湖地區的水上警察隊哨站。

照理在卡雷拉湖上進行的所有皮艇活動，都必須向水上警察隊報備行程，並且每天和值勤的人員聯繫，但他們卻沒有想到要這麼做。喬伊納德表示：「就像那位總是沒把畫作完成的禪宗畫家一般，我們總是讓災難有機會趁虛而入。」

當菲立普．魯特（Phillipe Reuter）安排他們包他的船橫渡卡雷拉湖時，他並不知道這六名乘客當中，包含了喬伊納德和湯普金斯這兩個在保育界、皮艇圈和攀岩界都是偶像級的人物。事實上，魯特本身也是同一個圈子的頂尖好手。他喜愛探險，曾經登上聖母峰的峰頂，也曾在全球七座最高的火山上滑雪，如今則住在卡雷拉湖畔，經營一家名叫「山林小屋」（Terra Luna Lodge）的旅店。他非常敬畏這座寒冷的湖。「這樣說吧！我在這裡已經住了十五年，幾乎每天都在湖上航行，但卻從來不曾在裡面游過泳……當湖上開始起浪時，情況可能會瞬息萬變。在山谷裡起的風吹過湖面時，會先激起一些小浪。有時，湖水非常平靜，但是當你帶著你的小寶寶在湖邊洗澡時，可能會看到遠處有個地方白白的，像是海嘯來襲一般，然後下一秒鐘湖上就開始波濤洶湧了。這樣的情況每天都在上演。」

搭乘魯特的那艘船時，湯普金斯冷得發抖。船才開到半路，他就已經又冷又溼，需要人幫忙了。儘管那天早上陽光普照、萬里無雲，但船長還是把船停了下來，讓他穿上風雨衣，以免在接下來的航程中流失體溫。

抵達位於卡雷拉湖北岸的桑卻斯港（Puerto Sanchez）後，他們便把裝備搬上皮艇，並繫上防水裙以免湖水濺入艇內。一切停當後，他們就沿著湖岸朝東邊划去。當時，天空廣袤湛藍，湖畔山谷和岩壁林立，除了一座廢棄的金礦和幾座農場之外，沒有任何道路或小徑。

湖面波平如鏡，他們划得很快，甚至還有點較勁的意味。陽光溫暖，湖裡有一波波有如香檳酒杯大小的水浪緩緩地推著他們前進。他們每隔一個小時就把四艘皮艇靠在一起，像一艘筏子般一起漂流著，並且一邊聊天、喝水、吃燕麥棒。

湯普金斯的那艘皮艇的船舵斷裂了，使他划起來有些吃力，而且由於近兩、三年他比較少划，所以手肘已經被磨得發疼，但向來頑強、驕傲的他並未吭聲，仍然以他特有的方式──把槳由後往下，以翻轉水的動力──繼續划。他說這樣船身更容易向前。到了超過他們第一晚預定住宿的營地三哩遠之後，他們才停下來。

到了營地後，喬伊納德負責用營火烤食物，其他人則忙著搭帳篷。吃晚餐時，艾立森談到一種新的運動：皮艇風帆（kayak sailing）。為了讓他們能夠在湖上飛也似地前進，他已經帶了皮艇用的風帆前來。它的模樣有如老式的大三角帆，裝在皮艇前端。當帆兒被風吹得鼓脹時，看起來就像是個降落傘，在順風時就可以發揮作用。

這種風帆很少能派得上用場，因為帆索可能會纏結，而且很容易受到風向改變的影響，但艾立森和魏斯頓已經畫出了湖上的風向圖。從圖上看，如果使用風帆，他們似乎可以不必一直划船。只要一直順風，他們就可以一路揚帆往東，抵達下一個營地。艾立森告訴他們：「如果吹著規律的盛行風，湖水就會逐漸產生風湧浪。這是從A地到B地的一個很有效的方法，而且已經行之有年了。」他之前已經上網買了風帆，並且把它們帶到巴塔哥尼亞來了。「你們可以吃吃喝喝，一邊聊天，什麼都不用做，船自然而然就會順風快速前進，而且想划就划，不想划就使用風帆。」

第二天早晨，他們離開營地後，天氣非常適合用風帆航行。他們沿著卡雷拉湖北岸朝東邊划行時，由於順風的緣故，湖上產生了一波波斜斜的浪，一路推著他們前進，就像有個隱形的人在幫他們划槳一般，形成了額外的助力，以致他們的皮艇輕輕鬆鬆便在那兩呎高的波浪之間前進。艾立森划著槳，感覺心滿意足。他告訴他們，這樣的旅行方式才妙，「就像滑雪一樣」。只要浪一來，就會把他們往前推，因此他們不必划槳，船兒就會自動在水上滑行。「當浪頂多只有二十吋高時，我們就會很輕鬆。」艾立森解釋道。「可是當它們變得愈來愈大，開始噴濺，而且形狀和大小都愈來愈不規則時，那就是另外一回事了。這時候，情況就會很快從第三級升成第五級。」

到了中途，當其他人繼續往前划時，魏斯頓卻不得不停下來整理皮艇上的風帆。他心想，這並不礙事，只要他張起風帆，應該不到幾分鐘就可以超過他們了。在風力的推動下，那兩艘雙人艇飛快地前進。阿爾瓦瑞茲雖然已經用盡全力往前划，卻還是趕不上他們，反而離他們愈來愈遠了。這是因為單人划槳無論如何是不可能快過雙人划槳的。

魏斯頓費了好一番力氣才把那條打了結的帆索解開。當他終於開始張起風帆時，已經遠遠落後，使得其他人都看不到他的影蹤了。阿爾瓦瑞茲為此深感挫折。當他們抵達岸邊時，他就開始責怪湯普金斯等四人。在他這樣一個探險活動嚮導看來，這種行為是很魯莽的。他大聲說：「萬一我翻船了呢？那該怎麼辦？你們這些人一直都沒有回頭看。我們出發五分鐘後，我就看不到魏斯頓了。我不知道他人在哪裡，搞不好正在湖裡游泳呢！」

他們五人爬上一塊岩石，以便張望湖面。到了岩石頂端後，他們終於看到了魏斯頓。只見他坐得直挺挺地，正慢慢往前划，顯然平安無恙。但大家都受到了驚嚇。阿爾瓦瑞茲憤怒地對湯普金斯說：「你得把那該死的救生衣穿上。」不過湯普金斯並未生氣。他表現得很平靜，很有自信。阿爾瓦瑞茲告訴他們：「如果有人掉進水裡，他就沒命了。」湯普金斯知道他想說的是：「只要遵守規則，就不會有事。」當阿爾瓦瑞茲說明這五天內他們很有可能會碰到什麼樣的危險情況時，湯普金斯一直都注視著卡雷拉湖。這座湖的面積是整個曼哈頓的二十倍，而且天氣嚴寒，以致智利海軍幾天前才把湖上的部分區域劃歸為「極不適合划皮艇」的地方。

「我也不想變成一個老是囉哩囉唆、杞人憂天的討厭鬼。」阿爾瓦瑞茲表示。「但身為一個泛舟業者，我總認為玩樂應該以安全為優先。」他建議大家採用「夥伴制」（budy system），兩人一組，彼此互相照應，「因為如果有人落水，而且旁邊沒有人可以幫忙，那你就完了。」阿爾瓦瑞茲記得湯普金斯對他的這項警告毫無反應。他心想：「人家說他的個性就是這樣：你不能告訴他任何事情，因為他自己都知道。」

這趟旅行並沒有人負責發號施令，就連晚餐也是各帶各的，大家一起分享。有人帶了豆子，有人帶了紅酒。每個人都準備了一個食物包，不過彼此並沒有事先說好要帶什麼。當他們發現麵包已經變得溼溼軟軟的時候，就將它們擺在一塊舊木板上晾乾。用來炊煮的工具是一只鍋子，而那小小的鍋蓋便充作煎鍋。艾立森忘了帶湯匙，就找了一塊木頭，自己做一根。

這類時光是湯普金斯和喬伊納德感到最舒服自在的時刻。他們曾經一起待在此地以南數百哩的菲茨羅伊峰的雪洞中，彼此之間的友誼也因而更加深厚。一九六八年，他們首次抵達阿根廷境內的巴塔哥尼亞高原時，位於菲茨羅伊峰山腳下的查爾騰鎮（Chalten）還僅僅是高卓人的一個歇腳處，只有一些野馬和幾座大型的羊場，今天卻已成為一個生態旅遊中心，有大約一千五百名永久住戶。這四十年間，他們兩人同樣都致力於保護巴塔哥尼亞地區的生態，只是兩人所採取的方式大不相同。

喬伊納德把他開的服飾公司取名為「巴塔哥尼亞公司」，還曾經帶領他的整個團隊前往該區汲取靈感。他認為他創業的目標是要「激勵世人採取行動解決環保危機」。於是，他便成立了一個名為「捐百分之一給地球」（One Percent for the Planet）的企業聯盟，為世界各地的環保團體募得了數百萬美元的經費。他所撰寫的暢銷書《越環保，越賺錢，員工越幸福！》（*Let My People Go Surfing*），更使他成為全球最酷的企業家。他常以「不願意從商但一直在學習的生意人」自居。多年來，他已經捐贈了數百萬美元給湯普金斯和克莉絲，以贊助他們所推動的各項保育計畫，包括巴塔哥尼亞國家公園等等。儘管他和瑪琳達在這方面往往很低調，不太願意曝光，但他們的所作所為已經造成了很大的影響。

湯普金斯則始終孜孜矻矻，把他所有的時間都投入荒野保育工作。由於經商有成，他手中握有大筆財富，可以用來實現他在保育方面的夢想。他和喬伊納德兩人是讓巴塔哥尼亞得以保存其荒野面貌、並號召世界各地的人共同加以維護的最大功臣。

現在，他們到了卡雷拉湖畔的營地後，發現那裡有許多帶刺的枝條與一頭死牛。於是，他們便將那些枝條清除，把那頭已經發臭的死牛拖走，讓湖畔恢復整潔（湯普金斯喜歡這樣），然後便準備吃飯、睡覺了。

黎明剛過，湯普金斯便醒來了。他吃了一碗加了果乾的燕麥片後，便告訴他的朋友們一個祕密。他說在這塊露營地上方那座俯瞰阿維拉諾山谷（Avellano Valley）的高原上有一塊地，他想把它買下來，可是那塊地非常偏遠，如果要興建他的小飛機要降落時所需要的短跑道，得先出動一群公牛去把地裡的樹樁拔起來，然後才能整地。不過他叮嚀其他人：「這件事可不要告訴克莉絲！」因為她覺得他還有農場和國家公園的計畫要忙，手邊的事情已經夠多了。但湯普金斯說山谷裡的這塊地是他的祕密藏身處，「最適合靜思默想」。

這一天他們不打算划皮艇，而是要去健行，以便活動一下四肢，順便探索四周的環境。當他們等著要出發時，湯普金斯爬上了附近的一塊巨石。這塊岩石頗為陡峭，約有六十呎高，頂端便是一座小丘，如果不用繩子攀爬，會有些危險。湯普金斯穿著帆船鞋徒手爬到了二十呎高的一處狹小的岩架後就不動了。當時，他只要把身子往上一撐就可以上去了。在他壯年時，這樣的動作對他而言可說是輕而易舉、毫不費力，但現在他卻停了好一會兒。他的雙腳踩在那極窄小的踏腳處上，雙手卻怎麼也動不了。「他看起來真不像是一個攀岩的人。」喬伊納德心想。由於沒有繩索，他不可能往下爬。過了幾秒鐘之後，他才沿著岩脊往旁邊滑動，找到了一條路徑，這才到了岩石頂端。

他們六人原本是一起往上爬，但由於地面高低不平，他們很快就走散了。每個人都按照自己的步調，穿越樹林和岩石往山谷高處爬。走著走著，艾立森就看不到湯普金斯了，不知他是否落在後面。他有點擔心，但心想他們最終還是會碰面（或許在山谷頂端），於是便繼續前進。他爬到一處岩架上時，便開始尋找湯普金斯的身影，沒想到他不但沒有落後，反而走在其他人前面，距離他們約有一哩遠，只見他大步沿著小徑迅速往上走，頭上那頂白色的貝雷帽不時閃現在樹叢間。

魏斯頓最先趕上湯普金斯。他發現他正坐在一個可以俯瞰阿維拉諾山谷景觀的地方。兩人一邊等著其他人、一邊聊天，還談到了「公園路線」的種種細節。之前一年他們曾經花許多時間分段勘查這條路線（湯普金斯開著他的小飛機低空飛行，魏斯頓則開著廂型車）。當時湯普金斯連最小的細節都考慮到了，例如：公共工程部要把橋漆成什麼顏色？新路段拓寬後是否美觀，還是看起來很突兀？

當其他人也抵達後，他們便朝著湯普金斯考慮要買的那座小農場走去。這時，阿爾瓦瑞茲和湯普金斯已經盡釋前嫌，邊走邊聊著有關有機蜂蜜的事。湯普金斯表示他在雷尼韋的「皮蘭」（Pillan）養蜂場，不到十年就成了全球最大的有機蜂蜜生產地，顧客遍及歐洲、亞洲和美國，令阿爾瓦瑞茲印象深刻。湯普金斯不僅對養蜂和製作蜂蜜的細節瞭如指掌，甚至知道有機蜂蜜外銷時殺蟲劑殘餘量的容許值。這時，阿爾瓦瑞茲才發現，湯普金斯不僅是一個膽大包天的攀岩家，也很有腦筋。

走了一個下午的山路後，他們肚子餓了，因此對他們來說，無論喬伊納德在卡雷拉湖釣了多少魚，這一天的晚餐都將是一場美味的盛宴，因為肚子餓了，什麼都好吃。他們圍著營火用餐時，開始聊起周遭的美景。湯普金斯說他在智利和當地人一起生活了二十五年，發現他們愈來愈能認同當地的自然美景，並表示巴塔哥尼亞人已經開始努力保護他們的瀑布、山峰和河流了。

聊完天後，湯普金斯便鑽進他的睡袋裡睡覺了。由於他躺的地方有岩石遮擋，因此雖然風愈來愈大，他並沒有受到任何干擾。事實上，這處露營地非常隱蔽，儘管強風一陣陣從他們上方呼嘯而過，對他們幾乎沒有造成任何影響。

第二天一早，他們吃了早餐，收拾好裝備後就準備出發了。今天他們打算划一整天。湯普金斯一如往常般喝了一杯熱水，之後就花了二十分鐘用沙子把烹煮用的鍋子擦得雪亮。他喜歡這樣。

二〇一五年十二月八日，是智利的天主教徒紀念聖母無原罪始胎的日子，也是智利的國定假日。那天全國各地的忠實信徒都會參加彌撒，而且幾乎所有的政府部門都沒有上班。

他們離開營地後，魏斯頓是第一個下水的人。他划在其他五人前面，並不時轉頭為他們拍照。喬伊納德和艾立森同船，湯普金斯和坐在船首的瑞吉威同乘一艘雙人皮艇，阿爾瓦瑞茲則划另一艘單人皮艇。他們離開湖岸後，湖上就被風吹起了一波波約莫兩呎高的勻稱的小白浪，看起來有點刺激，卻不危險。由於順風的緣故，他們一路順暢，但情況很快就變糟了。事實上，因為他們之前在營地時並沒有感受到風雨，因此沒有意識到一場暴風雨已經來襲，也不知道有關當局已經對整個巴塔哥尼亞地區發出了警報。各個港口、機場和碼頭都奉命關閉。由於風勢很強，海岸巡防隊也已下令所有的船隻返回港口。

他們在湖上討論片刻後便決定放棄前進。但問題是：要在哪裡登岸呢？他們勘查了湖岸線之後，鎖定了正前方的一座小灣對面的一個形狀像是錘頭的半島。他們心想，與其沿著湖岸前進，不如直接越過湖面，划行約一哩後就可以抵達那座岩石半島去躲避風浪了。「我們分開後不到五秒鐘，就再也連絡不上了。」阿爾瓦瑞茲表示。他說當時的浪高到他根本看不到方圓一百呎以外的地方。「我立刻意識到麻煩大了，很擔心大家的安危。」

艾立森和喬伊納德的雙人皮艇走在最前面，阿爾瓦瑞茲和魏斯頓則各自划著單人皮艇跟在後面。原本四艘皮艇都在一起，但被風吹散了，現在已經相隔好幾座足球場那麼遠。他們看到湯普金斯和瑞吉威愈來愈靠近湖岸，航向和他們都不相同，好奇兩人是否決定要先強行登岸，然後再拖著他們的裝備沿著湖岸走到他們會合的地方。

冰冷的寒風從他們前一天健行的阿維拉諾山谷吹來，與西風碰撞，兩股氣流在湖面上形成了危險的迴旋波浪。湯普金斯和瑞吉威發現他們很難在那些不規則的浪濤中調整方向。這是因為海上皮艇不像河上皮艇那般輕巧敏捷，必須多划幾下才能轉彎，而且海上皮艇如果在有浪時被風從側面吹襲，就會開始搖晃。「當時我感覺自己連槳都拿不住了。」阿爾瓦瑞茲表示。「那不是巴塔哥尼亞地區常見的強風，而是好像從地獄吹過來的暴風。」

他開始考慮安全事項：食物——是的，他們有足夠的存量。行程——沒問題，他們的活動很有彈性。火——他們有打火機、燃料和火柴。他相信他們能夠找個地方待著，挨到風暴過去。於是，他便朝著正前方的那艘皮艇用盡全力往前划。這段航程會很累，而且也需要相當的技術，但他認為他們頂多再過半個小時就可以到岸。到時他們就可以把皮艇上的東西拿下來，並另找一個營地落腳。

此時，湯普金斯和瑞吉威正位於阿爾瓦瑞茲後方，距湖岸較近。他們雖然奮力往前划，但最後他們的皮艇還是在距湖岸約一百碼的地方翻覆了。瑞吉威試圖將它扶正，卻沒有成功，於是便繫緊救生衣，和湯普金斯一起棄船了。

湯普金斯朝著湖岸游過去。儘管浪濤猛烈，他和瑞吉威都有可能會撞上岸邊的岩石，但他們兩人都有足夠的衝浪經驗，因此應該不致受到太大的傷害。然而，他們開始往前游之後，卻有一股強勁的水流將他們推往湖心的方向。「其他人都在我們前方，而且看不到人影，因此我和湯普金斯都無從得知他們是否明白我們陷入了困境。」瑞吉威事後表示。「我們知道我們大約可以撐個三十分鐘。」大浪嘩啦啦打在瑞吉威和湯普金斯身上。他們感到刺骨的寒冷，而且已經開始往下沉了。瑞吉威以為他這下要完蛋了。「有幾分鐘的時間，我索性放棄，不再掙扎了。」

魏斯頓、阿爾瓦瑞茲、艾立森和喬伊納德抵達那個可以避風的半島後，便開始重新整編。因為沒看到湯普金斯和瑞吉威，他們便爬上岩岸高處張望，結果看到一幅令他們大驚失色的景象：一艘空蕩蕩的皮艇在湖上漂浮著，而湯普金斯和瑞吉威正在水裡載浮載沉。兩人雖奮力往岸邊游去，但很有可能會被浪拋到岸上，甚至可能會撞到岩石。魏斯頓心想他們離湖岸夠近，如果他去一條救生索過去，他們應該可以搆得著，這樣他就可以把他們拉上岸，然後再生個火，讓他們暖暖身子。「喔，真是太糟糕了，但應該不會有事才對。」他想。

不到一分鐘後，他們就看出湯普金斯和瑞吉威正被浪推往湖中央。於是他們便立刻出動。艾立森、阿爾瓦瑞茲和魏斯頓把皮艇裡的東西拿了出來，喬伊納德則為魏斯頓的皮艇裝上防水裙，然後魏斯頓就划著他那艘單人皮艇進入了風浪中。喬伊納德在岩岸高處守望著，眼睛始終盯著那兩個在水裡浮浮沉沉的身影。阿爾瓦瑞茲和艾立森也划著那艘有備用槳和衛星電話的雙人皮艇跟在魏斯頓後面。

他們離開那座半島的背風處後，狂風立刻迎面呼嘯而來。他們划往湯普金斯和瑞吉威先前所在的地方。當時兩人已經相隔了五十碼。喬伊納德繼續在峭壁頂端搜尋著他們。他看到湯普金斯正奮力地游著，但瑞吉威看起來一動也不動，像具屍體般在水上漂浮著，彷彿已經死了。

魏斯頓拚命地往前划，但此時湖面上已經波濤滾滾，有如大海一般。洶湧的大浪、飛濺的浪花，以及陣陣吹來的強風使他難以前進。他依照喬伊納德的手勢猛力地朝著湯普金斯的方向划。「當時湯普金斯的眼神像貓一樣陰鬱、狂野。他抓住我的皮艇拚命地踢水。」當時湯普金斯雖然已經精疲力竭，凍得半死，但仍然結結巴巴地發號施令，指揮他們的搶救行動。

幾分鐘之後，艾立森和阿爾瓦瑞茲看到了瑞吉威。他仰躺著浮在水面上，毫無反應，顯然已經失去知覺。但當他們對著他大喊時，他呻吟了一下，甦醒過來，然後便伸出一隻手抓住他們的船頭。但這樣一來，船就無法再前進了。瑞吉威用兩隻手輪流抓住船身，沿著船側移動。他只要一個不小心，就有可能被強風和水流帶走。為了激勵他，艾立森開始大聲、緩慢而清楚地，向瑞吉威描述他們之前在西伯利亞泛舟時所發生的一次讓他們險些送命的意外事件。阿爾瓦瑞茲對此不太高興，擔心這樣會耗損他的力氣，讓他待會兒沒有力氣划船。但這個策略奏效了。瑞吉威終於到了船尾，讓他們可以把船掉頭，朝著魏斯頓和湯普金斯的方向划過去，以便援救他們。

然而，划了幾下後，他們就發現自己也被風浪帶往湖心的方向了。於是，他們便放棄協助魏斯頓，開始全心拯救瑞吉威以及他們自己。但他們雖然已經拚命地划，還是無法前進。

艾立森看到湖裡有一小塊露出水面的岩石，於是便使盡全力一划，讓皮艇靠了過去，得以暫時躲避風浪。他們把瑞吉威扶了起來，讓他坐在船頭，然後便拿出那支衛星電話，打給智利海岸巡防隊，請求救援。但那天是國定假日，時間又是清晨，因此沒有人接電話。阿爾瓦瑞茲想知道那支電話是否管用，便打電話給他在加州特拉基鎮

（Truckee）的女友。儘管那時是凌晨五點半，她還是接了起來，並將消息轉告湯普金斯在巴拉斯港（Puerto Varas）的保育辦公室的莫佳朵。莫佳朵立刻通知飛行員諾瑞加，而他也迅速打電話通知他在「山林小屋」旅店的一位熟人，也就是三天前為湯普金斯等人安排包船的魯特。同時，莫佳朵也通知了海岸巡防隊。他們接到通報後立刻就從小智利（Chile Chico）派遣一艘救生艇前往支援，但由於天候惡劣，那艘船要將近一小時後才能抵達。

艾立森載著凍得發抖的瑞吉威划到了岸邊，並且在岸上生了火。「我幫他把身上的溼衣服脫掉，讓他光著身子躺進睡袋裡。由於那裡有很多乾柴，所以我在距離他五呎的地方生著一小堆火。他有呼吸，但仍然沒什麼反應。他躺進睡袋後，我便看著他說：『我得去找阿爾瓦瑞茲，馬上就回來。你要撐著點。』」艾立森說道。

魯特接到那通緊急呼叫電話時正在外面工作。他立刻跑去找已經從智利空軍退役的阿雷桓卓．邁諾（Alejandro Maino），然後兩人便立即出動他們那架「歐直Ｂ３」（Eurocopter B3）直升機前往救援。儘管這一型直升機性能很強，甚至曾經飛到聖母峰上，但「山林小屋」的這一架因為已經過改裝，專供運輸和旅遊之用，因此沒有絞機，也沒有專門的救援設備。魯特以為湯普金斯他們可能會在湖邊等著被撤離，可能還有人受了傷，於是接到莫佳朵的電話後，他抓了一件救生衣、一條攀岩用的繩索，以及一個類似公共游泳池裡的那種橘色救生圈，就和邁諾一起出發了，前後只用了不到五分鐘的時間。他們以一小時七十哩的速度飛過那白浪滔滔的湖面，朝著阿維拉諾山谷前進。魯特在身上裝了一個吊帶，讓他能夠從打開的機門探出身子，看清湖面的狀況。

魏斯頓努力地划著槳，但是卻離湖岸愈來愈遠。湯普金斯則試著爬上他的船尾。魏斯頓心想如果船尾少點阻力，他或許能夠克服風向和水流的力道，划回湖岸。於是，他便轉身想要把湯普金斯拉上船，但就在這時，皮艇的防水裙鬆開了，於是船便愈發往下沉了。魏斯頓把身子往外探，湯普金斯便抓緊他的腰並且拚命地踢水。當魏斯頓往岸邊划去時，湯普金斯還大聲地告訴他應該在哪裡著陸。「他知道那是生死攸關的時刻。」魏斯頓表示。「他還有那麼多工作要做，所以他不會坐以待斃。」

「湯普金斯和我在一起的時候，至少有二、三十分鐘的時間是清醒的，還不停地踢水，努力要往岸邊移動。我則拚命地划槳。」魏斯頓表示。「當他失去知覺時，我還得托住他的頭，以免他吸到水。但我一轉身，槳就不見了。我只好一邊托著他的頭，一邊用手划水。」在那半個小時當中，他們的皮艇逐漸漂向湖心，距離岸邊已經有好幾哩了。

魯特在直升機上看到岸邊有兩個人影，但當他們在空中盤旋，準備降落時，那兩人卻向他們大喊：「不要！不要！不要！」並用手指著湖心。於是直升機又立刻升空，飛回湖上。「最後，我們終於發現了一艘皮艇。」魯特表示。「它孤零零地漂浮在湖面上，裡面空無一人。」又飛了五分鐘之後，魯特看到了魏斯頓。他正坐在一艘單人皮艇上，緊緊抱著沉在水裡、已經癱軟的湯普金斯。風仍持續把他們吹離湖岸，而湯普金斯已經在華氏三十九度（約攝氏四度）的水裡泡了超過一個小時了。

由於浪高達到五呎，魯特雖然坐在直升機裡，仍然經常無法看見他們。浪一直打到皮艇上，使得魏斯頓幾乎抓不住湯普金斯。卡雷拉湖上水流激盪，波濤險惡，連駕駛直升機都有危險。

邁諾一邊看著儀表板，一邊聽從魯特的指揮，逆著風往下降。魯特每隔幾秒鐘就大聲地為他指引方向。飛到皮艇上空時，魯特在救生索末端綁了一個彈簧鉤，小心翼翼地垂下去給魏斯頓，因為如果繩索被直升機後面的螺旋槳捲了進去，他們可能都會沒命。邁諾讓直升機緩緩下降，直到距離波浪只有大約十呎處。但那條救生索只有六十呎長，僅及美國海岸巡防隊所用的標準尺寸的一半。由於風速高達每小時五十哩，因此他們要丟得很精準。邁諾設法讓繩子盡量接近魏斯頓。終於，魏斯頓抓住了它，把彈簧鉤扣在皮艇的甲板上，並抓緊了湯普金斯。

他一隻手套著救生圈，以便和直升機相連，另一隻手則支撐著皮艇和湯普金斯的

意外發生時的相對位置。2015年12月8日上午10點

重量，身體幾乎要被拉扯成兩半。直升機將兩人拖往湖岸，但飛機所噴出的冰冷的旋翼洗流（rotor wash）一直吹在他們身上，吹得魏斯頓痛苦得臉都扭曲了起來。魯特大聲喊著，要邁諾減速，魏斯頓則示意直升機飛低一點，但邁諾拒絕了，因為飛機的旋轉翼已經太接近波浪了，他擔心飛機如果被浪打到，就會掉進湖裡。

直升機以極其緩慢的速度將那艘皮艇拉到了湖岸，但突然間，皮艇翻覆了。魏斯頓浮在水面上，湯普金斯則沉入水裡。魯特心想：「事情愈來愈不妙了。」

魏斯頓再也無法控制那艘皮艇，於是便將他的半個身子鑽進救生圈，然後翻了個身，把臉朝上，再用雙手把湯普金斯舉起，讓他趴在他的胸膛上。少了皮艇的重量後，飛機飛得快多了，但還是又花了三十分鐘才靠近岸邊的岩壁。

一靠近湖岸，魏斯頓便鬆開救生索，趁一波大浪打過來的時候，帶著湯普金斯游到岸邊，並將他放在一座小小的岩架上。邁諾把直升機停在一塊巨石上，旋轉翼距石壁不到三呎。魯特跳下飛機，看到魏斯頓正不停地發抖，便向他大喊：「別擔心！你不會有事的。」

經過將近兩個鐘頭的搏鬥後，魏斯頓已經用盡了全身最後一絲力氣。他先是熱得冒汗，接著又冷得厲害，疼痛得渾身抽搐，但已經麻木的腦子卻疼得彷彿要爆炸了，而他兒時的偶像湯普金斯正躺在地上，臉色發白，渾身溼透，可能已經死了。

魯特雖然再三試著要把湯普金斯抬上直升機，卻怎麼也辦不到，一來是因為魏斯頓已經幾乎站不起來了，根本無法幫他的忙，二來是因為湯普金斯的體重足足比他多了二十磅。「當時，風勢非常猛烈，以致直升機抖動得很厲害。感覺上那旋轉翼如果掉了下來，我們都會被切成碎片。」魏斯頓表示。於是，等他爬上直升機之後，他們就沿著湖岸往前飛，去幫助其他人了。湯普金斯一個人躺在湖邊，已經快被冰凍了。

他們飛到數哩外其他人所在的地方時，魯特告訴眾人：「很遺憾，湯普金斯已經死了。」喬伊納德聞言便哭了起來。但魏斯頓不肯放棄。他建議他們幾個飛回去，把湯普金斯抬上飛機，載到最近的醫院去。專家經常說一個體溫過低的人，要在恢復體溫後死亡才能算是真的死了，因為極端的寒冷會使人體的某些功能暫時停止運作，而阿爾瓦瑞茲知道有一些情況遠比湯普金斯更嚴重的人，在被判定死亡後又恢復了生機。

此時，他們當中只有艾立森和阿爾瓦瑞茲還有一點力氣，於是兩人便爬上直升機，飛回湖邊。當邁諾開著飛機在湯普金斯上方盤旋時，他們便跳了下去，一起把湯普金斯抬上直升機。十五分鐘後他們便抵達了科哈依克醫院（Coyhaique Hospital）。由於院方已經獲報即將到來的病人有體溫過低的現象，所以院內的創傷小組已經等在那兒了。

克莉絲在查卡布科山谷聽到了意外發生的消息，便走了出去，想一個人靜一靜。

「我離開辦公室，邁著沉重的腳步走到餐廳前面。那架『賽斯納二〇七』和湯普金斯的『哈士奇』小飛機就停在那裡。」她說。「我爬到『哈士奇』的機腹底下，趴在草地上，用指甲抓著泥土，發出了像夜裡的狼嚎一般的呻吟。我一直待在那兒，並且用盡全力抓住那些草不放，直到有人抓住我的腿，把我拖出去為止。當時，我有一種感覺：我如果離開他的『哈士奇』，就會失去他。」

多年來和湯普金斯夫婦合作過許多保育計畫的巴塔哥尼亞公園管理人達戈博托．古茲曼（Dagoberto Guzman）把克莉絲拖進一輛四輪傳動車，沿著一條危險的石子路飛速朝著科哈依克醫院駛去。車程至少要六小時，但他們發現那條路因為維修之故，已經封閉了。古茲曼跳下車，告訴修路的工人說：「湯普金斯先生受傷了，而他的太太正在車子裡面，要趕去看她的丈夫。」那些工人聞言便趕緊把路障移開。當克莉絲經過時，他們每一個人都拿下了自己的安全帽，放在胸膛上默默地向她致意。

此時，在科哈依克醫院，一個醫護小組正努力使湯普金斯甦醒。他到院時體溫只有華氏六十九度（約攝氏二十一度）。有目擊者告訴他們，他已經在冰冷的湖水裡泡了將近兩個小時。克莉絲趕往醫院時，湯普金斯發生意外的消息已經傳開了。醫院外面人群聚集。當地人傳言湯普金斯受了重傷，後來又有人說他已經死了，但不久，又傳來令人振奮的消息，說他已經活過來，而且已經甦醒了！各方消息都片片段段、互相抵觸，而且令人震驚。

克莉絲在趕往醫院途中透過手機和簡訊收到這些消息，當時她的主要助手馬拉迪尼克正在急診室裡面。他隨時向她報告最新的狀況，讓她可以直接掌握她丈夫的情況。當湯普金斯的氣息愈來愈微弱時，馬拉迪尼克把電話放在湯普金斯的耳朵旁，並告訴克莉絲該是向他道別的時候了。她到院前十五分鐘，也就是剛過晚上六點的時候，那令人難以置信的消息被證實了：湯普金斯已經死了。克莉絲崩潰了。她的「老鷹」飛走了。

第二十一章 身後事

如果你的工作可以在一生中完成，你的眼光就不夠遠大。

——魏思．傑克森（Wes Jackson）

「土地研究所」（The Land Institute）創辦人

喬伊納德極度震驚，坐在下風處流著眼淚。瑞吉威正光著身子躺在睡袋裡不停地痙攣與顫抖。魏斯頓和他躺在同一個睡袋裡，語無倫次。他那六呎三吋的瘦長身軀已經處於失溫狀態，他的腦子發燙，肌肉極度疼痛。在與風浪搏鬥並且將他的「湯普金斯叔叔」拖回岸上後，他已經衰弱不堪。他們三人圍著距卡雷拉湖的驚濤駭浪只有幾碼的一個火堆，蜷縮著等待智利海岸巡防隊的救難船隻到來。

海岸巡防隊把他們三人帶進巡邏艇的客艙，載回小智利的港口。那裡的官員要盤問他們。問題很多，各家媒體又瘋狂地打電話給他們詢問湯普金斯的情況。他們要填寫各種文件，回答各種問題，還要面對官僚作業的繁文縟節。對劫後餘生、驚魂甫定的他們而言，這些盤問有如酷刑。他們很想回家，但官方的調查卻沒完沒了。幾個小時後，他們終於獲准離開了。喬伊納德、魏斯頓和瑞吉威坐上了那架「歐直」直升機，飛回他們在四天前的清晨像一群逃學的小男生般嘻嘻哈哈出發的那棟「山林小屋」。

邁諾開著直升機飛進那陣陣強風中時不禁捏了一把冷汗。這架「歐直」直升機有八五〇匹馬力，時速最高可達每小時一六〇哩，但當時卻一直無法前進，令坐在後座的喬伊納德感到不可思議。莫非他們也難逃此劫？飛機是否必須掉頭朝著順風的方向飛行，找一塊空地緊急降落？情急之下，他不禁大聲咆哮：「媽的！這真是我這輩子坐過最慢的一架直升機了。」

所幸，具有軍機駕駛經驗（尤其是在模擬戰鬥的情況下）的邁諾還是把飛機安全地開了回去。在經過了二十分鐘的顛簸與搖晃後，他們終於飛到「山林小屋」附近並且降落了。小屋裡擠滿了人。劫後餘生的他們受到了眾人的歡迎與擁抱，大家都淚流滿面。事情是怎麼發生的？為何會這樣？在哪裡發生的？這些問題都暫時被擱下了。

那天早晨，攝影師托斯卡尼正在義大利米蘭郊外的一座莊園裡沖泡咖啡時，聽到了湯普金斯發生意外的報導，嚇了一大跳。他的朋友湯普金斯死了！他憤怒已極，簡直想把咖啡壺砸了。這麼多年來當湯普金斯投入大量的金錢保護荒野與大自然時，他不是曾經再三警告他：「小心！大自然是一頭猛獸！」嗎？他不知道嘮叨了他多少次，但他不得不這麼做。「我總是告訴湯普金斯大自然是危險的，並且問他：『你為什麼這麼努力親近大自然呢？』結果大自然就害死了他。我痛恨大自然。」

當螢幕上出現「環保人士喪生」等字樣時，經常與湯普金斯一起飛行的《國家地理雜誌》探險家費伊正在東非的坦尚尼亞。他立刻就知道那指的是湯普金斯。「對我來說，從事保育工作有點像是打仗一樣。」費伊表示。他有幾十位同事都已經死去，有些是被盜獵者殺害，有些則是被不明人士暗殺。「這類事情發生時，你一點都不會感到訝異、震驚或無法置信，因為你已經做好了準備。你甚至不見得會感到悲傷，因為你在那樣的事情發生之前已經承受了那樣的悲傷。」

人在倫敦的福斯特男爵聽到湯普金斯在皮艇意外中喪生時，簡直「難以置信」。他說：「感覺上他和他的皮艇已經合為一體了。」福斯特是一位建築師，曾經在八〇年代和湯普金斯一起設計 Esprit 的展示廳。「湯普金斯那精力旺盛的模樣很有感染力。他認真、好奇而且意志堅定。一般來說，具有堅定信念的人都不願意接納新的想法，但他並不是這樣。我感覺他蠻開放的。他是大自然的一股力量。」

弗林塔議員進入阿根廷總統府去向觀光旅遊部部長古斯塔佛・桑多斯（Gustavo Santos）提交保育方案時，並不知道湯普金斯已經溺水。「我把湯普金斯的保育計畫書帶去，向他說明伊貝拉溼地的保育方案。他告訴我：『太好了！這個計畫很棒！』於是就把它當成了他自己的計畫。這樣很好。」弗林塔表示。「回到旅館後，我接到一通電話，告訴我湯普金斯已經死了。就在他快死時，阿根廷政府接受了他的伊貝拉保育方案。」

克莉絲痛苦不堪。有許多夜晚，她和湯普金斯曾經討論，萬一他們兩人當中有一人——甚至兩人同時——突然死去時應該怎麼辦。畢竟，他們幾乎每天都開著小飛機在經常有強風吹襲的巴塔哥尼亞上空飛行，而且湯普金斯駕車以每小時八十哩的速度飛馳於鄉間的泥土路上時，向來都不繫安全帶（他說：「繫安全帶會讓你有一種虛假的安全感。」），所以風險是存在的。但他怎麼會在住家附近划皮艇時發生意外呢？然而，儘管她萬分悲痛，感覺有如「腦袋被斧頭劈了一記」，她還是努力像湯普金斯那般堅強。「他的死對我來說不是一種失落，而是讓我感覺自己被截肢了。」她說。

湯普金斯在巴塔哥尼亞的木匠和家具師傅連夜趕工，用智利柏做了一口結實的棺木。當初湯普金斯就是因為這種樹形高大、有「安第斯山脈的紅杉」之稱的智利柏，才起意要保護智利的森林。如今，他在經過四分之一世紀的奮鬥之後，終於可以躺在那紅銅色、紋理細緻的智利柏棺木裡安息了。

同事們在巴拉斯港的湯普金斯保育辦公室舉辦了一場追思儀式。一輛又一輛的專機抵達了。智利的第一夫人塞西莉亞．莫雷爾（Cecilia Morel）和其他幾位政治人物，以及一些來自華府的友人，都陸續來到了辦公室附近那座小小的蒙特港機場。走出機場時，他們看到一名抗議人士手裡舉著一個牌子，上面寫著：「巴塔哥尼亞不要湯普金斯」。

湯普金斯的友人和同事聚集在保育辦公室的院子裡所架設的一頂天幕下，和大家一起參加湯普金斯的告別式。克莉絲走過人群，逐一和前來致哀的賓客談話，並擁抱了其中許多位。那天出席的還有從前曾和湯普金斯對立的一些人物，包括那位曾經被湯普金斯稱為「披著羊皮的狼」的智利富豪家族的領導人馬特。他神色憂戚，因為這些年來馬特家族的人在和湯普金斯通了無數電郵、和他一起吃飯、聊天和旅行之後，他們已經愈來愈欣賞湯普金斯，也能夠了解他保護大自然的熱忱。

克莉絲在開場時，幾乎語不成聲。湯普金斯的死讓她哀痛逾恆，但她宣稱，她將會持續湯普金斯未竟的志業。她已經準備將他們的森林、牧場、私人公園和自然保護區捐贈給智利和阿根廷，以成立國家公園，做為他們送給兩國人民的禮物。「她說話時神情莊重，帶著一股發自內心的力量。」瑞吉威後來寫道。「她說每一句話、每一個段落，都彷彿用盡了全力。當她感到疲累時，便會停頓一下，吸一口氣，重新振作起來，並且愈講愈是鏗鏘有力。我們從未看過她這個樣子。」

追思會結束後，克莉絲和他們夫婦的好友們便登上飛機，飛往湯普金斯即將下葬的地方：查卡布科山谷。他們的一個朋友將自己的飛機改裝了一下，把機上的座位拆除，以騰出空間放置湯普金斯的棺木。負責駕駛的諾瑞加曾經和湯普金斯一起學習叢林飛行的技巧，因此克莉絲便請他將她丈夫的遺體載回山谷。諾瑞加朝著巴塔哥尼亞的最高峰：聖巴倫廷山飛了過去。這座山上有三條冰河，是湯普金斯經常去尋求慰藉的地方。他喜歡駕著他的「哈士奇」在那雲霧繚繞的山頂盤旋。那是他宣洩情緒的一種方式。

諾瑞加飛近時，山上的雲霧散開了，陽光照射著冰面。克莉絲坐到飛機的前座去。諾瑞加繼續下降，在冰河上飛了一圈又一圈，然後又飛到山頂上，飛到湯普金斯一直努力保護著的那些森林與河流之上。克莉絲把一隻手伸到後面，按著湯普金斯的棺木。諾瑞加在談到湯普金斯如何阻止能源業者在貝克河上興建水壩時表示：「說來有些傳奇：卡雷拉湖是貝克河的發源地。可以說，他拯救了貝克河，但卡雷拉湖卻要了他的命。」

在湯普金斯最後一段航程結束後，他的女兒桑瑪和昆西已經在那裡等著他了。她們從舊金山飛了將近二十四小時才到巴塔哥尼亞。「他總是所向無敵。如果他死於車禍或墜機事故，我反倒不會那麼驚訝。」昆西表示。「這真的很奇怪。但不久我就覺得他向來是依照自己的方式生活，所以也就依照自己的方式死去了，而且他當時是和他的朋友們一起做著他喜歡的事，還穿著他的卡其褲和『布克兄弟』（Brooks Brothers）牌的扣領襯衫，而且沒有為即將發生的情況做好準備。這就是他的風格。」

克莉絲安排湯普金斯葬在小小的查卡布柯山谷公墓。這座墓地位於巴塔哥尼亞公園中央，靠近湯普金斯很喜歡的那條飛機跑道，而且距離他們在山上的家「巴特勒屋」（Butler House）只有十分鐘的路程。這座公墓有二十個墓位，是幾個世代之前那些牧場主人建造的，但後來湯普金斯加以整修，重新設計圍籬，換掉了入口處的大門，還加裝了一塊告示牌，上面寫著繆爾的一句名言：「美是上帝最佳的代名詞。」（There is no synonym for God so perfect as beauty.）

早期巴塔哥尼亞拓荒家族的孩子經常有早夭的現象，因此該區有許多較為古老的墓碑上寫的都是嬰兒的名字。他們會把死去的嬰孩葬在牧場上，以便家人能夠前往祭悼。對死去的配偶也是如此。克莉絲告訴湯普金斯的助理馬拉迪尼克：她需要把湯普金斯葬在她住的地方附近。她說：「湯普金斯這一生已經活了一百條命。我希望在後人的記憶中，他是一個真正追求美的人。無論對滑雪、建築、藝術、公園或其他的一切，他都講究美感。他多才多藝、狂野不羈，總是開開心心、無所畏懼。」

在他的追思會上，他的家人、朋友和同事們都輪番上台致詞，還有成千上百人寫信來致意，但其中又以他的幾個至交說得最好。喬伊納德在提到意外發生的情景時表示：「就算害怕，我們還是毫不猶豫地過去救他。那幾個男孩們表現得很英勇，但我們還是失去了湯普金斯，失去了我們的老大。過去他藉著他的行動教導我們。現在他仍然是我們的導師。」

下葬時，由於智利柏太重，用繩索很難固定，以致棺木歪向了一邊。這時，突然有人模仿湯普金斯那有著濃重美國口音的西班牙語腔調大喊：「不行！不行！歪了！趕緊弄直！趕緊弄直！要直！」眾人頓時都笑翻了。他們一邊流淚、一邊笑著，因為他們都知道湯普金斯必定會非常在意棺木放下去的角度和美感。

開始覆土時，克莉絲丟了一束當地的鮮花在棺木上，接著一個女人便喊出了他們所喜愛的口號：「巴塔哥尼亞人不要水壩！」眾人聞言便一齊大聲覆誦：「巴塔哥尼亞人不要水壩！」

葬禮結束後，大多數來賓都搭機回家了，但湯普金斯的哥們仍留在巴塔哥尼亞公園中央供客人住宿的小屋和員工的宿舍過夜。喬伊納德、瑞吉威、艾立森、魏斯頓和阿爾瓦瑞茲等人在小屋內圍成一圈，向克莉絲詳細描述意外事件的始末，並分析原因。儘管過程令人難受，但他們必須這樣做，一半是為了療癒自己，一半也是要把事情做個了結。

克莉絲需要了解事情的經過。湯普金斯的好友和他的女兒桑瑪與昆西也是如此。為什麼六個經驗豐富、曾經登上K2峰，並且在數十條激流中划過皮艇的探險家，會在這樣一個稀鬆平常的活動中出事？當她一一詢問了細節後，特別讚揚魏斯頓的勇敢。她之所以詢問，只是想了解事情的經過，不是要究責。

回顧那段混亂惶急的時光，他們五人發現有好幾點是他們可以改進的，例如他們當時都應該穿著乾式防寒衣之類的。然而，不容否認，他們的運氣也確實不好。那場暴風雨說來就來，而且威力驚人。根據後來氣象站發佈的資料，當時的風速已經達到每小時六十哩，湖上的浪高則達六呎。克莉絲至今仍然難以置信。「看不到他對我來說是一件很痛苦的事。這樣的痛苦可能永遠不會消失。」

從此，她開始更加努力，一心一意地要實現他們共同的夢想。她後來表示：「人們問我：『妳摯愛的丈夫過世後，妳是怎麼撐過來的？』我說：『其實剛好相反，或許正因為他過世了，我才得撐下去。這樣的壓力讓我必須竭盡全力。這或許是在我身上所能發生的最好的一件事。』」

葬禮過後不到一個星期，克莉絲就飛到阿根廷私下和阿國總統毛里西奧．馬克里（Mauricio Macri）會面，討論設立伊貝拉國家公園的事宜。馬克里翻閱著克莉絲帶來的那幾本大開本精裝畫冊，讚嘆裡面那一群群白鷺、五彩金剛鸚鵡，以及在沼澤地上慵懶地漫遊的食蟻獸。那是宛如非洲大草原一般的情景，但其中的動物卻盡是南美的物種。克莉絲告訴他：伊貝拉溼地是一座物種豐富的寶庫，也是地球上僅餘的少數可供火紅金剛鸚鵡、鬃狼和美洲豹棲息的自然環境。馬克里很樂於藉著生態旅遊來促進地方經濟的永續發展。他告訴他的部會首長們：這樣做有百利而無一害。誰會反對他接收私人土地，將它們變成國家公園，供所有人民共享呢？何況這些土地還是加州一對有錢的夫婦捐贈的，那豈不是更好嗎？「這是一個巨大的轉變，但湯普金斯卻已經不在人世了。」克莉絲表示。「或許正因為他不在了，這樣的轉變才有可能發生。我們不得不說，他的死在這件事上產生了某種影響，因為大家都對像他這樣一個傑出人士的離去感到失落。」

湯普金斯過世幾天後，克莉絲發現智利出現了一個現象：幾乎每個人（甚至包括從前討厭他的那些人）都開始欣賞他了。智利人一度以折磨湯普金斯為樂，但他的驟逝使他們不再對他心懷疑慮，也不再指控他圖謀不軌了。他們終於明白了事情的真相：他盡力買下那些生態豐富的土地，然後又想方設法地要把它們捐出去。馬拉迪尼克指出：「湯普金斯死後，事情便有了超光速的進展。智利政府官員的態度開始有了改變。如今在他們眼中，他的所作所為，乃是基於他的信念。那些曾經對我們百般阻撓的官僚現在可能都在想：『我們可不能成為阻撓這項計畫的罪人！』一時之間，他似乎從人民的頭號公敵成了公眾的典範。」

為了表彰湯普金斯對環保的貢獻，有四位智利參議員聯合提議頒發他榮譽公民的頭銜。參議員璜・帕布羅・雷特里耶（Juan Pablo Letelier）表示：「他喚醒了國人的良知，並且讓企業界領袖明白，該如何將他們所賺取的大部分利潤回饋給社會。」這項提議獲得一致通過。曾經多次和湯普金斯論戰的艾爾方索・德・烏瑞斯提（Alfonso de Urresti）參議員表示：「我們很想在他生前頒給他這項榮譽，但沒有人料到他會過世。他之前是這麼的有活力。」

智利總統巴舍萊也對湯普金斯的驟逝感到震驚。過去這幾個月來，她不斷催促她的內閣和湯普金斯夫婦研商他們所提出的土地捐贈案，看看該如何解決。她讚揚湯普金斯「富有創新精神，並且投入了大量的時間與金錢保護地球的自然資產。這項提案是他的傑作，格局極其宏大，顯示他一直心懷感恩，並且決意為我們未來的世代做出貢獻」。當她同意會見克莉絲後，智利政府便開始將湯普金斯夫婦的捐贈案視為當務之急。克莉絲表示：「我在會見巴舍萊總統時就覺得這個案子有機會可以付諸實現。」

克莉絲知道她的丈夫是一個工作狂，但直到他死後，她才發現他有許多計畫並未付諸文字。有許多細節以及處理的優先順序都儲存在他的腦海中。她雖然決心繼續推動與智利和阿根廷政府簽訂保育協議的工作，但將會以她自己的方式來進行。至於「湯普金斯保育基金會」的管理，她也將改弦易轍，以便使該基金會得以保持長期的穩定。「他生前對我就產生了很大的影響。至於其他的都是小事一樁。」她說。「就像湯普金斯常說的：『我們兩個絕不能離婚，因為別人都無法忍受像我們這樣的配偶。』他說得很認真，也說得很對。他過世以後我只是繼續做我之前就在做的事。對我來說，最糟糕的部分就是他離開了我，其他的都不算什麼。」

在承擔了湯普金斯所留下的工作後，克莉絲大膽而果斷地採用了一個他絕不可能考慮的策略：求助於人。湯普金斯的探險夥伴兼「藍天」環保顧問公司的創辦人艾立森表示：「如果湯普金斯還在，我們或許就沒有機會替『湯普金斯保育基金會』工作了。他過世後，克莉絲極度哀痛，但又必須處理基金會的事務。然而湯普金斯是唯一了解基金會所有運作細節的人，因此她得和相關人員面談以便掌握狀況，並和財務部門合作以設法解決問題。但她剛失去她這一生中的摯愛，實在沒有心力做這些事情，所以必須有人來幫她盤點、評估現況，並建立起某種制度。」

克莉絲和艾立森密切合作了幾個月，擬定出一個五年的戰略計畫，列出數十項方案的優先順序。這些方案各自都有一個崇高的目標，其中包括湯普金斯想要贊助的「Moritz EIS」冰淇淋店（他心目中世上最美味的冰淇淋），以及一本名為《如何設立國家公園》（*How to Make a National Park*）的書。克莉絲表示：「他過世後，我的主要目標之一就是清楚了解當時基金會的狀況，因為我管理年度財務預算的方式和湯普金斯是完全不同的。」

克莉絲和湯普金斯的第一任太太蘇西之間的關係頗為融洽，也不會過度複雜。她們幾乎每一、兩年都會彼此連絡。但湯普金斯死後，情況就改變了。他的兩個女兒感覺她們有許多事情都來不及和他分享，尤其是桑瑪。湯普金斯的死對她來說太過突然，而他的遺囑更是破壞了他們父女之間原本就已經不是很親密的關係。

在這份遺囑中，湯普金斯明確地表示出他數十年來一貫的想法：他將把所有遺產留給克莉絲和湯普金斯保育基金會，不會留給他的兩個女兒。同時，他還告誡她們不要為此提出抗辯，但桑瑪看到這份遺囑時，仍然大為震驚。對她來說，這好像是湯普金斯從墳墓裡伸出手給了她一記耳光。「那真是太糟糕、太殘忍了。」蘇西表示。她也很震驚，因為湯普金斯去世時與家人之間的關係頗為良好。「他和我們又不是不相往來。」

事實上，昆西和桑瑪並不缺錢。她們的母親蘇西憑著她在 Esprit 的股份，每年就有好幾百萬美元的收入，而且湯普金斯向來認為把遺產留給孩子會讓她們失去工作的意願。他雖然準備了豐厚的緊急醫療基金，讓她們在必要時可以使用，但只要她們身體健康，他絕不會供養她們。同時，他總是明確表示，他的財富應該全部被用來保護大自然。

儘管如此，桑瑪還是在加州和智利的報紙上批評她的父親，並且在兩地都提出了法律訴訟，試圖爭取他的遺產。但她其實只是藉此來填補父親的疏離在她的心理上留下的缺口，畢竟她出生後的第二天他就和朋友一起出遊，直到六個月後才回來。

桑瑪從來無法理解她的父親為何對她如此冷淡。事實上，她頭腦敏捷、活躍自信，在許多方面都很像湯普金斯。是不是因為太像了，他才不和她親近？在湯普金斯生前，桑瑪經常和他發生爭執，認為他非常霸道、喜歡批評別人，但在他過世前不久，她曾經向她的母親透露：在經過數十年的疏離後，「他已經開始接納我了」。湯普金斯的一位前女友曾經表示，湯普金斯雖然不擅於對女兒表露情感，但私底下其實滿懷父愛。「他很愛她們兩個。」她說。「我們兩個很親密的時候，他偶爾會告訴我他有多麼愛他那兩個女兒。我在想他不知道有沒有告訴過她們。」

這段期間，克莉絲一心一意要完成她的首要任務：把他們的公園捐贈出去。在智利這方面，克莉絲確信巴舍萊總統是實現這項計畫的最佳人選（或許也是她最後的一個機會）。他們所提出的條件雖然在細節上有些複雜，但整體而言其實很簡單：「湯普金斯保育基金會」將捐贈一百二十萬英畝的土地，以及總值達九千萬美元的基礎設施給智利的「國家公園署」。交換條件是：智利政府必須撥出一千萬英畝的土地設立五座新的國家公園，並且拓寬其他三座，並推動巴塔哥尼亞地區的經濟發展。

克莉絲和萊克、莫佳朵與埃思皮諾莎馬不停蹄地工作著，並召集所有的盟友前來協助。此外，克莉絲也請艾立森的「藍天」環保顧問公司成立一個小組，負責數字的運算，並研擬一項五年方案，將她那幾座仰賴補貼的私人公園，轉變為能夠長期自給自足並由政府管理的國家公園。

在阿根廷這方面，好消息不斷傳來。相較於智利那令人抓狂的速度，阿根廷政府對成立伊貝拉公園的計畫表現得頗為積極。儘管科連特斯省和聯邦政府彼此爭奪伊貝拉公園的管轄權，但在羅佩茲、海諾南和弗林塔議員等人的努力之下，這項計畫取得了很大的進展。同時，他們也得到了許多當地人士的支持。有鑑於伊貝拉公園成立後可能會吸引許多遊客前來，並帶來當地所迫切需要的稅收，有許多城鎮已經打算興建具有當地的瓜拉尼文化特色的博物館。十年前，科連特斯省的人才還紛紛外流到布宜諾斯艾利斯等大城市，使得當地前景渺茫，但現在有許多年輕學子都以家鄉為榮，並且已經陸續返鄉。在他們眼中，伊貝拉和科連特斯省已經逐漸恢復了往日的榮景。

曾經大肆批評湯普金斯的弗林塔議員表示：「我們在物種滅絕的危機當中拯救了科連特斯省的一個生態系統，只可惜湯普金斯已經不在人世，無法看到這一切了。他和克莉絲除了復育野生動物之外，也照顧到了人類的需求。雖然重新引進美洲豹，讓牠們成為伊貝拉公園的象徵，是很重要的一件事情，但對我來說，看著我們的年輕人成為嚮導，帶著遊客去公園遊覽，也同樣重要。」

第二十二章 風暴中的島嶼

對我來說，湯普金斯的成就不只是設立了一座國家公園，他同時也成功地讓一群原本很頑固的人愛上了它。他為了讓他們珍愛大自然，不惜和本地的幾乎所有人對抗。這是很難得的，但他確實成功地讓我們參與其中，並因此改變了我們對周遭自然環境的想法。這個影響力是很大的。

——克拉拉．拉茲卡諾（Clara Lazcano）
普馬林公園附近的柴滕鎮鎮長

湯普金斯死後，克莉絲不得不花三倍的時間工作。儘管湯普金斯的幾項環境復育計畫仍在進行，但他驟逝後卻留下了無數未完成的工作與有限的資金。她必須考慮哪些計畫最能夠實現他這一生的志業。為了籌措資金，她及時把那家由湯普金斯原創、且在他過世後立刻變得炙手可熱的 Moritz EIS 冰淇淋公司賣給了伊巴內茲。同時，她也賣掉了湯普金斯所鍾愛的那座有著蜿蜒的金黃色麥田的、美麗的「布蘭卡湖」有機農場。在此同時，由於智利政要紛紛對湯普金斯之死表達同情與惋惜，並釋出善意，因此他們的土地捐贈計畫出現了大幅的進展。智利政府開始擬定一項五年計畫，要將那些公園收歸國有。

巴塔哥尼亞公園和普馬林公園的遊客從一天數百人成長為數千人。他們看著山谷裡蜿蜒的河流以及嫩綠的草原，都對那裡美麗的風光感到讚嘆。有許多人甚至遠從巴西、德國、英國等數十個國家前來健行或露營。公園裡美洲獅和原駝的數量已經大幅增加。從前在這裡狩獵、偷盜或砍伐林木的人如今卻當起了嚮導，帶著背包客和成群穿著 GORE-TEX 服裝的遊客，走在那些一如一九八〇年代 Esprit 的展示廳一般經過精心設計的步道上。

公園裡的營地裡有以太陽能板加熱的熱水淋浴間、供遊客野餐的小屋、可以觀星的空曠原野，以及可為帳篷遮雨的樹叢，就連那些斜面式垃圾桶的造型，也和遊客中心與小屋的建築風格一致。「為了設計那些垃圾桶，湯普金斯想必曾經換過十四種造型。」作家兼環境歷史學家巴特勒笑道。「那可能是世界上最漂亮的垃圾桶。」

克莉絲和她的團隊都知道，他們一旦交出了經營管理權，公園裡的維護和建設標準必定會下降，因為國家公園署不會把伊貝拉的碼頭漆成「湯普金斯綠」，也不會去維護普馬林公園營地上的太陽能淋浴間。但智利負責保育工作的官員——包括環境部長帕布羅・巴德尼耶（Pablo Badenier）——卻接受了湯普金斯團隊在捐贈土地時所提出的附帶條件。

巴德尼耶確信這項捐贈極具歷史性的意義，因此他必定能夠找到更多的預算來管理這些新的公園。但即使在內閣已經決定接受這項捐贈後，仍有許多人寫信給報社或在社群媒體發表評論，要求政府不要通過這項提案。也有許多智利民眾提醒克莉絲：「不要把這些土地捐給政府！他們會把它搞砸的！」克莉絲形容她把這些公園捐出去的心情，就像父母親送孩子去上大學一樣。「你不得不放手，因為它再也不屬於你了。」她說。「湯普金斯向來認為這樣做雖然有諸多缺點，但如果要進行長期的保育工作，最好的辦法還是讓它們成為國家公園。」

但除了把公園捐出去之外，克莉絲還必須和她的財務經理萊克建立起一個可長可久的經濟模式，讓這些公園可以在經費上自給自足。她必須思考：「大自然的產品」的概念是否可以促進經濟發展？他們是否可以在巴塔哥尼亞各地複製伊貝拉的成功模式？在她看來，湯普金斯把十七座公園組合成一條「公園路線」的做法是可行的。

這是因為這條路線包含了森林、冰原、湖泊、未經人工開發的海灘、古老的冰河，以及原始的荒野等景觀，而她知道世界上很少有一條旅遊路線，能夠讓遊客同時

Exploring The Route of Parks
A journey to 17 National Parks
Alerce Andino
Puerto Montt
Hornopirén
Pumalin Douglas Tompkins
Chaiten
Corcovado
Melimoyu
Queulat
Isla Magdalena
Coyhaique
Cerro Castillo
Laguna San Rafael
Patagonia
Cochrane
Tortel
CHILE
ARGENTINA
Patagonia Region
SOUTH AMERICA
Bernardo O'Higgins
South Pacific Ocean
South Atlantic Ocean
Torres del Paine
Puerto Natales
Pali Aike
Kawésqar
Punta Arenas
Tierra del Fuego
Yendegaia
Ushuaia
Alberto de Agostini
Cabo de Hornos
N
W
E
S
National Park
route by car
route by ferry
200 miles
© emk.nl

探索「公園路線」——17座國家公園之旅

看到這麼多不同的美景。湯普金斯認為，把這條路線上的所有國家公園組合在一起，將會形成一個範圍更大、更有意義也更有價值的整體。此外，從經濟發展的觀點來看，由於遊客去了其中一座之後還有可能會去其他幾座，為沿線的村鎮帶來觀光收入，因此這樣的組合將會發揮驚人的加乘效果。

智利的政治人物開始體認到，巴塔哥尼亞地區可望成為以生態保育帶動經濟發展的典範，而湯普金斯以「大自然的產品」——而非金礦或鍊鋁廠等——來發展「另一種經濟」（the other economy）的想法，也獲得了該國經濟與政治菁英的認同。「早在二十年前，湯普金斯就已經開始談論氣候變遷和物種滅絕的問題了，在當時，這些都是頗有顛覆性的論調，但不幸的是它們卻成了我們現在一天到晚談論的議題。」馬拉迪尼克表示。「當時他對主流文化持反對的態度，但現在，人們的價值觀與文化已經改變了，因此從前聽起來很奇怪且具有顛覆性的說法，現在已經成為常識。」

湯普金斯雖然過世，但他的許多宏大的計畫仍然在進行中，其中包括讓美洲豹重回伊貝拉溼地的努力，而且這項工作已經逐漸取得了進展。二〇一七年三月，一隻來自巴拉圭、名叫「奇基」（Chiqui）的公美洲豹，被送到了伊貝拉溼地的美洲豹保育中心。不久後，一隻曾經待過動物園和馬戲團的三腳母豹「塔妮雅」（Tania）也抵達了。工作人員開始設法讓這兩隻豹交配。結果一年多以後，身在肯亞的克莉絲就接到了他們寄來的一段影片，上面有「兩坨看起來像是柏油的東西」。

她起初不太明白為什麼他們要寄這部影片來，後來才發現那兩坨「柏油」居然微微地動了幾下。原來牠們是兩隻剛出生幾個鐘頭的小豹。「接著我又看到了牠們伸出的舌頭和尾巴。那一剎那，我真是太激動了，感覺就好像屁股上被打了一針維他命 B_{12} 一樣，頓時精神大振。」小豹成長期間，克莉絲一遍又一遍地看著牠們的影片，並且經常笑說自己看太多「美洲豹成人片」了。

克莉絲的辦公總部雖然設在查卡布柯山谷，但她時而去紐約市演講，時而前往坦尚尼亞的國家公園參觀，時而又去探訪南美洲一些偏遠地區的國家公園。有一回，她為了讓自己放鬆一下，便和海諾南（和湯普金斯一起規劃伊貝拉公園的那位生物學家）一起去阿根廷的一座名為「難以穿越的公園」（Impenetrable Park）的森林健行。當她們在叢林北邊一個崎嶇不平的角落露營時，她突然意識到：她所做的事情不只是成立國家公園，而是把大自然——包括野草、野生的美洲豹與她自己的野性——找回來。「你必須野化你自己。」她說。「因為除非你體認到你和荒野之間的距離，你就無法進入那樣的思維模式。我的意思是：我們必須野化人類的心靈。」

在科連特斯省政府同意將部分省有土地讓與中央政府，以便成立伊貝拉國家公園後，克莉絲對保育工作更加熱衷了。讓地的協議剛剛簽妥，她就決定要加倍努力，讓那些已經滅絕或將近滅絕的物種能夠重回伊貝拉溼地。在那次健行活動中，她和海諾南討論了相關的做法，並決定將「湯普金斯基金會」在阿根廷的分會「土地保護信託基金會」更名為「野化阿根廷基金會」（Rewilding Argentina）。

由於復育大食蟻獸、草原鹿、領西貒與紅綠金剛鸚鵡的做法頗為成功，再加上小美洲豹的出生，克莉絲更加堅信伊貝拉溼地可以恢復它原有的面貌。於是，她又編列了數百萬美元的預算，準備繼續進行野化工作，然後便更加頻繁地前往世界各地演講以募集資金。如今，伊貝拉溼地已經有七隻美洲豹。牠們目前暫時被關在巨大的圍欄內，再過幾年就可以放出來，讓牠們自由自在地在溼地上漫遊。不僅如此，在經過湯普金斯十餘年來耐心的教育後，已經有許多科連特斯民眾熱切地期待牠們重回伊貝拉了。

二〇一八年一月，智利政府終於核准了克莉絲的捐贈計畫。克莉絲的一位同僚表示：「那是一場張力強、賭注高的談判。」巴舍萊政府同意接受克莉絲的條件，將撥出一千萬英畝的土地設立五座新的國家公園。簽約儀式預定在普馬林公園舉行。

公園要正式移交的那天早上，好幾百名賓客已經齊聚一堂，但協議的細節卻尚未敲定。克莉絲和莫佳朵堅持立場：「所有的區域都必須包括在內，否則協議就取消。」智利總統巴舍萊不到一個小時就會抵達，媒體和各界顯要也已經到來，但克莉絲的團隊卻仍在整理各項細節。最後一刻，他們發現協議文件中少了幾個條款，於是便趕緊補正並將最後的版本印出來。當克莉絲和「湯普金斯保育基金會」的理事們用完早餐時，馬拉迪尼克突然衝了進來，報告最新的消息：「數字不對！」他說。「我們剛剛發現多了十四萬三千英畝的地。」接著他又微笑著補充道：「是四捨五入造成的誤差。」」

克莉絲站上了戶外的講台，面對眾多環保人士、政治盟友和智利的政府首長，她有些緊張。當她無意間把雙手從講稿上拿開時，一陣微風吹了過來，把她的講稿吹到了草地上。當她鎮定下來，把稿子撿起來時，一抬頭便看到一隻老鷹在會場上盤旋。她心中一動，確信那是湯普金斯回來了。他正翱翔在他們上方俯瞰著這場歷史性的典禮。自從他心血來潮買下雷尼韋農場並展開他大膽的保育行動後，在這二十五年間，他必然曾經多次想像過這樣的場景。

當全球各地的媒體大幅報導這項協議，並稱之為環保運動中一個歷史性的勝利時，許多曾經和湯普金斯發生過論戰或有過摩擦的環保人士都讚揚他的成就。「大自然保護協會」（The Nature Conservancy）的執行長馬克・特塞克（Mark Tercek）便是其中之一。特塞克曾經和湯普金斯發生過一些爭論和衝突，雙方鬧得很不愉快。原因是：儘管「大自然保護協會」已經是一個非常成功的環保組織，但湯普金斯仍認為他們太過遷就現實、太容易妥協，而他們則認為湯普金斯一意孤行，有如二次大戰時日本的神風特攻隊一般，寧可玉碎，也不願意而對現實，改變路線。然而，當智利宣佈設立新公園的計畫後，他們相信這項計畫之所以能夠實現，有很大一部分是因為湯普金斯那「一心一意、無比堅定、不畏批評，依照自己的方式做事」的特質。特塞克表示：「我想在當前這個複雜的世界裡，要從事環保工作，都需要有點極端才能得到一些成果吧。」

曾任「大自然保護協會」執行副總裁的威廉・吉恩（William Ginn）表示：「湯普金斯是賈伯斯、比爾・蓋茲（Bill Gates）和亨利・福特（Henry Ford）之流的人物。過去二十二年來，我花了大約三十億美元才保存了大約三百萬英畝的土地。他的績效比我好太多了。」

公園移交典禮結束後，智利政府下令將這五座新的國家公園列入官方的地圖。同時，為了追念湯普金斯對智利的貢獻，他們將他的第一座公園正式命名為「普馬林・道格拉斯・湯普金斯國家公園」。湯普金斯很可能不會願意這樣彰顯自己，但這是智利政府在不斷批評和懷疑他的動機之後，所給他的遲來的表揚。

湯普金斯一生都喜愛美麗的藝術品，包括繪畫、拼布被子和建築物（包括他所蓋的展示廳和露營場），但他最經得起時間考驗的作品，卻是這條由十七座國家公園組成的「公園路線」。這條綿延於南美洲南端的路線長達數百哩，面積遼闊。太空人在太空中除了中國的長城之外，也可以看到這片「湯普金斯綠」。

新的國家公園成立後，有一段拍攝於「巴塔哥尼亞國家公園」的影片在網路上流傳。儘管鏡頭有些搖晃，取景也不是很好（顯然是用手機拍的），但影片中可以看到一陣微風吹過湯普金斯的墓碑後面的那塊草地。然後，金色的陽光下出現了一個身影。是一隻美洲獅在山坡上漫步。相機往旁邊移動了幾呎，停在第二隻美洲獅身上。接著，第三隻、第四隻、第五隻、第六隻和第七隻陸續出現了。他們在湯普金斯墓碑上方的山坡上懶洋洋地走著。不久，其中兩隻便爬到了墓園的柱石上，站在那裡像哨兵一樣瞭望著四周的景色。這部影片克莉絲看了一遍又一遍。她心想：這些美洲獅之所以從山上下來，是不是為了探視湯普金斯？

後來，阿根廷那兒也傳來了有關美洲豹的好消息。在經過十年的努力之後，湯普金斯的伊貝拉溼地保育團隊終於完成了一項不可能的任務。他們克服了種種障礙，把一窩小豹撫養長大，而且這些豹在生長過程中幾乎沒有和人類接觸，因此牠們基本上算是野生的。在僅有的兩次接觸中，一隻幼豹惡狠狠地朝著那些要為牠接種疫苗的工作人員抓了過去，顯示牠野性十足，讓克莉絲非常開心。

當世界各地因為新冠肺炎而準備封城時，在伊貝拉溼地中央的聖阿朗索島，有兩隻幼豹和牠們的母親被放了出去。另外一窩幼豹也即將被釋放。這樣一來，伊貝拉溼地的美洲豹便可望達到基本的數量。「我們在影片上看到這些豹離開圍籬，在伊貝拉溼地的中央留下牠們的腳印，都覺得很不可思議……」生物學家德馬提諾表示。「我們已經有兩次看到牠們在公園裡自由自在地走動了。」

在消失了將近一百年之後，神奇的美洲豹終於回到了伊貝拉溼地。這是數十位保育人士努力了八年的成果。這段期間，他們除了應付繁瑣的官僚作業之外，還做了各項科學調查，並且密集地進行宣傳，才得以讓這些受到當地人尊崇的「yaguarete」重新現蹤於伊貝拉溼地。參與了這項野化計畫的生物學家瑪嘉麗・隆戈（Magalí Longo）指出，在野化過程中，先養殖再釋放是必要的手續。「我們正在彌補過去人類所造成的傷害。」她說。「現在終於有了一些成果，這種感覺真是太棒了！我們努力的目標就是讓像我們這樣的野化生物學家失業，但這是一件好事。」

儘管公園的設立成功令人喜悅，但熟知湯普金斯的人都知道，他絕不認為這有什麼好慶祝的。沒錯，這幾百萬英畝的土地讓許多動物有了棲居之所，美洲豹和美洲獅開始回到他們原本的棲地，當地的居民也熱切地期待藉著保護大自然來振興地方經濟，但湯普金斯明白大環境不容樂觀，因為現今全球人口已經達到七十億，而且人們普遍過著高碳的生活，這意味著他所設立的那些公園將成為生物圈中的孤島。他知道，此時此刻，面對各地生態普遍遭到破壞、森林大火頻傳、物種相繼滅絕的危機，我們需要做出更大規模的改革。

湯普金斯始終認為，我們除了加入解決問題的行列之外別無選擇。他在八〇年代初期，就曾經和他的朋友（也是鄰居）賈伯斯爭論現代科技與全球化的企業所帶來的危險，此後也屢屢呼籲世人重視這些問題。這數十年來，他更不斷向政治人物、親朋好友與企業界領袖闡述他的看法。然而，他並未對政府部門有太多的期待，反而寄望民間人士與一般大眾能夠主動出來做些事情。他堅信：與其高談闊論，不如採取行動。他留給後世的資產不僅在於他所保存下來的數百萬英畝的土地，也在於他對成千上萬人所產生的影響。

在許多方面，湯普金斯已經播撒了下一場革命的種子。如今巴塔哥尼亞各地已經出現了一些重視環保的企業，其中大多數是由他過去的員工所創立的。曾經擔任他的助理多年的雷娜已經開設了一家「楚蘭戈探險旅遊公司」（Chulengo Expeditions），專門帶人從事荒野之旅。他在巴拉斯港的鄰居——才二十來歲、精力旺盛的金柏——發明了用海灘塑膠垃圾來製造太陽眼鏡的技術。他所推出的一系列的 Karün 牌太陽眼鏡不僅已經在法國上市，還得到了《國家地理雜誌》的贊助。曾經在湯普金斯手下工作的兩位農夫法蘭西斯科和賈維耶則合力創辦了一家名為「Huerto Cuatro Estaciones」的有機農場，推廣有機耕作，讓當地人一年四季都可以吃到新鮮的蔬果。「在智利各地，湯普金斯所播下的觀念種子已經開始發芽並日漸茁壯了。」雷娜表示。「我在周遭看到了很多這樣的例子。在巴塔哥尼亞地區，所有曾經和他一起工作的年輕人，現在都已經開始推動他們自己的環保計畫了。」

湯普金斯始終深信自然主義作家艾比的名言：「光有想法，沒有行動，會毀壞一個人的靈魂。」他在參與反捕鯨行動時曾經告訴他所遇見的那些年輕環保人士：「你準備好要承擔自己的一份責任了嗎？每一個人都有能力在自己的崗位上運用自身的精力、政治影響力、錢財或其他資源，以及各式各樣的才能，為地球的生態與文化盡一份力量。有許多重要、有意義的工作正等著我們去做。要改變這個世界，需要每個人的參與。歡迎大家一起來共襄盛舉。」

作者說明

關於道格拉斯．湯普金斯所說的話

本書中所引用的湯普金斯的話語源自多個不同的出處，包括我和湯普金斯的談話錄音、他在接受其他報紙、廣播節目和電視紀錄片訪問時的談話、他的書信、電子郵件，以及被他的員工稱為「南方聆聽郵報漫談」的傳真聲明。關於一些重要場景的描述，則取材自湯普金斯的好友克里斯．瓊斯（Chris Jones）、瑞克．瑞吉威（Rick Ridgeway）和狄克．多爾沃斯（Dick Dorworth）等人的日記。

關於西英翻譯

湯普金斯在他生命中的最後二十年，有大半時間都在南美洲生活。我將他那些西班牙對話譯成英文時，採取的是「意譯」而非「直譯」的方式。此外，智利和阿根廷的鄉下人喜歡使用俚語。我也在譯文中盡可能呈現他們的言談和俗諺中所蘊含的幽默與雙關趣味，但無疑仍有未盡之處。

狂野人生

The North Face 創辦人搶救巴塔哥尼亞荒原的瘋狂點子

作者／強納生・富蘭克林（Jonathan Franklin）
譯者／蕭寶森
總監暨總編輯／林馨琴
資深主編／林慈敏
行銷企劃／陳盈潔
封面設計／三人制創
內頁排版／新鑫電腦排版工作室

發行人／王榮文
出版發行／遠流出版事業股份有限公司
地址：臺北市中山北路一段 11 號 13 樓
電話：（02）2571-0297
傳真：（02）2571-0197
郵撥：0189456-1

著作權顧問／蕭雄淋律師
2022 年 5 月 1 日　初版一刷
新台幣 定價 599 元（如有缺頁或破損，請寄回更換）

ISBN 978-957-32-9517-4

遠流博識網
http://www.ylib.com
E-mail: ylib @ ylib.com

A Wild Idea: The True Story of Douglas Tompkins -The Greatest Conservationist (You've Never Heard Of)

國家圖書館出版品預行編目資料

狂野人生 : The North Face創辦人搶救巴塔哥尼亞荒原的瘋狂點子／
強納生・富蘭克林(Jonathan Franklin) 著 ; 蕭寶森 譯. -- 初版. --
臺北市 : 遠流出版事業股份有限公司, 2022.05
456 面：14.8 × 21公分
譯自：A wild idea : the true story of Douglas Tompkins@@the greatest conservationist (you've never heard of)
ISBN 978-957-32-9517-4（平裝）
1. CST: 湯普金斯(Tompkins, Douglas)　2.CST: 傳記
3.CST: 環境保護　4.CST: 美國
785.28　111004641